W0187444

UTB **2891**

Eine Arbeitsgemeinschaft der Verlage

Beltz Verlag Weinheim · Basel
Böhlau Verlag Köln · Weimar · Wien
Verlag Barbara Budrich Opladen · Farmington Hills
facultas.wuv Wien
Wilhelm Fink München
A. Francke Verlag Tübingen und Basel
Haupt Verlag Bern · Stuttgart · Wien
Julius Klinkhardt Verlagsbuchhandlung Bad Heilbrunn
Lucius & Lucius Verlagsgesellschaft Stuttgart
Mohr Siebeck Tübingen
C. F. Müller Verlag Heidelberg
Orell Füssli Verlag Zürich
Verlag Recht und Wirtschaft Frankfurt am Main
Ernst Reinhardt Verlag München · Basel
Ferdinand Schöningh Paderborn · München · Wien · Zürich
Eugen Ulmer Verlag Stuttgart
UVK Verlagsgesellschaft Konstanz
Vandenhoeck & Ruprecht Göttingen
vdf Hochschulverlag AG an der ETH Zürich

StandardWissen Lehramt

herausgegeben von
Jakob Ossner

Gabriele Kniffka / Gesa Siebert-Ott

Deutsch als Zweitsprache

Lehren und Lernen

Ferdinand Schöningh
Paderborn · München · Wien · Zürich

Die Autorinnen:

Gabriele Kniffka, Dr. phil., ist Studienrätin i.H. am Institut für deutsche Sprache und Literatur II der Universität zu Köln. Schwerpunkte ihrer Arbeit sind Sprachdidaktik Deutsch als Zweitsprache, germanistische Linguistik und Testentwicklung (u.a. TestDaF, Deutsches Sprachdiplom der KMK). Sie ist Koordinatorin des Kooperationsprojektes „Sprachliche Förderung von Schülerinnen und Schülern mit besonderem Bedarf" an der Universität zu Köln.

Gesa Siebert-Ott, Dr. phil. habil., ist Professorin für Sprachpädagogik am Fachbereich Sprach-, Literatur- und Medienwissenschaften der Universität Siegen. Schwerpunkte ihrer Arbeit sind Sprachdidaktik, Deutsch als Zweitsprache, Entwicklung und Förderung von Mehrsprachigkeit und interkulturelle Kommunikation. Mitherausgeberin des Handbuches *Didaktik der deutschen Sprache* (UTB 8237).

Bibliografische Information Der Deutschen Nationalbibliothek
Die Deutsche Nationalbibliothek verzeichnet diese Publikation in der Deutschen Nationalbibliografie; detaillierte bibliografische Daten sind im Internet über http://dnb.d-nb.de abrufbar.

Gedruckt auf umweltfreundlichem, chlorfrei gebleichtem Papier (mit 50 % Altpapieranteil)

© 2007 Verlag Ferdinand Schöningh GmbH & Co. KG, Paderborn
Verlag Ferdinand Schöningh GmbH & Co. KG, Jühenplatz 1, D-33098 Paderborn
Internet: www.schoeningh.de

ISBN: 978-3-506-75720-3

Das Werk, einschließlich aller seiner Teile, ist urheberrechtlich geschützt. Jede Verwertung außerhalb der engen Grenzen des Urheberrechtsgesetzes ist ohne Zustimmung des Verlages unzulässig und strafbar. Das gilt insbesondere für Vervielfältigungen, Übersetzungen, Mikroverfilmungen und die Einspeicherung und Verarbeitung in elektronischen Systemen.

Printed in Germany
Einband: Atelier Reichert, Stuttgart, nach einem Entwurf von Alexandra Brand und Judith Karwelies
Layout: Alexandra Brand und Judith Karwelies

UTB-Bestellnummer: ISBN 978-3-8252-2891-0

Vorwort zur Reihe

StandardWissen Lehramt – Studienbücher für die Praxis

Wie das gesamte Bildungswesen wird sich auch die künftige Lehramtsausbildung an Kompetenzen und Standards orientieren. Damit rückt die Frage in den Vordergrund, was Lehrkräfte wissen und können müssen, um ihre berufliche Praxis erfolgreich zu bewältigen. Das Spektrum reicht von fachlichen Fähigkeiten über Diagnosekompetenzen bis hin zu pädagogisch-psychologischem Wissen, um Lehren als Unterstützung zur Selbsthilfe und Lernen als eigenaktiven Prozess fassen zu können.

Kompetenzen werden nicht in einem Zug erworben; Lehrerbildung umfasst nicht nur das Studium an einer Hochschule, sondern ebenso das Referendariat und die Berufsphase. Die Reihe StandardWissen Lehramt bei UTB bietet daher Lehramtsstudierenden, Referendaren, Lehrern in der Berufseinstiegsphase und Fortbildungsteilnehmern jenes wissenschaftlich abgesicherte Know-How, das sie im Rahmen einer neu orientierten Ausbildung wie auch später in der Schule benötigen. Fachdidaktische und pädagogisch-psychologische Themen werden gleichermaßen in dieser Buchreihe vertreten sein – einer Basisbibliothek für alle Lehramtsstudierenden, Referendare, Lehrerinnen und Lehrer.

o Vorwort

Um den Bildungserfolg von Kindern und Jugendlichen aus Zuwandererfamilien ist es oft nicht gut bestellt, obwohl sprachliche und kulturelle Diversität in vielen deutschen Schulen seit gut drei Jahrzehnten zum Alltag gehören. Dafür lassen sich verschiedene Gründe anführen. Eine wesentliche Ursache liegt aber zweifellos in der unzureichenden Vorbereitung der Lehrkräfte auf diese besondere Aufgabe: In der Vergangenheit wurden sie weder in der ersten noch in der zweiten Ausbildungsphase angemessen auf den Unterricht in sprachlich heterogenen Klassen vorbereitet. Auf der anderen Seite sind fundierte Kenntnisse in der deutschen Sprache eine wichtige Voraussetzung für den Bildungserfolg aller Schülerinnen und Schüler. Sprachlernen und Fachlernen sind eng miteinander verwoben: Ohne ausreichende sprachliche Kompetenzen können auch keine Kenntnisse in den Naturwissenschaften erworben werden. Daraus ergibt sich die Notwendigkeit eines sprachbewussten und sprachbezogenen Unterrichts *in allen Fächern*. In der Konsequenz würde dies bedeuten, dass ein obligatorischer Teil der Lehrerausbildung, auch der des Mathematik- und Physiklehrers, sprachdidaktischen Fragestellungen gewidmet sein müsste. Ein solcher sprachbewusster und sprachbezogener Unterricht wird in der englischsprachigen Literatur seit einigen Jahren diskutiert, er wird dort als „scaffolding learning" bezeichnet:

„*Scaffolding* (...) is not simply another word for *help*. It is a special kind of help that assists learners to move toward new skills, concepts, or levels of understanding. Scaffolding is thus the temporary assistance by which a teacher helps a learner know how to do something, so that the learner will later be able to complete a similar task alone. (...) As far as possible, learners need to be engaged with authentic and cognitively challenging learning tasks; it is the nature of the support – support that is responsive to the particular demands made on children learning through the medium of a second language – that is critical for success." (Gibbons 2002, 10f.)

Die vorliegende Einführung „Deutsch als Zweitsprache. Lehren und lernen" beschäftigt sich mit der Frage, was Lehrkräfte und andere pädagogische Fachkräfte, die sich beruflich mit der sprachlichen Förderung von Kindern und Jugendlichen in der

Zweitsprache Deutsch beschäftigen, wissen und können müssen, um ihre berufliche Praxis erfolgreich zu meistern. Das Themengebiet „Deutsch als Zweitsprache" bedeutet eine zusätzliche Herausforderung – für (angehende) Lehrkräfte ebenso wie für andere pädagogische Fachkräfte: Sprachförderung stellt in vielen Fällen eine – wenn auch zweifellos zentrale – Zusatzaufgabe dar. Um einen sprachsensiblen und sprachbewussten Unterricht erteilen zu können, benötigen die Deutschlehrerin oder der Geschichtslehrer, die bestimmte Schülerinnen und Schüler gezielt in der Zweitsprache Deutsch fördern wollen, zunächst ein solides fachwissenschaftliches, fachsprachliches und fachdidaktisches Wissen und Können in ihren jeweiligen Unterrichtsfächern. Dies bedarf der Ergänzung um Kompetenzen im Bereich „Deutsch als Zweitsprache" bzw. macht auch einen Perspektivwechsel im Hinblick auf den eigenen Unterricht erforderlich. Lehramtsstudierende, die sich mit dem Themengebiet „Deutsch als Zweitsprache" beschäftigen, müssen sich andererseits darüber im Klaren sein, dass sie hier nur einen Teil des für einen erfolgreichen Förderunterricht erforderlichen Wissens und Könnens erwerben.

Häufig wird Förderunterricht in der Zweitsprache Deutsch von Förderkräften erteilt, die (noch) nicht entsprechend qualifiziert sind. Dies muss kein Nachteil sein, wenn Förderunterricht und Lehreraus- oder Fortbildung sinnvoll miteinander verbunden werden. In diesem Zusammenhang ist das Projekt „Förderunterricht für Kinder und Jugendliche mit Migrationshintergrund" der Stiftung Mercator hervorzuheben. Es geht zurück auf das sehr erfolgreiche Förderkonzept der Universität Duisburg-Essen: Hier leisten Lehramtsstudierende seit über 30 Jahren erfolgreiche Arbeit bei der (Sprach-)Förderung von Schülerinnen und Schülern aus Zuwandererfamilien. Das Projekt der Stiftung Mercator, das mittlerweile an 34 Standorten in Deutschland durchgeführt wird, ist als besonders nachhaltig zu bewerten, da es die Verbindung von Sprachförderung und Lehrerausbildung und –fortbildung sowie die Bildung von Netzwerken vor Ort und auch den bundesweiten Erfahrungsaustausch der einzelnen Projekte gezielt unterstützt.

Vom Engagement der Stiftung Mercator haben auch wir in hohem Maße profitiert und möchten der Stiftung an dieser Stelle für die Unterstützung bei dem Aufbau des Kölner Sprachförderprojekts, einer Kooperation der Universität zu Köln, der Bezirksregierung Köln, der Stadt Köln und Kölner Schulen sehr herzlich danken. Zu Dank verpflichtet sind wir auch allen Kolleginnen und Kollegen, mit denen wir in diesem Projekt erfolgreich zusammengearbeitet haben. Ein besonderer Dank gilt den Studierenden, die sich aktiv in den Sprachfördermaßnahmen engagiert haben und den Kollegien, die unsere Studierenden an ihren Schulen aufgenommen und bei der Förderarbeit tatkräftig unterstützt haben. Erfahrungen aus unserer gemeinsamen Arbeit gehen in vielfältiger Form in dieses Buch ein.

Ein ausdrücklicher Dank geht an Silvia Dahmen, die sich der Mühe des Korrekturlesens unterzogen hat.

Köln, im März 2007   *Gabriele Kniffka und Gesa Siebert-Ott*

EINLEITUNG | 1

1.1 Deutschland – ein mehrsprachiges Land?

innere und äußere Mehrsprachigkeit

Wenn man diese Frage diskutiert, sollte man sich darüber Klarheit verschaffen, was die an der Diskussion Beteiligten jeweils unter einem „mehrsprachigen Land" verstehen. Soll dabei auch die „innere Mehrsprachigkeit" berücksichtigt werden, die Vielfalt der deutschen Sprache unter Berücksichtigung dialektaler und soziolektaler Varietäten und der formelleren und informelleren Stilebenen, die in unterschiedlichen Kommunikationssituationen angebracht sind, oder soll darunter nur die sprachübergreifende Mehrsprachigkeit verstanden werden (vgl. zu dieser Unterscheidung auch Ossner 2006). Berücksichtigt man nur die sprachübergreifende Mehrsprachigkeit, so lassen sich mindestens die vier folgenden Formen unterscheiden: mehrsprachige Staaten mit Territorialprinzip, mehrsprachige Staaten mit individueller Mehrsprachigkeit, einsprachige Staaten mit Minderheitenregionen sowie ein- oder mehrsprachige Staaten mit Zuwanderung insbesondere in städtischen Regionen (vgl. dazu auch Riehl 2004). Bei unseren europäischen Nachbarstaaten Belgien und der Schweiz handelt es sich um territorial mehrsprachige Staaten. Zwar ist die Schweiz ein Land mit mehreren Sprachen: Deutsch, Französisch, Italienisch und Rätoromanisch, jedoch wurden für jeden Kanton eine oder mehrere offizielle Sprachen festgelegt. Ähnlich ist die Situation in Belgien: Das Land ist aufgeteilt in ein flämischsprachiges, ein französischsprachiges und ein deutschsprachiges Gebiet, die „Ostkantone". In der Hauptstadt Brüssel gelten die beiden größeren Landessprachen Französisch und Flämisch als Amtssprachen. Weder in Belgien noch in der Schweiz ist diese territoriale Mehrsprachigkeit mit einer individuellen Mehrsprachigkeit aller Bürgerinnen und Bürger verknüpft. Anders ist die Situation dagegen in Luxemburg. Hier überwiegt die individuelle Mehrsprachigkeit: Die einheimische Bevölkerung ist weitgehend trilingual: Neben Deutsch und Französisch wird Luxemburgisch (Letzeburgisch), eine mit dem Niederdeutschen verwandte Sprache, gesprochen. Mehrsprachigkeit ist im luxemburgischen Bildungswesen außerdem institutionalisiert mit dem Ziel, die individuelle Mehrsprachigkeit aller Schülerinnen und Schüler zu fördern und die gesellschaftliche Mehrsprachigkeit des Landes zu bewahren (Siebert-Ott 2001). Im Gegensatz zur Schweiz und zu Luxemburg und Belgien ist

territoriale und individuelle Mehrsprachigkeit

alteingesessene Sprachminderheiten

Deutschland ein einsprachiger Staat mit Minderheitenregionen. In Deutschland leben drei zahlenmäßig kleine alteingesessene (autochthone) Sprachgemeinschaften: eine dänische, eine friesische und eine sorbische. Die Entwicklung von Mehrsprachigkeit durch Zuwanderung insbesondere in städtische Regionen dagegen ist allen vier genannten Staaten gemeinsam. Auf die Herausforderung, die durch diese Form von Mehrsprachigkeit für die Bildungssysteme entstanden ist, haben diese Systeme in allen vier Ländern mit einer gewissen Verzögerung reagiert. Inzwischen sind aber überall Bestrebungen erkennbar, Schülerinnen und Schüler aus Familien mit Migrationshintergrund, die die jeweilige Landessprache noch nicht hinreichend beherrschen, um erfolgreich am Unterricht teilzunehmen, gezielt zu fördern (vgl. dazu zum Beispiel das Projekt „Qualität in multikulturellen Schulen" www.quims.ch im Kanton Zürich).

Mehrsprachigkeit als Folge von Zuwanderung

1.2 Deutsch als Zweitsprache – Begriffsbestimmung

Der Begriff Zweitsprache könnte dazu verleiten, diese als diejenige Sprache anzusehen, die – in der zeitlichen Reihenfolge – als zweite gelernt oder erworben wird. Das mag für manche Fälle zutreffen, ist aber für die wissenschaftliche Begriffsbestimmung nicht relevant. In der Spracherwerbsforschung, aber auch in der Sprachlehrforschung und der Fremdsprachendidaktik wird, abgesehen vom Erstspracherwerb, meist zwischen der Aneignung einer Fremdsprache und der Aneignung einer Zweitsprache unterschieden. Als ein wesentliches Unterscheidungskriterium wird in der Regel der (weitere) Erwerbskontext angeführt, so Henrici/ Vollmer 2001, 8: „Von Zweitsprache und Zweitsprachenerwerb spricht man, wenn der Erwerb innerhalb der Zielkultur stattfindet, von Fremdsprache und Fremdsprachenerwerb, wenn der Erwerb im Kontext der Ausgangskultur geschieht."
Wenn also Schülerinnen und Schüler an einer Schule in Paris Deutsch lernen, so lernen sie es nach der o.g. Definition als Fremdsprache. Lernen Schülerinnen und Schüler hingegen Deutsch in Deutschland, so lernen sie Deutsch als Zweitsprache. Die Unterscheidung „Inlandsperspektive" vs. „Auslandsperspektive" ist bedeutsam, aber nicht hinreichend. Rösler 1994 weist

Fremdsprache vs. Zweitsprache

Erwerbskontext: Inland vs. Ausland

Identitätsproblematik

Stellenwert der
Sprache

bereits darauf hin, dass die Identitätsproblematik und auch der Stellenwert, den die Sprache im Leben der Lernenden einnimmt, zu berücksichtigen sei: „Spielt die neue Sprache bei der Erlangung, Aufrechterhaltung oder Veränderung der Identität der Lernenden eine wichtige Rolle und ist sie unmittelbar kommunikativ relevant, dann bezeichnet man sie als ‚Zweitsprache' ansonsten eher als ‚Fremdsprache'." (Rösler 1994, 8).

Die Population derer, die Deutsch als Zweitsprache sprechen oder lernen, ist sehr heterogen. Sie reicht von der russischen Immigrantin, die einen Integrationskurs für Zuwanderer besucht, bis zum Studenten mit Migrationshintergrund, der seine schriftsprachlichen Kompetenzen in einem Schreibkurs an der Universität verbessern möchte. Für sie alle ist die Zweitsprache Deutsch im Alltag relevant: Die Immigrantin muss für die Aufnahme einer Berufstätigkeit Deutschkenntnisse nachweisen, der Student hat ohne gewisse Schreibkompetenzen keine Aussicht, sein Studium erfolgreich zu beenden. Ob allerdings das Deutsche für eine türkische Immigrantin, die als Hausfrau und Mutter in einer vorwiegend türkisch geprägten Umgebung lebt und nur wenige Deutschkenntnisse zum Überleben im Alltag braucht, in gleichem Maße Zweitsprache weil alltagsrelevant ist, mag bezweifelt werden. Auf der anderen Seite ist es denkbar, dass der nicht-deutsche Mitarbeiter eines international operierenden deutschen Unternehmens in der ausländischen Dependance täglich Deutsch sprechen muss, da die Firmensprache Deutsch ist. Für ihn wäre das Deutsche unmittelbar kommunikativ relevant. Aus diesen wenigen Beispielen wird deutlich, dass sich eine strikte Unterscheidung zwischen Fremd- und Zweitsprache nicht aufrecht erhalten lässt (vgl. Kap. 2).

Stellenwert der
Sprache für Schüler

Für Schülerinnen und Schüler mit Migrationshintergrund ist das Deutsche Zweitsprache im o.g. Sinne: Die Sprache wird im Zielland angeeignet und sie ist im Alltag unmittelbar kommunikativ relevant. Der Stellenwert der Sprache ist allerdings ungleich höher als für manche anderen Gruppen von Zuwanderern: Von ihrer Sprachkompetenz hängt ihre Schulkarriere, ihr Schulerfolg – und damit letztlich ihr weiteres Leben ab. Aber um den Schulerfolg von Schülerinnen und Schülern mit Migrationshintergrund ist es in Deutschland nach wie vor nicht sonderlich gut bestellt: Internationale Vergleichsstudien wie PISA oder IGLU haben gezeigt, dass Schülerinnen und Schüler mit Migrationshintergrund in unserem Bildungssystem noch gezielter gefördert werden müssten, um bessere Bildungserfolge zu erzielen. Sie besuchen überproportional häufig Hauptschulen, viele erreichen nicht einmal den Hauptschulabschluss.

Diese Umstände sind zum einen dadurch zu erklären, dass in Deutschland, verglichen mit anderen PISA-Ländern, Bildungserfolg deutlich stärker von der sozialen Herkunft abhängig ist und ein hoher Prozentsatz der Schülerinnen und Schüler mit Migrationshintergrund der sozialen Unterschicht entstammt. Ein weiterer – entscheidender – Faktor aber sind unzureichende Kenntnisse in der Zweitsprache Deutsch. Offensichtlich werden im Laufe vieler Schuljahre nicht die Sprachkompetenzen vermittelt, die für eine erfolgreiche Schullaufbahn Voraussetzung sind – und das, obwohl sprachliche und kulturelle Heterogenität schon vor über dreißig Jahren Einzug in deutsche Schulen gehalten hat.

Wie sieht der Erwerbskontext für Deutsch als Zweitsprache im Rahmen von Schule aus? An deutschen Schulen ist die Unterrichtssprache in der Regel Deutsch. Es gibt zwar bilinguale Angebote, doch sind diese (a) nicht flächendeckend und (b) auf relativ wenige Sprachen beschränkt (vgl. Kap. 5). Das heißt, Schülerinnen und Schüler mit Migrationshintergrund, die an einer deutschen Schule am Regelunterricht teilnehmen, müssen dies in der deutschen Sprache leisten, selbst wenn ihre Deutschkenntnisse noch nicht hinreichend sind. Deutsch ist also zugleich Medium des Unterrichts und Ziel des Zweitspracherwerbsprozesses: Während die Schülerinnen und Schüler die Sprache noch lernen, sind sie gefordert, sich vermittels dieser Sprache Fachwissen, etwa in den Fächern Physik oder Biologie, anzueignen und – wie ihre muttersprachlich deutschen Mitschüler auch – fachsprachliche Kompetenzen zu entwickeln. Zu den fachsprachlichen Kompetenzen gehört, in der Lage zu sein, einen angemessenen Unterrichtsdiskurs zu führen und bestimmte fachsprachliche Texte zu rezipieren und fachsprachliche Texte, etwa eine Versuchsbeschreibung, anfertigen zu können. Viele Schülerinnen und Schüler scheitern hier, denn die durch den Unterricht gestellten sprachlichen Anforderungen und die tatsächliche Sprachkompetenz klaffen weit auseinander.

Um dieser Problemlage mit geeigneten Maßnahmen begegnen zu können, ist es zunächst erforderlich, die sprachlichen Anforderungen genau zu beschreiben: (1) Was zeichnet die so

Erwerbskontext
Schule

genannte „Bildungssprache" bzw. die schulische Fachsprache aus? (2) Was genau müssen Deutsch-als-Zweitsprache-Lerner können, um erfolgreich am Regelunterricht teilzunehmen?

1.3 Konzeptionelle Mündlichkeit vs. konzeptionelle Schriftlichkeit

Schulische Fachsprachen gehören zu den sprachlichen Varietäten, die dem Bereich der „konzeptionellen Schriftlichkeit" zugeordnet werden können. Wir wollen im Folgenden kurz umreißen, was unter „konzeptioneller Schriftlichkeit" verstanden wird.

In der wissenschaftlichen Literatur werden etwa seit Mitte der Achtzigerjahre zwei Dimensionen von Mündlichkeit und Schriftlichkeit diskutiert: Medium und Konzeption (vgl. Koch/Oesterreicher 1986). Mit „Medium" ist eine dichotome Dimension gekennzeichnet, d.h. ein Text oder eine Äußerung wird entweder über Schallwellen (phonische Dimension) oder über Schriftzeichen (grafische Dimension) übertragen. Mit „Konzeption" ist hingegen ein Kontinuum bezeichnet: Texte oder Äußerungen sind mehr oder weniger konzeptionell mündlich / schriftlich, vgl. Abb. 1. Dieses „Mehr" oder „Weniger" an konzeptioneller Schriftlichkeit lässt sich an sprachlichen Merkmalen und Kommunikationsbedingungen festmachen, vgl. Abb. 2. So finden wir beispielsweise bei den Kommunikationsbedingungen auf der Seite der Mündlichkeit eher Dialogizität und Interaktivität, auf der Seite der Schriftlichkeit eher Monologizität. Alltagsgespräche sind ein Beispiel für den Gebrauch der gesprochenen Sprache. Sie sind interaktiv und dialogisch, da mehrere Gesprächspartner beteiligt sind. Oft sind sie situationsabhängig, d.h. eine Äußerung ist manchmal nur innerhalb der Gesprächssituation verstehbar. Beispiel: „Guck mal, der grüne liegt da hinten." Was mit „der grüne" bezeichnet wird, ist außerhalb des Äußerungskontextes ebenso unverständlich wie „da hinten". Die Äußerung ist also kontextgebunden. Im Gegensatz dazu ist Schriftlichkeit eher monologisch und kontextunabhängig. Jemand, der einen Bericht verfasst, muss diesen so abfassen, dass er unabhängig vom Äußerungskontext zu verstehen ist. Bei den sprachlichen Merkmalen herrschen bei der Mündlichkeit parataktische Strukturen (syntaktische Verknüpfung durch Nebenordnung, z.B. *und*) vor.

Medium vs. Konzeption

Mündlichkeit ist gekennzeichnet durch ein geringeres Maß an Kompaktheit und Integration, d.h. es gibt weniger komplexe Satzstrukturen. Deiktika (sprachliche Mittel wie *hier, jetzt, ich*) und Zeigegesten ersetzen (lexikalische) Referenten. Auch wird in gesprochener Sprache (Gesprächen) eher semantisch merkmalsarmes Vokabular verwendet. Häufig anzutreffende Verben sind z.B. *gibt es, haben, sein, machen* .... Diese Merkmale des konzeptionell-mündlichen Sprachgebrauchs entsprechen dem Rezeptionsprozess des Hörens:

> The speaker planning the here-and-now, possibly threatened with his interlocutor wanting to take a turn, typically repeats himself a good deal, using the same syntactic structure, the same lexical items, using the first word that comes to mind rather than hunting for the 'mot juste', filling in pauses with 'fillers' The overall effect is of information produced in a less dense manner than is characteristic of written language. We must assume that the density of information packing in spoken language is appropriate for the listener to process comfortably.
> (Brown/Yule 1983, 18)

Demgegenüber ist konzeptionell-schriftlicher Sprachgebrauch eher gekennzeichnet durch komplexere Strukturen, ein höheres

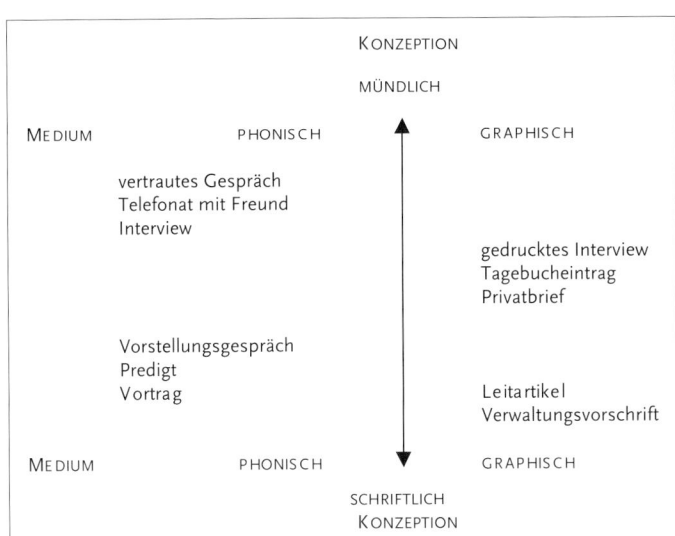

Abb. 1 | Die Dimensionen von Schriftlichkeit und Mündlichkeit, vgl. Günther 1997, 66

Maß an Informationsdichte, elaboriertere Register, merkmals-reichere Lexik. Für das Deutsche wurde beispielsweise nachge-wiesen, dass in konzeptionell-schriftlichem Sprachgebrauch das Mittelfeld von Sätzen mit mehr Elementen gefüllt ist als in kon-zeptionell-mündlichem Sprachgebrauch, wo das Mittelfeld ten-denziell „entleert" ist (Uhmann 1993).

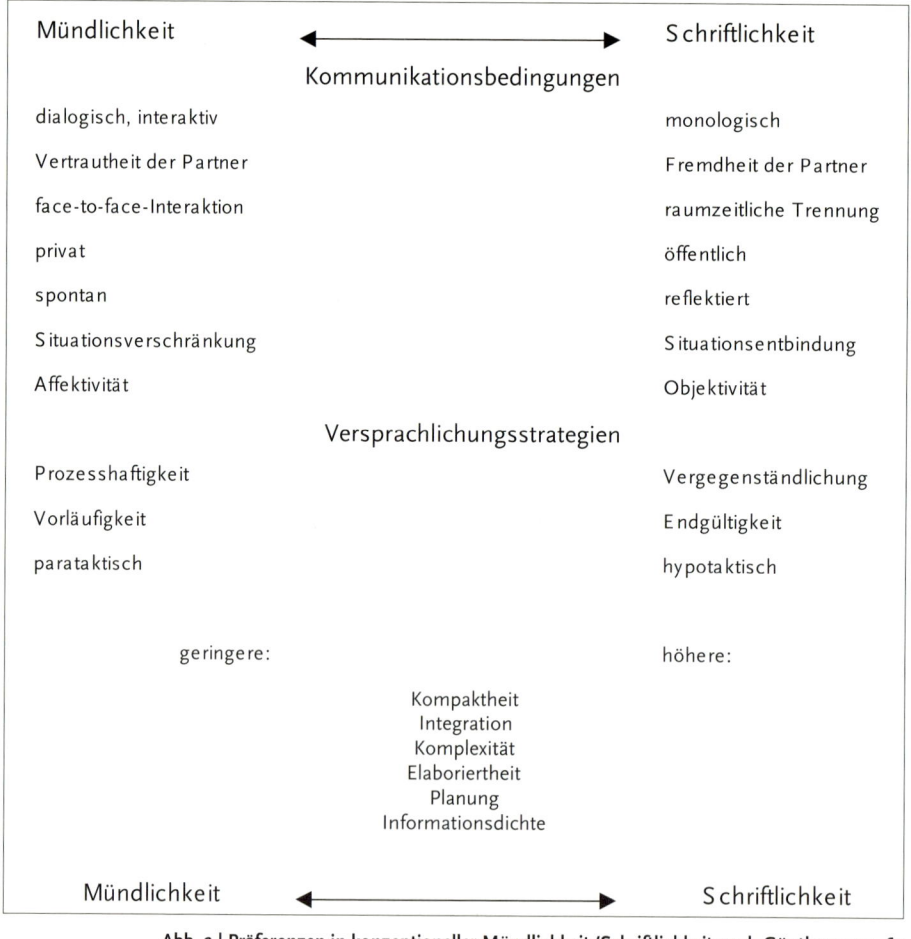

Mündlichkeit ←————————→ Schriftlichkeit

Kommunikationsbedingungen

Mündlichkeit	Schriftlichkeit
dialogisch, interaktiv	monologisch
Vertrautheit der Partner	Fremdheit der Partner
face-to-face-Interaktion	raumzeitliche Trennung
privat	öffentlich
spontan	reflektiert
Situationsverschränkung	Situationsentbindung
Affektivität	Objektivität

Versprachlichungsstrategien

Prozesshaftigkeit	Vergegenständlichung
Vorläufigkeit	Endgültigkeit
parataktisch	hypotaktisch

geringere: höhere:

Kompaktheit
Integration
Komplexität
Elaboriertheit
Planung
Informationsdichte

Mündlichkeit ←————————→ Schriftlichkeit

Abb. 2 | Präferenzen in konzeptioneller Mündlichkeit/Schriftlichkeit nach Günther 1997, 67

Übung 01

Bearbeiten Sie die folgende Aufgabe:
Analysieren Sie die nachstehenden Texte auf Merkmale von konzeptioneller Mündlichkeit/Schriftlichkeit und ordnen Sie sie auf der Dimensionsskala (vgl. Abb. 1) ein. Was glauben Sie: Handelt es sich um die Wiedergabe von gesprochenen Texten oder von geschriebenen Texten?

1. Masken gibt es viele: cremige, schaumige und solche aus Gel. Masken gibt es für alle Gelegenheiten: als Muntermacher, zur intensiven Pflege, zur gründlichen Reinigung. Interessiert es Sie, wie sie sich unterscheiden, wie sie wirken?

2. Einige Generationen von Arbeiterfamilien hatten in den Zechensiedlungen mit den Nutztieren zusammengelebt. In diesem Zeitraum hatte sich ein kleiner Bereich der bäuerlichen Arbeits- und Lebensweise in den industriellen einfügen lassen. Die Industrialisierung, die innerhalb eines Jahrhunderts Westeuropa radikal verändert hatte, ging in den Sechzigerjahren zu Ende. Der wirtschaftliche Strukturwandel erschütterte das ganze Ruhrgebiet. Allein bis 1969 wurden sechzig Bergwerke stillgelegt. Parallel dazu verlief die Zerstörung vieler Zechensiedlungen. Neubauten, besonders wenn sie mehr als zwei Stockwerke hoch sind, versprechen den Spekulanten höhere Mieten und höhere Profite. Die Arbeiterfamilien, die neue Wohnungen oft nur in Betonburgen finden und bezahlen konnten, verloren etwas, was in der postindustriellen Welt schwer zu finden ist: Heimat.

Die Unterscheidung von konzeptioneller Mündlichkeit/Schriftlichkeit ist nicht nur bei der Analyse und Kategorisierung von Texten relevant, sondern spielt auch beim Spracherwerb eine entscheidende Rolle: So weist Hartmut Günther 1998 darauf hin, dass der Schriftspracherwerb eines Kindes wie der Erwerb einer zweiten Sprache einzustufen ist, denn der Schriftspracherwerb umfasst nicht nur den Orthografie-Erwerb und das Lesen-Lernen: Ein Kind soll im Laufe der (Grund)Schulzeit die konzeptionell-schriftsprachliche Variante seiner Muttersprache lernen/erwerben. Beim Zweitspracherwerb wird das von Cummins 1979 geprägte Begriffspaar BICS („Basic Interpersonal Communication

BICS vs. CALP

Skills") und CALP ("Cognitive Academic Language Proficiency") unterschieden. Jemand, der über Fertigkeiten in der Alltagskommunikation verfügt (BICS), vermag konzeptionell-mündliche Texte und Äußerungen zu produzieren. Bildungssprache (CALP) hingegen umfasst vor allem konzeptionell-schriftsprachliche Fähigkeiten. Während erstere in einem zweitsprachlichen Erwerbskontext relativ schnell erworben werden, dauert die Herausbildung letzterer mehrere Jahre (vgl. Kap. 3).

Defizite im konzeptionell-schriftsprachlichen Bereich werden oftmals nicht sofort erkannt: Lehrende schließen aus guten konzeptionell-mündlichen Fertigkeiten auf eine allgemein gute Sprachkompetenz in der Zweitsprache, die die konzeptionell-schriftsprachlichen Fertigkeiten einschließt. Dies erweist sich jedoch oftmals als Fehlschluss.

1.4 Sprachliche Anforderungen in der Schule

Wir haben in den vorangehenden Abschnitten konstatiert, dass Schülerinnen und Schüler, die Deutsch als Zweitsprache lernen, konzeptionell-schriftsprachliche Kompetenzen erwerben müssen, um aktiv und erfolgreich am Regelunterricht teilnehmen zu können. Diese Lernzielangabe ist allerdings zu wenig konkret und lässt sich so nicht unmittelbar in sprachliche Feinlernziele um-

Sprachliche Analyse der Schulfächer

setzen. Um diese formulieren zu können, ist es zunächst erforderlich, die sprachlichen Anforderungen für die einzelnen Schulfächer zu analysieren, und zwar u.a. im Hinblick auf Fachsprache und Sprachhandlungen. Mit Bezug auf die Fachsprache müsste erarbeitet werden, welche Fachlexik, welche grammatischen Strukturen und welche Textsorten für einen bestimmten Teilbereich kennzeichnend sind. Außerdem ist wichtig, die jeweils damit verbundenen Sprachhandlungen zu analysieren (z.B. etwas beschreiben, argumentieren, präsentieren etc.). Auf dieser Grundlage lassen sich dann Kompetenzbeschreibungen erstellen, aus denen wiederum Lernziele ableitbar sind (vgl. Kap.3).

Lehrpläne DaZ in einzelnen Bundesländern

Bislang fehlt es an umfassenden und einheitlichen Lernzielbeschreibungen für Deutsch als Zweitsprache. In einigen Bundesländern wurden jedoch Vorschläge erarbeitet. Der Lehrplan Deutsch als Zweitsprache des Freistaates Sachsen (August 2000) beschreibt einen sprachlichen Integrationsprozess, der sich in drei Etappen vollzieht und zur Teilnahme am Regelunterricht führt (vgl. Kap 4). Hier werden, wenn auch nicht für jedes Fach ausführlich, Lernziele in den Bereichen (a) Sprachhandlungen zur Bewältigung kommunikativer Anforderungen, (b) Grammatik, Aussprache und Orthografie sowie (c) Umgang mit Texten formuliert. Der Lehrplan Deutsch als Zweitsprache des Bayerischen Staatsministeriums für Unterricht und Kultus (2002) umfasst sechs Lernfelder, die jeweils für Grundstufe und Aufbaustufe in Grundschulen und weiterführenden Schulen beschrieben werden: Lernfeld 1: Ich und du, Lernfeld 2: Lernen, Lernfeld 3: Sich orientieren, Lernfeld 4: Miteinander leben, Lernfeld 5: Was mir wichtig ist, Lernfeld 6: Sich wohl fühlen.

Die einzelnen Lernfelder bestehen aus einem „Signalthema mit zugeordneten Modulen", Kerninhalten, lexikalischen Bereichen, syntaktischen Mitteln sowie möglichen Schüleraktivitäten. Der Lehrplan gilt ausschließlich für Vorbereitungsklassen, nicht für den Deutscherwerb in der Regelklasse. Lernziele mit Bezug auf Fachsprache bzw. Bildungssprache werden hier, im Gegensatz zum sächsischen Lehrplan, nicht explizit bzw. gesondert benannt.

Wichtige Hinweise auf das, was sprachlich von Schülerinnen und Schülern erwartet wird, liefern auch die Bildungsstandards für den Regelunterricht, die in den vergangenen Jahren von der Kultusministerkonferenz vorgelegt wurden. Nicht nur für Sprachfächer wie Deutsch oder Englisch werden die sprachlichen Anforderungen formuliert, sondern auch für naturwissenschaftliche Fächer wie Biologie und Chemie und für die Mathematik. Somit wird es in Zukunft leichter werden, Lernziele für Deutsch-als-Zweitsprache-Kurse zu formulieren und Schülerinnen und Schüler gezielter auf die Teilnahme am Regelunterricht vorzubereiten bzw. ihnen im Rahmen des Regelunterrichtes eine an den Zielen orientierte Förderung zuteil werden zu lassen.

Bildungsstandards

ZWEITSPRACHERWERBSFORSCHUNG 2 – EIN ÜBERBLICK

Lehrerinnen und Lehrer, die – in welchen Kontexten auch immer – Deutsch als Zweitsprache unterrichten, müssen täglich Entscheidungen darüber treffen, welche Lehrmethode für ihre Lerngruppe angemessen ist, sie wählen geeignete Materialien aus und bestimmen geeignete Arbeits- und Sozialformen für jede Unterrichtsstunde. Ihre unterrichtlichen Entscheidungen basieren dabei vielfach auf den eigenen Unterrichtserfahrungen und dem erworbenen Fachwissen im Bereich deutsche Sprache und Literatur. Dies wird der heutigen Unterrichtssituation an vielen deutschen Schulen nicht gerecht, an denen – regional unterschiedlich – die Schülerschaft multikulturell und die Sprachenvielfalt groß ist. Die Lehrerausbildung ist vorwiegend einseitig auf das monolinguale Klassenzimmer ausgerichtet und berücksichtigt nicht die Anforderungen, die durch sprachlich und kulturell heterogene Lerngruppen entstehen. Unter anderem fehlt Lehrkräften das Fachwissen aus dem Bereich der Zweitspracherwerbsforschung. Das Wissen über Zweitspracherwerbsprozesse oder den Einfluss der Muttersprache der Lernenden kann Lehrerinnen und Lehrern aber helfen, ihre nicht-deutschen Schülerinnen und Schüler besser zu verstehen und die für ihre Lerngruppe angemessenen methodisch-didaktischen Entscheidungen zu treffen.

Das Ziel dieses Kapitels ist es, die wichtigsten Aspekte des Zweitspracherwerbs kurz darzustellen und einige neuere Erkenntnisse der Zweitspracherwerbsforschung zu vermitteln. In Kapitel 2.1 werden zunächst theoretische Grundlagen gelegt: Einige Schlüsselbegriffe der Spracherwerbsforschung werden eingeführt und verschiedene Ansätze zum Spracherwerb vorgestellt. In Kapitel 2.2 werden der bilinguale Erstspracherwerb und der frühe Zweitspracherwerb erläutert und die Unterschiede zwischen diesen beiden Erwerbsformen kurz beschrieben. Im Kapitel 2.3 steht der Zweitspracherwerb im Mittelpunkt. Hier wird zunächst erarbeitet, was unter „Lernersprache" zu verstehen ist und welche Merkmale sie kennzeichnen. Einen besonderen Stellenwert nimmt dabei die Diskussion um Erwerbssequenzen ein. Im weiteren Verlauf des Kapitels werden diejenigen Faktoren beschrieben, die den Zweitspracherwerbsprozess – positiv oder negativ – beeinflussen.

2.1 Spracherwerb: Empirie und Theorie

Wie unterscheidet sich die menschliche Sprache von den Kommunikationsformen anderer Lebewesen, etwa der Kommunikation von Walen, Zugvögeln oder Bienen? Wie hat sich die menschliche Sprachfähigkeit im Laufe der Entwicklungsgeschichte des Menschen herausgebildet? Wie sind die unterschiedlichen Sprachen entstanden? Wie lernt das kleine Kind sprechen, welche Fähigkeiten sind ihm angeboren und wo ist es auf die Unterstützung seiner Umgebung angewiesen? Wie viele Sprachen kann ein Mensch erfolgreich lernen? Braucht man für das Sprachenlernen eine besondere Begabung? Lernt man als kleines Kind eine Sprache schneller und besser als im späteren Alter als Jugendlicher oder als Erwachsener? Fragen wie diese beschäftigen die Menschen schon seit langer Zeit und geben der Forschung auch heute noch manches Rätsel auf.

Empirische Studien

Inzwischen liegen zahlreiche empirische Studien vor, die sich mit der sprachlichen Entwicklung von Kindern, Jugendlichen und Erwachsenen beschäftigen. Früher wurden diese Studien mit Papier und Bleistift in Form von „Tagebuchstudien" durchgeführt: Bekannt sind zum Beispiel die Studien von Ronjat (1916) und Leopold (1949), die die sprachliche Entwicklung ihrer eigenen zweisprachig aufwachsenden Kinder auf diese Weise ausführlich dokumentierten. Heute stehen der Spracherwerbsforschung für Untersuchungen andere technische Möglichkeiten, wie Tonbandaufnahmen und Videoaufzeichnungen, zur Verfügung. Diese Untersuchungen werden häufig von größeren Forschergruppen durchgeführt und entweder als Längsschnittstudien oder als Querschnittsstudien angelegt. In Längsschnittstudien, auch als Longitudinalstudien bezeichnet, wird die sprachliche Entwicklung über einen längeren Zeitraum beobachtet. Eine solche Studie kann sich durchaus über mehrere Jahre erstrecken. In Querschnittsstudien wird die sprachliche Entwicklung zu einem bestimmten Zeitpunkt oder in einem kurzen Entwicklungszeitraum untersucht. Die Datensammlung kann sich auf spontane Äußerungen der beobachteten Personen in natürlichen Gesprächssituationen beschränken. Das hat allerdings den Nachteil, dass u.U. eine Struktur, über deren Erwerb die Forscher etwas wis-

Tagebuchstudien

Längsschnittstudien

Querschnittsstudien

sen wollen, in eben diesen spontanen Äußerungen nicht vorkommt. Dann können zusätzlich Tests durchgeführt werden, mit denen man bestimmte sprachliche Phänomene gezielt untersucht. Das heißt, man versucht, Äußerungen, die die zu untersuchenden sprachlichen Phänomene enthalten, durch gezielte Aufgabenstellungen „hervorzulocken". Solche Tests, die schon mit Probanden im Kindesalter durchführbar sind, ermöglichen den Forschern auch Erkenntnisse über/Einblicke in das (kindliche) Sprachverständnis. Aufschlussreich können außerdem Grammatikalitätsurteile von Versuchspersonen sein. Auch Kinder kann man schon um solche Grammatikalitätsurteile bitten: „Hört sich das komisch/falsch oder richtig an?" Das Interesse der Forschung konzentriert sich bei all diesen Untersuchungen in aller Regel auf bestimmte Bereiche des sprachlichen Wissens, zum Beispiel auf die Entwicklung des Wortschatzes oder auf die Entwicklung des grammatischen Wissens.

Sprachliches Wissen

Wenn Spracherwerbsforscher von sprachlichem Wissen sprechen, unterscheiden sie häufig zwischen einem ‚gewusst wie' oder ‚knowing how' und einem ‚gewusst dass' oder ‚knowing that'. Diesen Unterschied kann man sich leicht mit Hilfe eines Beispiels verdeutlichen: Ein kleines Kind, das ‚Max gehte' sagt, verfügt offenbar über ein Muster zur Bildung einer Vergangenheitsform von Verben (knowing how), es kennt aber nicht die Regel, dass nur das Präteritum schwacher Verben im Deutschen mit der Endung -te gebildet wird (knowing that). Es verfügt also noch nicht über das knowing how und das knowing that, dass es und warum es ‚Max ging' heißen muss. Dieses sprachliche knowing how wird gelegentlich auch als ‚stilles Wissen' oder ‚tacit knowledge' bezeichnet.

Übung 01

Bearbeiten Sie die folgende Aufgabe:
Welche Rolle spielen Ihrer Einschätzung nach Korrekturen durch Erwachsene beim kindlichen Erstspracherwerb?

Lernen und Erwerben | Bei der Erforschung sprachlicher Aneignungsprozesse wird häufig zwischen „Lernen" und „Erwerben" unterschieden. Von Lernen wird gesprochen, wenn die sprachlichen Aneignungsprozesse durch Unterricht gelenkt werden. In diesem Fall wird auch von „gesteuertem' Spracherwerb gesprochen. Davon unterschieden werden sprachliche Aneignungsprozesse, die nicht durch Sprachunterricht gelenkt werden. In diesem Fall wird auch von „ungesteuertem" oder „natürlichem" Spracherwerb gesprochen. Ein Beispiel für ausschließlich ohne formalen Unterricht erworbene Sprachkenntnisse bietet die kindliche Sprachentwicklung in den ersten Lebensjahren. Aber auch in späteren Lebensjahren kann eine Sprache völlig ohne Unterricht erworben werden. Viele Zuwanderer, die erst als Erwachsene nach Deutschland kamen, haben ihre Deutschkenntnisse ausschließlich ungesteuert am Arbeitsplatz und in der Freizeit erworben. Zugewanderte Kinder und Jugendliche, die eine deutsche Schule besuchen, erhalten in vielen Fällen Deutsch-als-Zweitsprache-Unterricht, gleichzeitig erwerben sie Sprachkenntnisse in alltäglichen Situationen. Ihr sprachlicher Aneignungsprozess setzt sich also aus gesteuerten und ungesteuerten Elementen zusammen. In der Sprachlehrforschung und in Bereichen der Soziolinguistik werden für diese unterschiedlichen Aneignungskontexte unterschiedliche Begriffe verwendet: Als Fremdsprache wird diejenige Sprache bezeichnet, die ausschließlich oder vorwiegend im Unterricht erworben wird. Eine Sprache, die überwiegend ohne Unterricht in alltäglichen Kontaktsituationen erworben wird, bezeichnet man hingegen als Zweitsprache. Eine strikte Trennung zwischen „erworbenen" und „erlernten" Sprachkenntnissen lässt sich allerdings häufig nicht aufrechterhalten, wie sich ja am Spracherwerb zugewanderter Kinder und Jugendlicher zeigt. Aber auch der moderne Fremdsprachenunterricht setzt immer mehr gezielt auf eine Ergänzung durch das Angebot „natürlicher" Erwerbssituationen etwa in Form von Austauschprogrammen oder längeren Auslandsaufenthalten oder er versucht durch den Einsatz der Fremdsprache als Unterrichtssprache in anderen Unterrichtsfächern, eine solche „natürliche" Erwerbssituation künstlich zu erzeugen.

gesteuert und ungesteuert

Fremdsprache und Zweitsprache

In der internationalen Literatur, vor allem in der Spracherwerbsforschung, wird der Begriff „Zweitsprache" weiter gefasst. Dort bezeichnet er – ungeachtet des Aneignungskontextes – eine Sprache, die nach der Muttersprache angeeignet wird. Oft wird dafür das Kürzel L2 verwendet.

Immersion

Programme, in denen eine Fremdsprache als Unterrichtssprache im Fachunterricht eingesetzt wird, werden als Immersionsprogramme (oder bilinguale Programme) bezeichnet. In Deutschland werden solche Programme an weiterführenden Schulen seit etwa vierzig Jahren angeboten. Meist werden zwei oder drei Unterrichtsfächer in der Fremdsprache unterrichtet. Bevorzugte Sprachkombinationen sind deutsch-englisch und deutsch-französisch. Seit einiger Zeit werden solche Programme auch im Vorschul- und Grundschulbereich erprobt. In diesen early immersion-Programmen kann die Fremdsprache für einen begrenzten Zeitraum als Unterrichtssprache dominieren.

Erstsprache und Zweitsprache

Auch wenn eine klare Differenzierung zwischen „Erwerben" und „Lernen" in vielen Fällen nicht möglich ist, ist es dennoch durchaus sinnvoll, bei der Erforschung sprachlicher Aneignungsprozesse deutlich zwischen unterschiedlichen Formen von Aneignungsprozessen zu unterscheiden. Auf besonderes Interesse in der Forschung ist die Sprachentwicklung von kleinen Kindern gestoßen. Dabei ist zu unterscheiden zwischen Kindern, die mit einer Sprache aufwachsen, und Kindern, die von frühester Kindheit an mit zwei Sprachen aufwachsen. Den ersten Fall bezeichnet man gelegentlich als monolingualen Erstspracherwerb. Im zweiten Fall spricht man von bilingualem Erstspracherwerb. Beginnt der Erwerb einer der beiden Sprachen mit einer deutlichen zeitlichen Verzögerung, dann unterscheidet man zwischen Erstspracherwerb und Zweitspracherwerb (im weiteren Sinne). Über die Altersgrenze, ab der man nicht mehr von zwei Erstsprachen spricht, sondern Erstsprache und Zweitsprache unterscheidet, besteht in der Forschung keine Einigkeit. Als eine häufiger genannte Grenze für eine Unterscheidung zwischen Erstspracherwerb und frühem Zweitspracherwerb findet man in der Literatur das Alter von drei Jahren.

bilingualer Erstspracherwerb

früher Zweitspracherwerb

Tertiärsprachen

Gelegentlich wird neben den Begriffen Erstsprache und Zweitsprache auch noch der Begriff Tertiärsprachen verwendet. Damit werden weitere Sprachen, die nach der Erst- und der Zweitsprache angeeignet werden, bezeichnet; häufig ist damit allerdings die dritte Schulfremdsprache gemeint. Mit diesen Unterscheidungen soll dem Umstand Rechnung getragen werden, dass der

Erwerb weiterer Sprachen immer auch vor dem Hintergrund des bereits vorhandenen sprachlichen Wissens vonstatten geht. Dies hat Auswirkungen sowohl auf die Zweitspracherwerbsforschung als auch auf den konkreten Sprachunterricht. Aufgrund der vorliegenden Erkenntnisse ist davon auszugehen, dass es nachweisbare Unterschiede gibt in den sprachlichen Aneignungsprozessen von Schülern, die eine erste Fremdsprache lernen, und von Schülern, die eine zweite Fremdsprache lernen. Dabei hat die Sprachenfolge offenbar Einfluss auf die sprachlichen Aneignungsprozesse. So ist es durchaus sinnvoll zu unterscheiden, ob jemand Deutsch als erste Fremdsprache oder Deutsch als zweite Fremdsprache lernt. Gut untersucht ist beispielsweise die Sprachenfolge Englisch – Deutsch („Deutsch nach Englisch").

Übung 02

Bearbeiten Sie die folgende Aufgabe:
Führen Sie eine kleine Untersuchung in Ihrem Bekanntenkreis durch zu der Frage, was Kinder in die Lage versetzt, erfolgreich den Erwerb ihrer Muttersprache zu meistern, und notieren Sie wichtige Resultate in Stichworten.

Spracherwerbstheorien

Es gibt inzwischen eine ganze Anzahl von Versuchen, Antworten auf die Frage zu finden, welche inneren Voraussetzungen und welche äußeren Bedingungen zum Gelingen von sprachlichen Aneignungsprozessen beitragen. Unterschiedliche theoretische Annahmen, die die Entwicklung sprachlichen Wissens im Kindesalter sowie im Jugend- und Erwachsenenalter erklären sollten, sind formuliert, kritisch diskutiert und zum Teil auch wieder verworfen worden. Gegenwärtig existieren in der Spracherwerbsforschung konkurrierende Erklärungsmodelle sowohl für den Erstspracherwerb als auch für den Zweitspracherwerb. Die wissenschaftlichen Kontroversen um diese Erklärungsmodelle werden leider nicht immer mit der gebotenen Sachlichkeit geführt, was den Versuch, sich mit Hilfe der Fachliteratur einen Überblick über den aktuellen Stand der Theoriediskussion in der Spracherwerbsforschung zu verschaffen, gerade für Studienanfänger erheblich erschweren kann.

In der Fachliteratur sind immer wieder Versuche unternommen worden, die Entwicklung dieser Theoriediskussion in der Spracherwerbsforschung nachzuzeichnen und einen Überblick über wichtige Erklärungsansätze und Hypothesen in der Erst- und/oder der Zweitspracherwerbsforschung zu geben (Klein 1984, Clahsen 1988, Wode 1993, Rothweiler 2002, Henrici & Riemer 2003). Zu erwähnen sind zunächst einmal die behavioristischen Erklärungsansätze, die den menschlichen Spracherwerb als einen Konditionierungsprozess deuten. Lernen, auch sprachliches Lernen, erfolgt danach mit Hilfe von Versuch und Irrtum. Das Kind reagiert auf einen sprachlichen Reiz seiner Umgebung, indem es versucht, die Äußerungen der Erwachsenen nachzuahmen. Diese sprachliche Reaktion wird positiv verstärkt, wenn sie den Erwartungen der Umgebung entspricht, andernfalls wird sie zurückgewiesen: „Es heißt nicht Max gehte, es heißt Max ging." Ein wichtiger Vertreter dieses Erklärungsansatzes ist Skinner. Obwohl der behavioristische Erklärungsansatz in der Spracherwerbsforschung inzwischen als überholt gilt, wird im Alltagsverständnis die kindliche Nachahmungsfähigkeit häufig noch als Hauptantriebskraft für die Sprachentwicklung angesehen.

Bei den auch gegenwärtig noch aktuellen Erklärungsansätzen in der Spracherwerbsforschung, die speziell für die Untersuchung des Spracherwerbs im Kindesalter von Bedeutung sind, wird häufig die Unterscheidung getroffen zwischen kognitivistischen, mentalistischen und interaktionistischen Erklärungsansätzen. Von kognitivistischen oder kognitiven Ansätzen wird gelegentlich umfassend gesprochen, wenn man nicht-behavioristische Ansätze meint. Von kognitiven Ansätzen im engeren Sinne spricht man im Hinblick auf Spracherwerbstheorien, die versuchen, die sprachliche Entwicklung des Kindes in Abhängigkeit von seiner geistigen Entwicklung zu erklären. Diese gelegentlich auch als konstruktivistisch bezeichneten Erklärungsansätze gehen davon aus, dass für den Spracherwerb von Kindern dieselben Gesetzmäßigkeiten gelten wie für deren übrige kognitive Entwicklung. Die Sprachentwicklung steht danach im engen Zusammenhang mit der Entwicklung der Symbolisierungsfähigkeit und der allgemeinen kognitiven Entwicklung. Der Zugang zu formalen Strukturen im Spracherwerb erfolgt nach dieser Theorie über die Bedeutung. Dieser Ansatz geht zurück auf Piaget und die Genfer Schule. Die Bedeutung der Erschließung formaler Strukturen

Behaviorismus

Kognitivismus

Funktionalismus

über deren Funktion wird auch in funktionalistischen Ansätzen betont: So kann das syntaktische Subjekt in einer Äußerung „entdeckt" werden, wenn es zugleich die semantische Funktion „Agens" und die pragmatische Funktion „Topic" ausdrückt.

Auch mentalistische (nativistische) Ansätze erklären die kindliche Sprachentwicklung mit den besonderen kognitiven Voraussetzungen des Menschen. Allerdings gehen nativistische Ansätze davon aus, dass die Sprachentwicklung nicht allein mit allgemeinen kognitiven Reifungsprozessen erklärt werden kann. Vielmehr verfügen Menschen nach dieser Theorie über angeborene, spezifische kognitive Fähigkeiten zur Verarbeitung von sprachlichen Mustern. Pinker 1996 spricht in diesem Zusammenhang von einem „Sprachinstinkt". Nativistische Erklärungsansätze gehen auf die von Chomsky formulierte Theorie der Universalgrammatik zurück.

Mentalismus

Nativismus

Universalgrammatik

Die Theorie der Universalgrammatik geht davon aus, dass es sprachspezifische kognitive Fähigkeiten zum Erkennen sprachlicher Muster gibt, die – als genetische Anlagen – grundsätzlich allen Menschen zur Verfügung stehen. Diese grundlegenden Fähigkeiten ermöglichen dem Kleinkind den Erwerb einer beliebigen Sprache als Erstsprache und erklären die erstaunliche Schnelligkeit, mit der das kleine Kind im Kontakt mit seiner Umwelt die komplexen grammatischen Strukturen seiner Erstsprache(n) erfolgreich meistert.

‚Mutterisch' (Motherese, ‚child directed speech')

Im Gegensatz zu mentalistischen Ansätzen berücksichtigen interaktionistische Ansätze in der Erstspracherwerbsforschung besonders den Beitrag der Umgebung zur sprachlichen Entwicklung. Ein bedeutender Vertreter dieses Ansatzes ist Bruner. Er betont die Rolle der Gesprächspartner des Kindes für die sprachliche Entwicklung. Deren Fähigkeiten, auf den Entwicklungsstand des Kindes einzugehen und ihm sprachliche Vorbilder zu bieten, die ihm den nächsten Entwicklungsschritt ermöglichen, seien neben den notwendigen kognitiven Voraussetzungen – die Existenz angeborener sprachspezifischer Fähigkeiten für den Gram-

Interaktionismus

matikerwerb wird von Bruner nicht infrage gestellt – die Hauptantriebskraft für die kindliche Sprachentwicklung. Dass eine
sprachanregungsreiche Umgebung und ein intensives Eingehen
auf die Kommunikationsbedürfnisse des Kindes für seine sprachliche Entwicklung förderlich sind, wird in der Spracherwerbsforschung grundsätzlich nicht in Zweifel gezogen. Es wird aber zum
einen eingewendet, dass eine solche sprachliche Anpassung wenig hilfreich für die kindliche Sprachentwicklung ist, wenn sie sich
im Übermaß eines vermeintlich kindgerechten Vokabulars bedient (‚Wauwau‘ statt ‚Hund‘) oder sich auf die Verwendung möglichst weniger einfacher Satzmuster beschränkt. Zum anderen
wird von einigen Forschern aber auch grundsätzlich in Zweifel
gezogen, dass eine solche sprachliche Anpassung, speziell für
den Erwerb grammatischen Wissens, überhaupt notwendig ist
(Keller & Leuninger 2004).

Erstspracherwerb und Zweitspracherwerb: identisch oder verschieden?

Die Diskussion über die Frage, ob sprachliche Aneignungsprozesse im Erstspracherwerb und im Zweitspracherwerb äußerlich
identisch verlaufen und durch dieselben kognitiven Prozesse gesteuert werden, hat zur Formulierung zweier widerstreitender Hypothesen in der Zweitspracherwerbsforschung geführt, der Identitätshypothese und der Kontrastivhypothese (Henrici & Riemer
2003). Die Identitätshypothese, die auf der Grundlage von kognitivistischen bzw. nativistischen Erklärungsansätzen formuliert
wurde, geht davon aus, dass das sprachliche Vorwissen für den
Zweitspracherwerb keine besondere Rolle spielt. Erstspracherwerb
und Zweitspracherwerb unterliegen nach dieser Hypothese densel-
ben Prinzipien, Entwicklungsverläufe im Erstspracherwerb und im
Zweitspracherwerb sind identisch. Die Kontrastivhypothese, die
auf der Grundlage eines behavioristischen Erklärungsansatzes
formuliert wurde, geht im Gegensatz dazu davon aus, dass das
sprachliche Vorwissen für den Zweitspracherwerb eine entscheidende Rolle spielt. Entwicklungsverläufe im Zweitspracherwerb
variieren in Abhängigkeit von der jeweiligen Erstsprache. Entwicklungsverläufe im Erstspracherwerb und im Zweitspracherwerb
sind daher in aller Regel nicht identisch. Besondere Lernschwierigkeiten und Fehler beim Zweitspracherwerb lassen sich der Kon-

Identitätshypothese und Kontrastivhypothese

trastivhypothese zufolge durch die jeweiligen Unterschiede zwischen Erst- und Zweitsprache erklären. Empirische Untersuchungen haben gezeigt, dass es zwar einerseits durchaus Gemeinsamkeiten zwischen Erstspracherwerb und Zweitspracherwerb gibt, dass sich andererseits aber auch deutliche Unterschiede beobachten lassen. Die Diskussion über die Frage, inwieweit sprachliche Aneignungsprozesse im Erst- und im Zweitspracherwerb dennoch durch identische kognitive Prozesse gesteuert werden, ist damit aber noch nicht abgeschlossen (Siebert-Ott 2001).

Die Beobachtung, dass sich Unterschiede im Erst- und Zweitspracherwerb nicht allein durch Unterschiede im sprachlichen Vorwissen erklären lassen, führte zur Formulierung der Interlanguage-Hypothese. Lerner durchlaufen nach dieser Hypothese bei der Aneignung einer Zweitsprache verschiedene Zwischenstadien, die als „Interlanguages" bezeichnet werden. Diese Zwischenstadien, für die auch die Begriffe „Lernersprachen", „Zwischensprachen" oder „Interimssprachen" verwendet werden, weisen einerseits Merkmale der Ausgangssprache(n) und der Zielsprache auf, haben andererseits aber auch charakteristische Merkmale, die sich weder aus Eigenschaften der Ausgangssprache(n) noch aus Eigenschaften der Zielsprache erklären lassen. Darauf wird in Kapitel 2.3 näher eingegangen.

Interlanguage-hypothese

Spracheneinfluss: Interferenzen und Transfer

Dass das bereits verfügbare sprachliche Wissen nicht nur für den Zweitspracherwerb, sondern bereits für den bilingualen Erstspracherwerb eine bedeutsame Rolle spielt, wird allerdings auch von der modernen Spracherwerbsforschung nicht in Abrede gestellt (Müller, Kupisch, Schmitz & Cantone 2006). Unterschieden werden dabei zwei Arten von Spracheneinfluss: Interferenzen und Transfer. Von einigen Forschern wird Interferenz als ein Performanzphänomen interpretiert, also ein sporadisch auftretendes Phänomen im Sprachgebrauch, das – ähnlich wie ein Versprecher – keine direkten Rückschlüsse auf das verfügbare sprachliche Wissen erlaubt. Transfer wird demgegenüber der Kompetenz, also dem sprachlichen Äußerungen zugrunde liegenden sprachlichen Wissen, zugeordnet. Dabei wird unterschieden zwischen positivem Transfer und negativem Transfer. Positiver Transfer beschleunigt den Spracherwerb. Er ist möglich, wenn bestimmte sprachliche Muster oder sprachliche Mittel in Ausgangs- und Zielsprache identisch sind und der Sprachlerner sein verfügbares Sprachwissen für den Spracherwerb erfolgreich nutzen kann. Negativer Transfer verzögert dagegen den Spracherwerb. Die Übertragung sprachlichen Wissens führt dann zu Fehlern, etwa bei der Aussprache, der Verwendung bestimmter grammatischer Muster oder bei der Verwendung von Wörtern oder Redewendungen.

Übung 03

> Bearbeiten Sie die folgende Aufgabe:
> Nennen Sie Beispiele für typische Transferfehler englischsprachiger Deutschlerner im Bereich der Wortstellung und des Wortschatzes.

Ausblick

Eine einheitliche Spracherwerbstheorie, die alle hier erwähnten sprachlichen Aneignungsprozesse nicht nur umfassend beschreiben, sondern auch deren kognitive Grundlagen angemessen erklären kann, liegt gegenwärtig noch nicht vor und ist auch – zumindest in näherer Zukunft – nicht zu erwarten (Rothweiler 2002). Trotz dieser – besonders für Studienanfänger – nicht ganz übersichtlichen und vielleicht auch nicht ganz befriedigenden Ausgangslage lässt sich das Interesse für die Resultate aktueller empirischer Spracherwerbsforschung und die Entwicklung ihrer theoretischen Grundlagen auch mit ihrer Praxisrelevanz begründen: Die Spracherwerbsforschung ist zunehmend in der Lage, Erkenntnisse zu liefern, die eine solide Ausgangsbasis für eine erfolgreiche Steuerung von sprachlichen Aneignungsprozessen bei Kindern und Jugendlichen im Rahmen des Unterrichts oder in besonderen Fördermaßnahmen bieten können.

2.2 Bilingualer Erstspracherwerb und früher Zweitspracherwerb

Empirische Untersuchungen zum frühen Zweitspracherwerb

Die Beantwortung der Frage, welche Gemeinsamkeiten und Unterschiede zwischen Erstspracherwerb und Zweitspracherwerb bestehen, ist gerade im Hinblick auf das Verständnis von sprachlichen Aneignungsprozessen im frühen Zweitspracherwerb von besonderem Interesse. Als Abgrenzung zwischen bilingualem Erstspracherwerb und frühem Zweitspracherwerb findet man in der Literatur – wie bereits dargelegt – häufig die Altersgrenze von drei Jahren. Diese Festlegung allein kann aber natürlich nicht die Frage nach Gemeinsamkeiten und Unterschieden beantworten. Zum ungesteuerten Zweitspracherwerb von Jugendlichen und Erwachsenen in Deutschland wurden bereits in den siebziger und achtziger Jahren umfangreichere empirische Untersuchungen vorgelegt (Heidelberger Forschungsprojekt „Pidgin-Deutsch" 1975, Clahsen, Meisel & Pienemann 1983).

Die folgende Übersicht über die Phasen, in denen die Verbstellung des Deutschen im Zweitspracherwerb erworben wird, basiert auf den Ergebnissen der Studie von Clahsen, Meisel & Pienemann zum ungesteuerten Zweitspracherwerb Jugendlicher und Erwachsener mit einer romanischen Ausgangssprache:

Phase I	Zunächst werden (S)VX-Muster präferiert
Phase II	Elemente können in periphere Positionen gebracht werden: andere Satzglieder als das Subjekt können an den Satzanfang gestellt werden, infinite Verben und Verbpräfixe stehen jetzt in Endstellung
Phase III	Die Zweitstellung des finiten Verbs wird obligatorisch, das Subjekt ebenso wie adverbiale Bestimmungen können jetzt zwischen das finite Verb und seine Objekte treten
Phase IV	Die Endstellung des finiten Verbs in subordinierten Nebensätzen wird obligatorisch

Abb.3 Erwerbssequenz Verbstellung im Zweitspracherwerb (Clahsen et al. 1983)

Die Ergebnisse dieser empirischen Studie wurden mit den Ergebnissen empirischer Studien zum Erstspracherwerb von Kindern verglichen, die monolingual deutsch aufwuchsen oder die bilingual mit Deutsch und einer weiteren Sprache aufwuchsen. Die nachstehende Übersicht (Abb. 4) gibt Entwicklungssequenzen aus den Bereichen Wortstellung und Morphologie wieder. Ein Unterschied zu der Erwerbssequenz ist bei der Herausbildung der Verbstellung zu beobachten: Während Zweitsprachlerner zunächst (S)VX-Abfolgen (also Verbzweitstellung) präferieren, dominiert beim Erstspracherwerb zunächst die Verbendstellung.

Phase I	Einwortäußerungen dominieren
Phase II	Ein-, Zwei- und Mehrwortäußerungen Verbendstellung dominiert
Phase III	Mehrwortäußerungen Verbendstellung dominiert Bei den verbalen Elementen in der zweiten Position handelt es sich häufig um Modalverben, flektierte Formen von *sein* sowie Verben mit dem Flexionssuffix *-t*, endungslose Verbstämme und infinite Verben erscheinen meist in Endstellung
Phase IV	Mehrwortäußerungen Kaum noch Verbstellungsfehler In der zweiten Position erscheinen überwiegend korrekt flektierte Verben, die Flexionsendung für die 2. Person Singular erscheint erstmalig und wird überwiegend korrekt gebraucht, Fehler im Gebrauch der übrigen Flexionsendungen nehmen stark ab
Phase V	Mehrwortäußerungen Nebensätze treten erstmalig auf; Fehler bei der Verbendstellung des finiten Verbs in Nebensätzen sind selten

Abb. 4 Entwicklungssequenzen im monolingualen Erstspracherwerb

Aus solchen Beobachtungen wurde die Schlussfolgerung gezogen, dass der Zweitspracherwerb älterer Jugendlicher und Erwachsener auf anderen kognitiven Strategien basiert als der Spracherwerb im frühen Kindesalter (Clahsen 1988, Siebert-Ott 2001). Diskutiert wird allerdings auch die Frage, ob die Entwicklungssequenzen im Zweitspracherwerb Jugendlicher und Erwachsener abhängig von deren jeweiligen Ausgangssprachen variieren: Ist

also etwa Phase I in dieser Form charakteristisch für Ausgangssprachen mit SVO-Wortstellung (Siebert-Ott 2001)?

Ein Mangel an empirischer Forschung im Bereich des frühen
Zweitspracherwerbs erlaubte allerdings keine schlüssigen Antworten auf die Frage, ob der frühe Zweitspracherwerb ab einem
Alter von drei bis vier Jahren mehr Gemeinsamkeiten mit dem
monolingualen und dem bilingualen Erstspracherwerb oder mit
dem Zweitspracherwerb älterer Lerner aufweist: Welche Rolle
spielt das sprachliche Vorwissen im frühen Zweitspracherwerb?
Variieren Entwicklungsverläufe im frühen Zweitspracherwerb in
Abhängigkeit von der jeweiligen Erstsprache? Inwieweit lassen
sich Lernschwierigkeiten und Fehler beim frühen Zweitspracherwerb auf Unterschiede zwischen Erst- und Zweitsprache zurück-
führen? Erst in jüngster Zeit beschäftigt sich die Forschung verstärkt auch mit diesen Fragestellungen (Thoma & Tracy 2006).

Empirische Untersuchungen zu Spracheneinfluss und Sprachentrennung haben gezeigt, dass bilingual aufwachsende Kinder bereits ab einem frühen Alter grundsätzlich zur Sprachentrennung in der Lage sind. In Zweifel gezogen wird in der neueren
Forschung das Drei-Phasen-Modell des bilingualen Erstspracherwerbs, das von Taeschner und Volterra auf der Basis einer Längs-
schnittuntersuchung bilingual deutsch-italienisch aufwachsender Kinder formuliert wurde. Nach diesem Modell lassen sich in
der ersten Phase des bilingualen Erstspracherwerbs weder beim
Erwerb grammatischen Wissens noch beim Erwerb lexikalischen
Wissens die beiden Sprachen voneinander unterscheiden. In der
zweiten Phase entwickeln bilinguale Kinder zunächst im Bereich
des Wortschatzes die Fähigkeit zur Trennung zwischen den beiden Sprachen. Erst in einer dritten Phase entwickeln bilingual
aufwachsende Kinder nach diesem Modell auch die Fähigkeit zur
Unterscheidung zwischen den grammatischen Systemen beider
Sprachen. Neuere empirische Studien zum bilingualen Erstspracherwerb, die sich zum Teil ausdrücklich auf dieses Drei-Phasen-
Modell beziehen, gelangen dagegen zu dem Ergebnis, dass Kinder bereits zu einem sehr frühen Zeitpunkt zur Sprachentrennung
in der Lage sind. Das gilt sowohl im Hinblick auf die Entwicklung
ihres Wortschatzes als auch im Hinblick auf die Entwicklung ihres
grammatischen Wissens. Untersucht wurde zum Beispiel bei bilingual deutsch-italienisch aufwachsenden Kindern, ob diese
über lexikalische Äquivalente verfügen. Kennt ein bilinguales

3-Phasen-Modell

Sprachentrennung

**lexikalische
Äquivalente**

Kind, das in der Kommunikation mit einem deutschsprachigen Gesprächspartner das Wort ‚cane' verwendet, tatsächlich nicht das deutsche Äquivalent ‚Hund'? Dem Drei-Phasen-Modell zufolge sollten sich in der ersten Entwicklungsphase im Wortschatz bilingualer Kinder kaum derartige Äquivalente finden lassen. Diese Annahme bestätigte sich in neueren empirischen Untersuchungen nicht (Müller, Kupisch, Schmitz & Cantone 2006).

positiver Transfer, negativer Transfer

Empirische Untersuchungen haben allerdings auch gezeigt, dass bereits im bilingualen Erstspracherwerb Spracheneinfluss eine bedeutsame Rolle spielen kann. Unterschieden werden dabei – wie bereits dargelegt – zwei Arten von Spracheneinfluss: Interferenzen und Transfer. Positiver und negativer Transfer wurden in empirischen Untersuchungen tatsächlich bereits im bilingualen Erstspracherwerb beobachtet. Positiver Transfer ist möglich, wenn bestimmte sprachliche Muster oder sprachliche Mittel in Ausgangs- und Zielsprache identisch sind und der Sprachlerner sein bereits verfügbares Sprachwissen aus der einen Sprache erfolgreich für den Erwerb der anderen Sprache nutzen kann. Positiver Transfer kann den Erwerb bestimmter sprachlicher Muster deutlich beschleunigen. Beobachtet wurde aber auch negativer Transfer in Fällen, in denen die übertragenen sprachlichen Muster in Ausgangs- und Zielsprache nicht identisch waren. Auf negativen Transfer kann aus charakteristischen Fehlern geschlossen werden. Negativer Transfer kann den Erwerb bestimmter sprachlicher Muster deutlich verzögern.

Übung 04

Bearbeiten Sie die folgende Aufgabe:
Vergegenwärtigen Sie sich die wichtigsten Strukturmerkmale des deutschen Satzes.

Spracheneinfluss

Müller, Kupisch, Schmitz & Cantone 2006 beschreiben die Auswirkungen von Spracheneinfluss in Form von positivem und negativem Transfer mit Beispielen aus dem Erwerb der Wortstellung bei bilingual mit Deutsch und einer romanischen Sprache (Französisch oder Italienisch) aufwachsenden Kindern. Als Bezugsgröße dient dabei der Erwerb der Wortstellung im monolingualen

Beschleunigung

Erstspracherwerb. Eine Beschleunigung gegenüber Entwicklungsverläufen im monolingualen Erstspracherwerb konnte beim

Erwerb der Verbzweitstellung im Deutschen beobachtet werden. Bei monolingualen Kindern dominiert im Deutschen in frühen Entwicklungsphasen die Verbendstellung. Dagegen finden sich in Untersuchungen zum bilingualen Erstspracherwerb Beispiele dafür, dass bilingual aufwachsende Kinder diese Entwicklungsphase abkürzen oder gar überspringen können. Sie benötigen deutlich weniger Zeit für den Erwerb der Verbzweitstellung im einfachen Satz. Eine Entwicklungsverzögerung konnte dagegen bei bilingual aufwachsenden Kindern beim Erwerb der Endstellung des finiten Verbs im Nebensatz beobachtet werden. Diese Entwicklungsphase verläuft bei monolingual deutschsprachigen Kindern in aller Regel problemlos: Sobald Nebensätze mit Konjunktionen verwendet werden, die eine Endstellung des finiten Verbs verlangen, wird diese Stellung auch weitgehend fehlerfrei verwendet. Dagegen finden sich in Untersuchungen zum bilingualen Erstspracherwerb auch Beispiele dafür, dass bilinguale Kinder deutlich mehr Zeit benötigen als monolinguale Kinder, bis sie diese Strukturen fehlerfrei beherrschen. Müller, Kupisch, Schmitz & Cantone 2006 betonen aber ausdrücklich, dass solche Entwicklungsverzögerungen und Entwicklungsbeschleunigungen in diesen Studien keineswegs bei allen untersuchten Kindern in gleichem Maße beobachtet werden konnten. Sie betonen außerdem, dass Transfer auch bei ausgewogen bilingualen Kindern auftritt und die Richtung des Transfers nicht als Folge von Sprachdominanz, also als Beeinflussung der schlechter beherrschten, „schwachen" Sprache durch die besser beherrschte, „starke Sprache", erklärt werden kann.

Verzögerung

Deutsch als frühe Zweitsprache: zweite Erstsprache?

In einer Studie zum frühen Zweitspracherwerb (Thoma & Tracy 2006) wurden Entwicklungsverläufe im Bereich der Wortstellung im Deutschen mit Ergebnissen entsprechender Studien zum monolingualen Erstspracherwerb und zum Zweitspracherwerb älterer Lerner verglichen. Beobachtet wurden Kinder mit den Erstsprachen Türkisch, Russisch und Arabisch, die erst im Alter von drei bis vier Jahren in nennenswertem Umfang in Kontakt mit der Zweitsprache Deutsch gekommen waren. Die Untersuchung ergab, dass die beobachteten Entwicklungsverläufe im frühen Zweitspracherwerb im Deutschen unabhängig von der jeweiligen

Entwicklungsverlauf

Erstsprache den aus dem Erstspracherwerb bekannten Verläufen ähnelten. Nicht alle beobachteten Kinder meisterten während des beschriebenen Untersuchungszeitraums alle in Abbildung 4 beschriebenen Entwicklungsschritte. Art und Abfolge der beobachteten Entwicklungsschritte beim Erwerb der Wortstellung im Deutschen als frühe Zweitsprache wiesen aber in allen Fällen eine deutliche Ähnlichkeit mit dem hier beschriebenen Entwicklungsverlauf im Deutschen als Erstsprache auf. Nach Einschätzung von Thoma & Tracy 2006 konnten außerdem alle beobachteten Kinder auch im Hinblick auf den Faktor Entwicklungsdauer durchaus mit einsprachig aufwachsenden Kindern mithalten. Beobachtet wurden allerdings auch Unterschiede in der Art und Abfolge der Entwicklungsschritte zwischen Erstspracherwerb und frühem Zweitspracherwerb sowohl im Bereich der grammatischen Entwicklung (zum Beispiel im Bereich der Nominalflexion) sowie bei der Entwicklung des Wortschatzes.

Entwicklungsdauer

Erste empirische Beobachtungen von Kindern mit unterschiedlichen Erstsprachen, die im Alter von drei bis vier Jahren mit dem Erwerb der Zweitsprache Deutsch beginnen, zeigen also, dass zumindest Teilbereiche des grammatischen Wissens noch in einer dem Erstspracherwerb qualitativ und quantitativ vergleichbaren Art und Weise erworben werden können, wenn die Kinder geeignete Erwerbsbedingungen vorfinden. Entwicklungsrückstände gegenüber Kindern, die Deutsch als Erstsprache lernen, können hier offenbar noch erstaunlich schnell aufgeholt werden. In anderen Bereichen benötigen Zweitsprachlerner dagegen mehr Zeit, um den Entwicklungsstand ihrer einsprachigen Altersgenossen zu erreichen.

Zusammenfassung und Ausblick

Erste empirische Studien deuten darauf hin, dass der frühe, im Alter von drei bis vier Jahren einsetzende Erwerb des Deutschen als Zweitsprache qualitativ und quantitativ deutliche Ähnlichkeiten mit dem monolingualen Erstspracherwerb Deutsch aufweist. Allerdings liegen zum Erwerb des Deutschen als früher Zweitsprache bislang nur wenige empirische Studien vor. So ist gegenwärtig nicht bekannt, ab welchem Alter mit qualitativen Veränderungen in den Erwerbsverläufen zu rechnen ist, die Ähnlichkeiten mit dem monolingualen Erstspracherwerb also erkennbar abnehmen und die Ähnlichkeiten mit den Erwerbsverläufen von Lernern, die erst in einem späteren Lebensalter mit dem Zweitspracherwerb begonnen haben, deutlich überwiegen.

2.3 Die Entwicklung der Lernersprache

In Abschnitt 2.1 wurden kurz einige einflussreiche Spracherwerbstheorien und Zweitspracherwerbshypothesen vorgestellt. Es wurde deutlich, dass der sprachliche Aneignungsprozess von recht unterschiedlichen Disziplinen und theoretischen Standpunkten aus betrachtet wird und die Ergebnisse durchaus nicht immer konvergent sind. Dabei ist zu berücksichtigen, dass die Erkenntnisse und Hypothesen teilweise auf ganz unterschiedlichen Arten von Daten basieren, die nur schwer vergleichbar sind. So ermittelt eine Längsschnittstudie, die beispielsweise den Spracherwerbsprozess eines einzelnen Lerners über einen längeren Zeitraum hinweg beschreibt, eine anders geartete Datengrundlage als eine Untersuchung, die eine große Anzahl von Lernern zu einem bestimmten Zeitpunkt erfasst, und kommt folglich zu anderen Erkenntnissen als diese. Des Weiteren ist zu berücksichtigen, dass eine einzelne Untersuchung zum Zweitspracherwerb sich immer nur mit bestimmten Teilaspekten des Zweitspracherwerbsprozesses beschäftigen kann, da er hochkomplex ist. Es verwundert daher nicht, dass trotz enormer Forschungsaktivitäten in den letzten Jahrzehnten bislang keine einheitliche, umfassende Zweitspracherwerbstheorie vorliegt.

Wenn es auch noch weiterer umfangreicher Forschungen bedarf, ehe eine umfassende Zweitspracherwerbstheorie vorliegt, so können doch eine Reihe von Einsichten in den Zweitspracherwerbsprozess als weithin anerkannt bezeichnet werden. Diese werden im Folgenden dargestellt.

2.3.1 Lernersprache / Interlanguage

Zu Zeiten behavioristischer Lerntheorien galt die Vorstellung, dass Lerner einer Fremd- oder Zweitsprache sprachliche Vorbilder ihrer Umgebung auswendig lernen und imitieren (vgl. o.

Kap. 2.1). Dies ist längst widerlegt. Wenn auch nach heutigem Erkenntnisstand ein gewisses Maß an Imitation und Auswendiglernen formelhafter Wendungen – insbesondere zu Beginn des Zweitspracherwerbsprozesses – angenommen werden muss, so produzieren Lerner von Anfang an auch Äußerungen, die nicht einfach aus ihrer sprachlichen Umgebung übernommen sind. Lerner entwickeln im Prozess der Aneignung einer Zielsprache ihre eigenen sprachlichen Systeme. Diese bezeichnete Pit Corder 1971 als „idiosyncratic dialects". Selinker prägte 1972 dafür den Begriff „Interlanguage", der sich dann in der Forschung etabliert hat. Im Deutschen finden sich, wie oben bereits dargelegt, dafür die Termini „Interimssprache", „Intersprache" und „Lernersprache"; letzterer Begriff wird heute am häufigsten verwendet.

Lernersprache

Als Lernersprache oder Interlanguage wird das sich entwickelnde L2-System eines Lerners bezeichnet. Es kann Merkmale der L1 des Lerners oder einer zuvor erlernten Fremdsprache enthalten, außerdem Merkmale der zu erlernenden L2 und Merkmale, die keinem der beiden Sprachsysteme zuzuordnen sind. Lernersprachen sind in sich systematisch. Sie sind dynamisch, d.h. sie sind ständiger Veränderung unterworfen.

Wenn man sich Lernersprachen genauer ansieht, so wird deutlich, dass sie Merkmale ganz unterschiedlicher Art enthalten. Dies können erstens Merkmale sein, die auf den Einfluss zuvor erlernter Sprache(n), der Muttersprache (L1) oder einer Fremdsprache, rückführbar sind. Zweitens enthalten Lernersprachen natürlich auch Merkmale der Zielsprache. Drittens gibt es lernersprachliche Merkmale, die weder der L1 noch der zu lernenden Sprache zugeordnet werden können.

Betrachten wir beispielsweise die folgende Äußerung eines DaZ-Lerners, dessen Muttersprache Englisch ist: *Ich möchte für drei Tage bleiben.* Die Phrase *für drei Tage* scheint aus engl. *for three days* abgeleitet zu sein, und zwar in einer Wort-für-Wort-Übertragung. Im Deutschen würde man aber einfach sagen *drei Tage (lang).* Insofern ist die Verwendung des *für* in diesem Kontext ein aus der Muttersprache des Lerners übertragenes Merkmal.

Aber der Lerner verwendet in seiner Äußerung auch zielsprachliche Formen: So bildet er die Flexionsform des Verbs zielsprachengerecht und realisiert die Distanzstellung beim Prädikat (*möchte ... bleiben*) ebenfalls korrekt.

Neben L1- und L2-Charakteristika finden sich in Lernersprachen sehr häufig Merkmale, die weder der Mutter- noch der Zielsprache des Lerners eigen sind, sondern als „lernersprachenspezifisch" zu bezeichnen sind. Dazu gehören Formen wie *kommte* in dem Satz *Ein Vogel kommte*, den ein türkischer Schüler schrieb. *Kommte* ist weder eine zielsprachengerechte Form noch ist sie auf das Türkische rückführbar. Sie entsteht vielmehr dadurch, dass der Lerner eine Regel der Zielsprache, hier die regelmäßige Präteritumsbildung, auf ein unregelmäßiges Verb übertragen hat. Dieses Phänomen wird als Übergeneralisierung bezeichnet.

Formen, die durch Übergeneralisierung zustande kommen, kennzeichnen Lernersprachen allgemein, d.h. sie finden sich in allen Lernersprachen, unabhängig davon, welche Muttersprache ein Lernender hat oder in welchem Alter er die Sprache lernt. Weitere „lernersprachenspezifische" Merkmale sind beispielsweise die Weglassung von Funktionswörtern (z.B. Präpositionen, Pronomen) oder die Weglassung von morphologischen Elementen wie Flexionsendungen, vgl. *Ich gehen Haus.*

Man kann sich den Zweitspracherwerbsprozess eines Lerners insgesamt vorstellen als eine Abfolge von sprachlichen Übergangssystemen, als Abfolge sich ständig verändernder Lernersprachen (Interlanguages), die dem Sprachsystem der Zielsprache – idealiter – immer ähnlicher werden.

Die Dynamik der Lernersprache ist dadurch zu erklären, dass L2-Lerner sich die Zielsprache bzw. zielsprachliche Teilbereiche schrittweise erschließen, d.h. sie lernen ein ganzes grammatisches Subsystem nicht auf einmal, sondern nach und nach. Wode nennt dieses Vorgehen der L2-Lerner „Dekomposition": „Dekomposition bezeichnet das schrittweise Herausfiltern von Merkmalen der Zielsprache. Aus diesen dekomponierten Merkmalen werden später die Zielstrukturen rekonstruiert. Auch die einzelnen Strukturen bzw. Strukturbereiche einer Sprache werden in den seltensten Fällen als Ganzes auf einmal gemeistert. Komplexe Strukturbereiche, z.B. die Interrogation, die Negation, Wortstellungsregeln, das Lautsystem oder eine Wortbildungsregel,

Schrittweise Erschließung zielsprachlicher Strukturen

werden so gelernt, dass nach und nach einzelne Charakteristika des zielsprachlichen Inputs herausgefiltert und anschließend zu den Zielstrukturen reintegriert werden." (Wode 1993, 81ff).

Bei dieser schrittweisen Erschließung der Zielsprache bilden die L2-Lerner Hypothesen über die (vermeintlichen) Regeln der Zielsprache („Herausfiltern von Merkmalen der Zielsprache"). Sie formulieren sozusagen ihr lernersprachliches Grammatiksystem der L2. Das basiert auf dem jeweiligen sprachlichen Vorwissen des Lerners (u.a. L1, L2-Interlanguage). Diese lernersprachlichen Regeln/Hypothesen werden an Daten der Zielsprache erprobt und mit steigendem sprachlichen Kontakt bzw. mit mehr sprachlichem Input dann revidiert und dem neuen Erkenntnisstand angepasst („zu den Zielstrukturen reintegriert").

Erwerbssequenz

In bestimmten grammatischen Teilbereichen läuft der Erwerb in einer bestimmten chronologischen Reihenfolge ab. Diese Abfolgen nennt man Erwerbssequenzen.

In bestimmten grammatischen Teilbereichen folgt die schrittweise Erschließung der zielsprachlichen Strukturen einer festen Phasenabfolge. Das heißt, der Erwerb läuft in diesen Bereichen in einer bestimmten chronologischen Reihenfolge ab. Diese Abfolgen werden Erwerbssequenzen genannt. Belegt sind solche Erwerbssequenzen etwa für den Erwerb der Satzstellung, der Objektkasus, der Verbalmorphologie und der Negation. Als jüngeres Beispiel für empirische Untersuchungen zum Zweitspracherwerb Deutsch wollen wir die Longitudinalstudie Deutsch in Genfer Schulen (DiGS) von Erika Diehl et al. vorstellen. Die Forscherinnen untersuchten den gesteuerten Erwerb des Deutschen durch Genfer Schüler, deren Muttersprache Französisch war. Die Ergebnisse dieser umfangreichen Untersuchung zeigen, dass sich der Erwerb der Satzstellung (Satzmodelle), der Objektkasus und der Verbalflexion in jeweils festen Abfolgen vollzieht. In Abb. 5 sind diese Phasenabfolgen im Überblick wiedergegeben:

A Verbalbereich	B Satzmodelle	C Kasus (ohne Präpositionen)
I Präkonjugale Phase (Infinitive; Personalformen nur als chunks)	I Hauptsatz (Subjekt-Verb)	
II regelmäßige Konjugation im Präsens	II Koordinierte Hauptsätze W-Fragen Entscheidungsfragen	I Ein-Kasus-System (nur Nominativ-Formen)
III Konjugation der unregelmäßigen Verben im Präsens Modalverb + Infinitiv	III Distanzstellung (Verbalklammer)	.... II Ein-Kasus-System (beliebig verteilte Nominativ-, Akkusativ-, Dativ-Formen)
IV Auxiliar + Partizip	IV Nebensatz	....
.... V Präteritum	V Inversion (X-Verb-Subjekt)	III Zwei-Kasus-System Nominativ + Objektkasus (Nominativformen + beliebig verteilte Akkusativ- und Dativ-Formen) ....
.... VI Übrige Formen	Erwerb der Satzmodelle I-V abgeschlossen	IV Drei-Kasus-System Nominativ + Akkusativ + Dativ (Nominativformen + Akkusativformen + Dativformen)

Abb. 5 Erwerbssequenzen für das Deutsche (nach: Diehl et al. 2000, 364)

47

Wir wollen uns die einzelnen Phasen der drei Erwerbsabfolgen nun ein wenig genauer ansehen und die wichtigsten Charakteristika in groben Zügen umreißen.

Erwerbssequenz A: Entwicklung der Verbalflexion

Verbalflexion: 6 Phasen

Die Verbalflexion wird in sechs Phasen erworben. In der ersten Phase der Entwicklung der Verbalflexion, eigentlich eine „Vorphase", verwenden Lernende vorwiegend Verben in der Infinitivform. Diehl et al. 2000 führen aus ihrem Korpus folgende Belege an:

Laura machen ein Kuchen oud Vater lesen das Repzet (...)

Aber man findet bei Lernenden, die noch am Anfang stehen, durchaus auch flektierte Formen, z.B. *Ich heiße Fatima. Ich komme aus Kairo.* Dabei handelt es sich um so genannte ‚chunks', unanalysierte Einheiten, die als Ganzes (auswendig) gelernt werden. Das bedeutet, dass Lernende zwar Formen wie *ich heiße ...* oder *ich habe ...* verwenden, aber nicht in der Lage sind, analog dazu etwa die richtige Flexionsform zu *ich + tanzen/malen/schreiben* zu bilden. Im DiGS-Korpus finden sich zielsprachengerecht flektierte Verbformen in der Phase I vor allem bei den Verben *sein, haben* und *machen*. Sie werden häufig in der ersten Person Singular verwendet.

Übung 05

Bearbeiten Sie die folgende Aufgabe:
Überlegen Sie, wie Sie sich, etwa im Urlaub, sprachlich verhalten, wenn Sie die Landessprache nicht gelernt haben. Greifen Sie auf formelhafte Wendungen zurück, die Sie auswendig gelernt haben? Halten Sie Ihre Überlegungen in Stichworten fest.

Chunks

Schulkinder [reproduzieren] gehörte Sätze aus dem Gedächtnis, ohne die Verbalflexion eigenständig zu bearbeiten. Es handelt sich (...) um nichtanalysierte formelhafte Wendungen, die wir (...) als Chunks bezeichnen. (Diehl et al. 2000, 136)

In der zweiten Phase der Verbalflexion – dem ersten eigentlichen Erwerbsschritt – entwickeln die Lernenden die Konjugation der regelmäßigen Verben im Präsens, d.h. sie lernen, die Subjekt-Verb-Kongruenz am Verb zu markieren. Zu Beginn dieser Phase kann es dabei zur Übergeneralisierung einzelner Personalformen kommen, d.h. eine Personalform wird mit einem Subjekt kombiniert, zu dem sie nicht passt. Häufig wird die Flexionsform *–t* der 3. Person Singular übergeneralisiert, und es werden Formen gebildet wie *Du trinkt cafée*.

In dieser Erwerbsphase wird die regelmäßige Konjugation auch auf unregelmäßige Verben angewendet, ebenfalls eine Übergeneralisierung, so dass Formen wie *er lest*; sie nehmt in der Lernersprache zu finden sind. Möglicherweise wurden diese unregelmäßigen Verben – als Chunks – vorher zielsprachenkonform verwendet. Dieses Phänomen der „falschen Formen" ist somit keineswegs als Rückschritt zu werten, vielmehr zeigt die Verwendung von Formen wie *(er/sie) nehmt* und *lest*, dass der Lerner dabei ist, sich die Regeln der Zielsprache zu erschließen. Er ist dabei zunächst völlig auf die regelmäßige Bildung der Personalformen im Präsens konzentriert, die Anhebung des Stammvokals, die bei unregelmäßigen Verben wie *nehmen* und *lesen – nimmt/liest* – erforderlich wäre, ist noch nicht im Blickfeld des Lerners.

Die beginnende Erschließung (a) der unregelmäßigen Verbalflexion und (b) der ersten zweigliedrigen Prädikate kennzeichnen die Phase III in dieser Erwerbssequenz. Die Konjugation erster unregelmäßiger Formen gelingt nun zielsprachengerecht. Eine Beherrschung von unregelmäßiger Flexion wird aber in dieser Phase nicht erwartet: „Das Definiens von Phase III ist also keineswegs der vollständige Erwerb der unregelmäßigen Flexion, sondern die Kenntnisnahme ihrer Existenz und erste Versuche, ihre Gebrauchsbedingungen zu erkunden." (Diehl et al. 2000, 142). Von der Phase III aus finden kontinuierlich weitere unregelmäßige Verbformen Eingang in die Lernersprache, von nun an erarbeitet sich der Lerner kontinuierlich weitere unregelmäßige Paradigmen.

In Phase III tauchen auch die ersten zweigliedrigen Prädikate in der Lernersprache auf, z.B. *Kannst du tanzen?* (a.a.O. 143). Es handelt sich hier um die erste analytische („zusammengesetzte") Verbform, die vom Lerner bearbeitet wird. Sie besteht aus einem flektierten Teil, dem finiten (Modal-)Verb, und einem infiniten Teil, einem Verb im Infinitiv.

Anzumerken ist an dieser Stelle, dass parallel zum Erwerb der zweigliedrigen Prädikate innerhalb der Erwerbssequenz der Satzmodelle die Distanzstellung (Verbklammer) erworben wird (vgl. u.). Bei zweigliedrigen Prädikaten bildet ja das finite Verb den linken Teil der Verbklammer und das Verb im Infinitiv den rechten Teil der Verbklammer.

Übung 06

Bearbeiten Sie die folgende Aufgabe:
Informieren Sie sich in einer Grammatik des Deutschen, etwa der DUDEN-Grammatik, über die Regeln der Partizip Perfekt-Bildung.

In Phase IV wird das Perfekt bearbeitet, die erste analytische Zeitform. Analytische Zeitformen bestehen aus mehreren Wörtern. Im Falle des Perfekts aus zweien, einem Hilfsverb (*sein* oder *haben*) und dem Partizip Perfekt eines Vollverbs. Der Lerner, der sich das Perfekt erschließt, hat einige Regeln zu beachten: (1) Er muss – in Abhängigkeit vom Vollverb – zwischen den Hilfsverben *sein* und *haben* wählen; (2) das Hilfsverb muss – im Präsens – flektiert werden; (3) das Partizip Perfekt des Vollverbs muss gebildet werden; (4) bei der Partizipbildung sind verschiedene Formen zu unterscheiden, regelmäßige und unregelmäßige Verben (*gemacht* versus *gesungen*), aber auch die Partizip-Perfekt-Bildung bei trennbaren und untrennbaren Präfixen (*eingekauft* versus *beantwortet*). Nach den Untersuchungen von Diehl et al. bereiteten die beiden ersten Anforderungen, Wahl des richtigen Hilfsverbs und dessen Flexion, den Lernern keine nennenswerten Schwierigkeiten, wohl aber die Partizipbildung des Vollverbs. Anfangs haben Lerner offensichtlich Probleme, zwischen Infinitiv und Partizip des Vollverbs zu unterscheiden (vgl. o. Phase III, Modalverb + Infinitiv) und verwenden den Infinitiv statt des Partizip Perfekt (*Sie haben ... machen*). Auch die eigentliche Partizipbildung bereitet Lernern Schwierigkeiten: Es gibt Formen wie *geschwimmen, gegehen, gemalen*. „Die einleuchtendste Repräsentation von Partizipien scheint für eine Mehrheit unserer Probanden die Kombination von ge-Präfix, Präsensstamm und –en-Suffix zu sein, gleichermassen für regelmässige und unregelmässige Verben. In ihren Texten präsentiert sich das Ergebnis dieser Strategie folgendermaßen: (33) *Seine Eltern waren gar nicht glücklich und hatten Peter gesagen ....*" (Diehl et al. 2000, 147).

In Phase V beginnt der Erwerb des Präteritums. Das Präteritum ist eine synthetische Tempusform, d.h. Präteritumsformen bestehen aus nur einem Wort, Tempus wird ‚im Wort' markiert: Bei regelmäßigen Verben wird das Tempusmorphem *–t-* mit der Personalendung dem Verbstamm angehängt: *tanz-t-e* . Bei unregelmäßigen Verben ist die Präteritumsbildung mit einem Stammvokalwechsel verbunden (meist Ablaut): *sang, sprang, gab, lag ...* Außerdem werden die erste und die dritte Person Singular nicht mit einem expliziten Flexionsmorphem markiert: *ich/er sang; ich/ er sprang etc.* Während das Perfekt – zumindest den Lernern im DiGS-Projekt – verhältnismäßig wenige Schwierigkeiten bereitete, stellt die Präteritumsbildung für Lerner doch eine Hürde dar, was sicher damit zusammenhängt, dass es sich beim Präteritum eben um eine synthetische Vergangenheitsform handelt, die offenbar schwieriger zu erfassen ist. Es verwundert auch nicht, dass die regelmäßigen Präteritumsformen von den Lernern eher erworben werden als die irregulären. Diehl et al. 2000 konstatieren hierzu: „Irreguläre Formen erweisen sich (...) auch im Bereich des Präteritums für den Erwerb unter jedweden Bedingungen als äusserst erwerbsresistent; auch durch unterrichtliche Steuerung ist dem nicht abzuhelfen." (a.a.O., 156). Das heißt, dass bei unregelmäßigen Präteritumsformen auch bei fortgeschrittenen Lernern mit Fehlern gerechnet werden muss.

Die letzte Phase beim Erwerb der Verbalmorphologie, Phase VI, von Diehl et al. 2000 mit „Ausbau und Konsolidierung" bezeichnet, umfasst den Erwerb aller weiteren Formen: Plusquamperfekt, Konjunktiv I und II und Passiv. Sie können aus dem Inventar der in den Phasen II – IV erworbenen Formen gebildet werden. Im DiGS-Projekt erreichen jedoch nur wenige Lerner dieses Erwerbsstadium.

Übung 07

Bearbeiten Sie die folgende Aufgabe:
In der Übersicht von Diehl et al. (vgl. Abb. 5) wird bei der Erwerbssequenz A das Futur nicht aufgeführt. An welcher Stelle könnte es – theoretisch – erworben werden? Begründen Sie Ihre Entscheidung.

Erwerbssequenz B: Entwicklung der Satzmodelle

Satzmodelle: 5
Phasen

Bei der Entwicklung der Satzmodelle sind fünf Phasen zu verzeichnen.

In Phase I werden einfache Sätze nach dem Muster Subjekt + Verb gebildet: *Ich bin Myriam.* (a.a.O., 75). Daran schließt sich zu Beginn der Phase II der Erwerb koordinierter Sätze mit Subjekt + Verb an: *Ich spiel Tennis outh ich spiel fussball* (a.a.O. 76).

In Phase II folgt anschließend die Bearbeitung von W-Fragen und erster Ergänzungsfragen: *Wie heisst du? Wo wohnst du? Was ist ein Téléphone numer?* Dabei werden W-Fragen von den Lernenden tendenziell leichter bearbeitet als Ergänzungsfragen. Bei letzteren finden sich zunächst ,Intonationsfragen', bei denen das Subjekt + Verb-Satzmodell verwendet wird: *Du badest tich? Du machst die famillie?* (a.a.O. 77). Entscheidungsfragen des Typs *Kommt er?* werden etwas später erworben.

Phase III ist dadurch gekennzeichnet, dass Lernende beginnen, sich die Verbalklammer zu erschließen. Als Verbalklammer oder Satzklammer bezeichnet man ein Grundprinzip der deutschen Wortstellung, das durch Distanzstellung der Prädikatsteile gekennzeichnet ist: Das finite Verb steht – je nach Satztyp – in der ersten oder zweiten Position, die weiteren Prädikatsteile (trennbare Verbzusätze, Infinitive, Partizipien) am Schluss: *Peter geht nächsten Mittwoch mit Ulla und ihrer Freundin aus. Wollen Sie den Kaffee nicht mal probieren?* Deutschlernende starten bei der Erschließung dieses Wortstellungsprinzips zunächst mit Kontaktstellung der zusammengehörigen Prädikatsteile, z.B. *Wir können spielen Karten* (a.a.O., 88) und kommen erst nach und nach zur Distanzstellung.

In Phase IV wird die Nebensatzstellung erworben, genauer: Die Lernenden bearbeiten in dieser Phase eingeleitete Nebensätze mit obligatorischer Verbendstellung, vgl. *Er kam nicht rechtzeitig zum Fest, weil sein Zug Verspätung hatte.* In der DiGS-Studie zeigte sich, dass die Lernenden sich die Nebensatzstellung offenbar schrittweise erschließen, und zwar ,lexemspezifisch'. Das heißt, die Schülerinnen und Schüler produzierten zielsprachengerechte Strukturen vorwiegend bei denjenigen satzeinleitenden Konjunktionen, die sie als erste Nebensatzmodelle im Unterricht durchgenommen hatten, bei *weil* und – etwas seltener – bei *dass*. Eine „automatische" Übertragung des Prinzips auf andere Konjunktionen, beispielsweise temporale, schien für die Lernenden eine Hürde zu sein. Für jede weitere Konjunktion musste – zumindest nach den Erkenntnissen des Genfer Projektes – die Verbendstellung offenbar neu erarbeitet werden.

Die letzte Phase in dieser Erwerbssequenz, Phase V, ist durch die Erarbeitung der Inversion gekennzeichnet. Inversion bezeichnet die „Umkehrung von syntaktischen Elementen im Satz" (Bußmann 2002, 319). So wird für das Deutsche die Abfolge „Subjekt + finites Verb" als Grundordnung im Hauptsatz angesehen; durch die Inversion wird sie umgekehrt: „finites Verb + Subjekt". Diese Abfolge entsteht immer dann, wenn ein anderes Satzglied an den Satzanfang rückt, also beispielsweise eine Temporal- oder Lokalangabe, vgl. *Heute komme ich später./In Köln scheint die Sonne.* Im DiGS-Projekt bereitete diese Struktur den Lernern – bis auf den Gebrauchskontext W-Fragen – einige Schwierigkeiten und blieb bis in höhere Klassen hinein störungsanfällig.

Eine ähnliche Erwerbssequenz bezüglich der Satzstrukturen stellten Clahsen, Meisel und Pienemann 1983 für den ungesteuerten Erwerb des Deutschen durch Gastarbeiter fest (vgl. Kap. 2.2). Allerdings erfolgt in ihrer Studie der Erwerb der Inversion vor dem Erwerb der Nebensatzstruktur.

Von entscheidender Bedeutung ist, so ein wesentliches Ergebnis der Genfer Studie, dass diese Phasen durch Unterricht offenbar nicht manipuliert werden können. Dazu stellen Diehl et al. 2000 fest: „Keine dieser Phasen kann übersprungen werden; kurzfristige Trainingserfolge im entgegengesetzten Sinn erweisen sich auf die Dauer als wirkungslos und werden früher oder später von dieser natürlichen Reihenfolge wieder eingeholt" (S. 111).

Erwerbssequenz C: Kasus

Der dritte Bereich, in dem die Genfer Forschergruppe feste Phasenabfolgen ermittelte, war der des Kasuserwerbs. Kasus ist eine grammatische Kategorie, die dazu dient, die syntaktische Funktion, beispielsweise von Nomina, im Satz zu kennzeichnen. Kasus wird bestimmt („regiert") einerseits von Verben, andererseits von Präpositionen. In dieser Erwerbssequenz geht es ausschließlich um durch Verben regierte Kasus, u.a. also um die Objektkasus, nicht aber um Kasus, die durch Präpositionen bestimmt werden (z.B. *bei* + Dativ).

Objekt-Kasus: 4 Phasen

Übung 08

Bearbeiten Sie die folgende Aufgabe:
Machen Sie sich mit dem Begriff der „(Verb)valenz" vertraut (etwa bei Bußmann 2002). Geben Sie Beispiele von Verben mit unterschiedlicher Valenz.

Insgesamt ließen sich vier Phasen ausmachen, während der drei Kasus erworben wurden: Nominativ, Dativ und Akkusativ. Dass der Genitiv als Objektkasus bis zum Ende der Schulzeit nicht erworben wurde, hängt wahrscheinlich damit zusammen, dass es im Deutschen nur sehr wenige Verben gibt, die ein Genitivobjekt regieren (*jdn. einer Sache beschuldigen*), und dass diese Verben überdies nicht gebrauchshäufig sind.

Wenn man die Übersicht über die Erwerbsphasen (vgl. Abb. 5) genauer betrachtet, so fällt auf, dass der Erwerb der Kasus verhältnismäßig spät beginnt. Über lange Zeit verbleiben die Lernenden in Phase I, in der Lernende den Nominativ als einzigen Kasus in allen Positionen verwenden, z.B. *Thomas schneidet der Salami* (a.a.O., 233). In Phase II beginnen die Lernenden, sich weitere Kasus zu erarbeiten, experimentieren mit den Kasusendungen, vermögen jedoch nicht die Kasusmorpheme so zu verwenden, „dass diese dazu dienen würden, die syntaktischen Funktionen von Subjekt, direktem und indirektem Objekt formal zu differenzieren" (a.a.O., 233). Oft werden Nominativ und Akkusativ verwechselt oder auch Akkusativ- und Dativformen vertauscht: vgl. *Der Mann ist nass, weil es so viel regnet. Er hat keinen Regenmantel und seinen Regenschirm ist kaputt. [...] Er hat der Bus verpassen [...]* (a.a.O. 234). Phase III ist durch ein Zwei-Kasus-System gekennzeichnet, Subjekt und Objektkasus werden systematisch markiert. Die Lernenden erkennen, dass der funktionale Unterschied zwischen Subjekt und Objekt im Deutschen morphologisch markiert wird. Verwechslungen von Nominativ und Akkusativ kommen in dieser Phase seltener vor, allerdings ist die Unterscheidung von Akkusativ und Dativ weiterhin nicht klar. Tendenziell wurden mehr Akkusativformen verwendet als Dativformen. In Phase IV tritt ein Drei-Kasus-System hervor, und Subjekt, Akkusativobjekt und Dativobjekt werden, wenn auch nicht durchgehend fehlerfrei, systematisch markiert.

Phasen

Wir haben anhand der Ergebnisse der Genfer Studie zu zeigen versucht, wie der Zweitspracherwerb in bestimmten grammatischen Bereichen abläuft, und haben uns die Erwerbsabfolgen genauer angesehen. Zum besseren Verständnis sei aber darauf hingewiesen, dass diese einzelnen Phasen keine in sich abgeschlossenen Einheiten sind:

Phasen: keine in sich abgeschlossenen Einheiten

Ein Lernender, der sich im Verbalbereich in Phase III befindet und die unregelmäßige Konjugation erarbeitet, hat die regelmäßige Konjugation keineswegs vollständig erworben und quasi „hinter sich gelassen". Der eigentliche Beginn des Erwerbs in einem Teilbereich ist, wie wir gesehen haben, durch Normverstöße gekennzeichnet. Diese Normverstöße sind ein Indikator für den produktiven Umgang mit der neuen Form. L2-Lernende wenden dann häufig die Strategien der Vereinfachung und der Übergeneralisierung an. Schauen wir uns zur Verdeutlichung dieser Zusammenhänge noch einmal den Erwerb des Präteritums an. Wie wir oben gesehen haben, ist der Übergang zwischen regelmäßiger Präteritumsbildung und unregelmäßiger Präteritumsbildung dadurch gekennzeichnet, dass neue Formen, also beispielsweise *ging, hatte* ..., in der Lernersprache erscheinen und immer häufiger zielsprachengerecht verwendet werden, während gleichzeitig die nicht zielsprachengerechten (übergeneralisierten regelmäßigen) Formen (*gehte*) in der Häufigkeit abnehmen.

Wie aus der Übersicht hervorgeht (vgl. Abb. 5), laufen die Phasen in den einzelnen grammatischen Bereichen parallel ab, sind teilweise interdependent, so der Erwerb der Distanzstellung/Verbklammer und der Erwerb von zweiteiligen Prädikaten (Modalverb + Infinitiv).

Sind die festgestellten Erwerbssequenzen universell? Werden sie von allen Lernenden durchlaufen, unabhängig davon, welche Ausgangssprache sie sprechen? Diese Fragen sind derzeit nicht eindeutig beantwortbar. Es gibt Parallelen in anderen Untersuchungen, beispielsweise in der sehr einflussreichen ZISA-Studie von 1983, die oben bereits kurz erwähnt wurde. Hier wurde in Bezug auf Satzstellung eine ähnliche, aber nicht identische Erwerbsabfolge feststellt.

Diehl et al. 2000 weisen ihre Ergebnisse explizit für die von ihnen untersuchten Probandengruppen aus, d.h. für Lerner mit Französisch als Muttersprache. Auch die ZISA-Studie untersuchte den Zweitspracherwerb von Lernern mit romanischer Ausgangssprache (Italienisch, Spanisch, Portugiesisch), es ist nicht auszuschließen, dass die Übereinstimmungen in den Erwerbsabfolgen auf die Ähnlichkeit der Ausgangssprachen zurückzuführen sind.

Fest steht in jedem Fall, dass die Ausgangssprache eines Lerners Einfluss auf die Erwerbsabfolge nimmt. Zur Klärung der Frage, ob die aufgeführten Erwerbssequenzen mehr oder weniger universell sind, bedarf es weiterer Langzeituntersuchungen an Lernenden unterschiedlicher L1.

Nicht alle Bereiche des L2-Erwerbs unterliegen festen Abfolgen. In der Genfer Studie konnten beispielsweise für den Erwerb der Präpositionalkasus keine Erwerbssequenzen festgestellt werden. Auch der Genuserwerb scheint nicht phasiert abzulaufen – im Gegenteil: Hier lassen sich auch bei Lernenden mit sehr hoher Sprachkompetenz immer wieder Fehler feststellen. Der Wortschatzerwerb verläuft ebenfalls nicht nach Phasen.

Übung 09

Bearbeiten Sie die folgende Aufgabe:
Machen Sie eine kleine Umfrage in Ihrer näheren Umgebung: Wie sieht es heute mit den Kenntnissen und dem Gebrauch von Fremdsprachen aus, die in der Schule gelernt oder bei einem Auslandsaufenthalt erworben wurden?
Halten Sie die Ergebnisse in Stichworten fest.

Bei weitem nicht alle Lernenden durchlaufen alle untersuchten Phasen bis zum Ende. In Abhängigkeit von Einflussfaktoren wie Alter, Motivation, Lernzielen etc. kann sich der Erwerb auch auf einer bestimmten Erwerbsstufe stabilisieren bzw. verfestigen – weil beispielsweise die erreichte Kompetenz in der Zweitsprache für die kommunikativen Bedürfnisse im Rahmen ihrer bilingualen Lebenssituation ausreicht oder weil es in der zu erwerbenden Sprache „offensichtlich schwieriger oder leichter zu erwerbende Strukturen und Formen" gibt (Diehl et al. 2000, 28).

Selinker 1972 bezeichnet den Zustand des Verbleibs auf einer Erwerbsstufe als „Fossilisierung".

Fossilisierung

Fossilisierung bezeichnet einen Zustand beim Zweitspracherwerb, in dem der Lerner auf einer Erwerbsstufe verbleibt, d.h. der Lerner macht weder Fort- noch Rückschritte.

Unter gewissen Umständen kann es auch zu Rückschritten in frühere Erwerbsphasen kommen (Regression). Ursache dafür kann mangelnde Motivation sein, die Sprache zu lernen, etwa wenn ein Kind sich in der neuen Umgebung fremd fühlt und Heimweh hat. Auch wenn eine Fremdsprache nicht mehr häufig genutzt wird, wenn man z.B. eine Schulfremdsprache nicht weiter pflegt, kommt es zu Kompetenzverlusten. Regression kann vorübergehend auftreten, in schweren Fällen aber auch dauerhaft sein.

In Bezug auf die erreichbare zweitsprachliche Kompetenz gibt es außerdem Unterschiede, je nachdem, unter welchen Bedingungen die L2 erworben wird, ob unter gesteuerten oder ungesteuerten Bedingungen: Im ungesteuerten Erwerb wird offenbar in der Regel nicht das ganze Spektrum einer L2 erworben. Das hat unter anderem damit zu tun, dass eine Reihe sprachlicher Strukturen in bestimmten Erwerbskontexten, etwa Alltagsgesprächen, kaum oder überhaupt nicht vorkommen. Ein informelles Alltagsgespräch ist sprachlich u.a. dadurch gekennzeichnet, dass eher merkmalsarme Lexik verwendet wird, die Satzstrukturen einfach sind, tendenziell eher parataktische als hypotaktische Strukturen vorkommen und das Mittelfeld meist nur mit einem Element besetzt ist. Diese und andere sprachliche Merkmale weisen ein informelles Alltagsgespräch dann als „konzeptionell mündlich" aus. Demgegenüber wird im schulischen Diskurs eine sprachliche Variante gefordert, deren Merkmale sich von denen der Alltagssprache unterscheiden: So ist die Lexik beispielsweise präziser, Satzstrukturen sind komplexer, was sich in umfassenderen Nominalphrasen, deutlicher Füllung des Mittelfelds oder der Verwendung hypotaktischer Strukturen zeigt. Diese Variante, die schulische Bildungssprache, weist viele Merkmale konzeptioneller Schriftlichkeit auf. Der Erwerb solcher konzeptionell-schriftsprachlichen Strukturen – und der damit verbundenen weiteren Kompetenzen – bedarf der expliziten unterrichtlichen Unterweisung, wie Cummins immer wieder betont (vgl. Kap. 1). Genau dies leistet ja der schulische Deutschunterricht für deutsche Muttersprachler. Wenig berücksichtigt wird im Regelunterricht bislang die Perspektive des L2-Lerners, der ebenfalls konzeptionell-schriftsprachliche Kompetenzen erwerben muss, um in der Schule erfolgreich zu sein, aber mit anderen Voraussetzungen startet als sein muttersprachliches Pendant.

Konzeptionell mündlich/ konzeptionell schriftlich

„Conversational fluency is often acquired to a functional level within about two years of initial exposure to the second language whereas at least five years is usually required to catch up to native speakers in academic aspects of the second language (...)" (Cummins 2006).

Es ist außerdem zu berücksichtigen, dass konzeptionell mündliche Fähigkeiten in einem zweitsprachlichen Erwerbskontext relativ schnell erworben werden können, während sich der Erwerb konzeptionell-schriftsprachlicher Kompetenzen über einen langen Zeitraum erstreckt. Dies wird ja schon an einigen Ergebnissen der DiGS-Studie deutlich: Bis zum Abitur (Matura) wurden im – wenn auch fremdsprachigen – Deutschunterricht Strukturen wie beispielsweise das Genitivobjekt, das sich eher in konzeptionell-schriftsprachlichen Texten findet, überhaupt nicht erworben.

Schülerinnen und Schüler, für die Deutsch Zweitsprache ist und die – als Quereinsteiger – maximal zwei Jahre lang eine Vorbereitungsklasse besucht haben, sind nach dieser Zeit meist noch nicht in der Lage, den Anforderungen des Regelunterrichts sprachlich in vergleichbarer Weise gerecht zu werden wie ihre deutschsprachigen Schulkameraden. Ihr Zweitspracherwerbsprozess ist noch nicht abgeschlossen und sie brauchen weiterhin Unterstützung.

2.3.2 Faktoren, die den Zweitspracherwerbsprozess beeinflussen

Wir haben im vorangegangenen Unterkapitel darauf hingewiesen, dass der Erfolg von Zweitsprachenlernern – im Unterschied zu L1-Lernenden – meist recht unterschiedlich ausfällt. Nicht nur schreiten L2-Lernende im Erwerbsprozess unterschiedlich schnell voran, auch der Lernerfolg im Sinne von erreichter Kompetenz in der L2 variiert sehr stark.

Übung 10

Bearbeiten Sie die folgende Aufgabe:
Was glauben Sie, welche Merkmale kennzeichnen einen „guten Zweit-/Fremdsprachenlerner"? Kreuzen Sie an:
1. hohe Intelligenz
2. gutes Gehör
3. gute Gedächtnisleistungen
4. Extrovertiertheit
5. Fleiß

6. Sprachbegabung
7. sprachanalytische Fähigkeiten
weitere: _____

Die Spracherwerbsforschung beschäftigt sich seit längerem mit den Fragen, was den ‚guten Zweitsprachenlerner' ausmacht und wie individuelle Unterschiede im Lernerfolg erklärt werden können. Es gibt verschiedene Erklärungsansätze für diese so genannten „Lernervariablen".

Letztere werden zu drei Hauptgruppen zusammengefasst: Kognitive, affektive und soziale Faktoren.

Lernervariablen

1. Die Kategorie der kognitiven Variablen umfasst u.a. Sprachlerneignung/Sprachbegabung (language aptitude), Intelligenz, (Sprach)lernstile und Sprachlernerfahrung.
2. In der zweiten Kategorie werden häufig affektive und attitudinale Faktoren zusammengefasst. Dazu gehören u.a. die Einstellung zur L2 bzw. zur Zielkultur, Motivation, Ängste und Persönlichkeitsattribute (z.B. Extrovertiertheit, Introvertiertheit).
3. In der Kategorie der sozialen Faktoren sind die soziokulturellen Erfahrungen eines L2-Lerners subsumiert.

Weitere Einflussgrößen beim Zweitspracherwerb sind Alter und Geschlecht der Lerner.

Die Forschungssituation bezüglich der Einflussfaktoren ist bislang alles andere als eindeutig. Das hat u.a. mit dem Forschungsgegenstand zu tun, denn das meiste, was unter dem Terminus Lernervariablen subsumiert wird, ist nicht direkt beobachtbar (z.B. die Einstellungen, die ein Lerner hat) und erfordert ein recht ausgeklügeltes Forschungsdesign. Eine weitere Schwierigkeit bei der Bewertung der heutigen Forschungslage ist, dass die vorgelegten Studien manchmal schwer vergleichbar sind, weil sie auf unterschiedlichen Daten basieren oder die Untersuchungsdesigns verschieden sind.

Vor diesem Hintergrund und mit der Einschränkung, dass noch einiges an Forschung zu leisten ist, wollen wir einige Ergebnisse zum Einfluss von Lernervariablen auf den Zweitspracherwerb vorstellen.

Die kognitiven Variablen Sprachlerneignung – Intelligenz – Lernstile

Sprachlerneignung

Als „Sprachlerneignung", engl. language (learning) aptitude, wird die Fähigkeit eines Lernenden bezeichnet, eine Fremd-/Zweitsprache in einem relativ kurzen Zeitraum zu erwerben. Untersuchungen zu Sprachlerneignung und die Entwicklung von Tests, die Sprachlerneignung messen, waren vor allem in den 60er und 70er Jahren des letzten Jahrhunderts populär. Sprachlerneignung setzt sich – nach diesen Studien – aus verschiedenen Komponenten zusammen, im wesentlichen handelt es sich dabei um sprachanalytische Fähigkeiten und die Kapazität des Arbeitsgedächtnisses. Untersucht wurden vor allem Lernende, die eine L2 im unterrichtlichen Kontext erwarben. Gemessen wurden Fähigkeiten, die sich eher auf konzeptionell-schriftsprachliche Kompetenzen bezogen als auf mündliche Fähigkeiten (vgl. Ellis 1994, 498). Diese Ergebnisse lassen sich also nicht ohne weiteres auf ungesteuerte Erwerbskontexte übertragen und erfassen auch mündlich-kommunikative Fertigkeiten nicht. Neuere Untersuchungen (z.B. Ranta 2002) ergaben, dass Kinder, die über gute sprachanalytische Fähigkeiten verfügten, besonders erfolgreich in Sprachlernprogrammen (Englisch als Zweitsprache) waren, in denen Grammatik ausschließlich indirekt vermittelt wurde. Der Faktor Sprachlerneignung ist in der Spracherwerbsforschung bis heute nicht geklärt.

Übung 11

Bearbeiten Sie die folgende Aufgabe:
Sehen Sie sich die nachstehende Aufgabe aus einem amerikanischen Spracheignungstest an. Beschreiben Sie, was hier vom Probanden verlangt wird.
In each of the following questions, we will call the first sentence the key sentence. One word in the key sentence will be underlined and printed in capital letters. Your task is to select the letter of the word in the second sentence that plays the same role in the sentence as the underlined word in the key sentence.
JOHN took a long walk in the woods.
Children in blue jeans were singing and dancing in the park.
    A   B   C   D   E
(aus: Modern Language Aptitude Test (MLAT), www.2lti. com/htm/Test_cb_mlat_htm)

Es gibt Studien, die einen Zusammenhang zwischen Intelligenz(quotient) und Erfolg beim Zweitspracherwerb aufzeigen. Aber auch hier ist – wie bei den Korrelationen zwischen Sprachlerneignung und Erfolg im Sprachenlernen – zu berücksichtigen, dass viele Intelligenztests zumindest partiell sprachanalytische Fähigkeiten messen und dass daher die Korrelationen zwischen Intelligenzquotient und metasprachlichen Fähigkeiten von Lernenden höher ausfallen.

So wird beispielsweise im HAWIK III, einem häufig eingesetzten Test für Probanden zwischen 6,0 und 16,11 Jahren, in einem Untertest nach Oberbegriffen gefragt, z.B. „Was ist das Gemeinsame von Schrank und Stuhl?" Erwartet wird als Antwort etwa „Möbelstücke".

Mit anderen Worten: Intelligenztests geben dann eine verlässliche Prognose über Sprachlernerfolg ab, wenn die Sprachlernprogramme auf Sprachanalyse und Regellernen ausgerichtet sind. Kommunikative Fähigkeiten, die heute ja eine sehr große Rolle spielen, werden hingegen eher nicht erfasst.

Der Begriff Lernstil wird in der Fachliteratur nicht einheitlich verwendet. Wir folgen hier der Definition von Grotjahn 2003, der „Lernstil" als Oberbegriff zu „kognitivem Stil" verwendet. Demnach bezeichnet der Begriff Lernstil „intraindividuell relativ stabile, zumeist situations- und aufgabenunspezifische Präferenzen (Dispositionen, Gewohnheiten) von Lernern sowohl bei der Verarbeitung von Informationen als auch bei der sozialen Interaktion." (S. 327). In der Fachliteratur wird ein breites Spektrum von Lernstilen unterschieden. Nachfolgend werden die wichtigsten Dimensionen von Lernstilen aufgeführt und näher erläutert:

1. analytischer vs. globaler Stil
2. Reflexivität vs. Impulsivität
3. Ambiguitätstoleranz vs. Ambiguitätsintoleranz
4. Tendenz zur Bevorzugung eines bestimmten Wahrnehmungskanals
5. kulturspezifische interindividuelle Unterschiede

Analytischer vs. globaler Stil
L2-Lernende mit einem analytischen Stil gehen eher von Einzelheiten aus und fügen diese zu einem Ganzen zusammen. Das kann dazu führen, dass sie das Ganze schon mal aus dem Blick verlieren. Analytische Lernende scheinen auch L2-Lernsituati-

(Marginalien:) Intelligenz

Lernstile

onen zu bevorzugen, in denen der Fokus auf sprachlicher Korrektheit liegt. Demgegenüber tendieren L2-Lernende mit einem eher globalen Stil dazu, erst einmal das Ganze zu erfassen. Das mag dazu führen, dass diese Lernenden gelegentlich Einzelheiten nicht erkennen. L2-Lernende mit globalem Stil scheinen auch in einem kommunikativen L2-Unterricht erfolgreicher zu sein.

Reflexivität vs. Impulsivität
Diese Dimension bezieht sich auf die Art, wie sich L2-Lernende beim Lösen komplexer Probleme verhalten. So reagieren die als „reflexiv" beschriebenen Lernenden langsamer als die impulsiven Lernenden und scheinen dann insgesamt weniger Fehler zu machen. Allerdings kann ein allzu starkes Streben, die Zielsprache möglichst fehlerfrei zu verwenden, dazu führen, dass L2-Lernende Angst vor Sprachverwendungssituationen, insbesondere Sprechen, empfinden – was den L2-Erwerb eher negativ beeinflusst.

Ambiguitätstoleranz vs. Ambiguitätsintoleranz
Der Terminus Ambiguitätstoleranz bezeichnet die Bereitschaft des L2-Lernenden, unvollständige oder widersprüchliche Informationen zu verarbeiten. In natürlichen Kommunikationssituationen, etwa im ungesteuerten L2-Erwerb, sind L2-Lernende ständig gefordert, sich mit neuem sprachlichem Material auseinander zu setzen oder Verstehensleistungen in Situationen zu erbringen, denen sie noch nicht gewachsen sind, wenn z.B. schnell gesprochen wird oder der (muttersprachliche) Gesprächspartner Dialekt spricht. Im unterrichtlichen Kontext ist dagegen weitaus weniger Ambiguitätstoleranz gefordert. L2-Lernende, die eher ambiguitätsintolerant sind, bringen sich – auch im unterrichtlichen Kontext – in Schwierigkeiten, indem sie beispielsweise bei einem neuen Text jedes einzelne Wort, das sie nicht kennen, nachschlagen. Sie glauben, den Text sonst nicht verstehen zu können. Schülerinnen und Schüler, die zu Ambiguitätsintoleranz neigen, könnten im (weniger strukturierten) bilingualen Sachfachunterricht oder als Seiteneinsteiger in einer Regelklasse, wo Sprachenlernen nicht im Vordergrund steht, Probleme haben.

Tendenz zur Bevorzugung eines bestimmten Wahrnehmungskanals
Die meisten L2-Lerner bevorzugen einen Wahrnehmungskanal: Weithin bekannt ist die Unterscheidung zwischen primär visu-

ellen und primär auditiven Lernern. Weitaus seltener finden sich Lerner, die primär kinästhetisch-haptisch/taktil lernen. Sie brauchen körperliche Aktivität, z.B. in Form von „learning by doing" oder auch Lernformen, die Bewegung einschließen, z.B. Laufdiktat.

Kulturspezifische interindividuelle Unterschiede
Eine Reihe jüngerer Untersuchungen weist darauf hin, dass Lernstile durchaus kulturspezifisch sind. So scheinen japanische und chinesische L2-Lernende zu reflexivem und Fehler vermeidendem Verhalten zu neigen, während spanischsprachige L2-Lernende aus Südamerika eher einen impulsiven Lernstil vorziehen. Letztere zeigen auch eine Tendenz zu globalem Lernstil und einem höheren Maß an Ambiguitätstoleranz.

Inwieweit der Lernstil eines Lernenden Einfluss auf seinen Lernerfolg hat, ist nach heutiger Forschungslage nicht eindeutig bestimmbar. Es gibt zwar eine Vielzahl von Untersuchungen, doch sind die Ergebnisse zum Teil widersprüchlich. Einigermaßen gesichert scheint allenfalls die Erkenntnis, dass der Einfluss der Lernstile ein indirekter ist. Festzuhalten bleibt, mit Hinblick auf den L2-Unterricht, dass dieser so gestaltet sein muss, dass Lernende aller (potentiellen) Sprachlerneignungs- und Lernstil-Profile davon profitieren können (vgl. Kap. 3).

Affektive und attitudinale Variablen

In engem Zusammenhang mit den kognitiven Variablen stehen die affektiven und attitudinalen Variablen, unter die Faktoren wie Motivation, Einstellungen sowie bestimmte Persönlichkeitsmerkmale subsumiert werden.

Es ist leicht vorstellbar, dass ein extrovertierter L2-Lernender den Kontakt zu Sprechern der L2 sucht und vielleicht auch einen impulsiveren Lernstil hat als ein eher introvertierter L2-Lernender und dass er infolgedessen auch einen höheren Lernerfolg verzeichnet als dieser. Die Forschungslage zum Einfluss von einzelnen Persönlichkeitsmerkmalen auf den L2-Lernerfolg, u.a. von Introvertiertheit vs. Extrovertiertheit, ist jedoch nicht eindeutig, was sicher auch damit zu tun hat, dass es sich um einen Untersuchungsgegenstand handelt, der sehr schwierig zu erfassen ist.

Affektive Variablen: Persönlichkeitsmerkmale

Angst   Häufiger Gegenstand von Untersuchungen war der Faktor Angst/Ängstlichkeit im Zusammenhang mit dem L2-Erwerb. Über lange Zeit wurde Angst/Ängstlichkeit als ein (konstantes) Persönlichkeitsmerkmal angesehen, heute geht man davon aus, dass Angst/Ängstlichkeit eine dynamische Größe ist, die sich in Abhängigkeit von den äußeren Umständen ändert. So mag ein L2-Lernender Angst haben, vor Publikum in der L2 zu sprechen, beispielsweise ein nicht-muttersprachlicher Schüler, der vor der Klasse ein Referat auf Deutsch halten muss. Er hat möglicherweise aber keinerlei Hemmungen und Ängste, wenn er sich in informellem Kontext mit seinen Klassenkameraden und Freunden unterhält. Gleichwohl kann (Sprech-)Angst dazu führen, dass ein Lernender bestimmte Fertigkeiten in der L2 nicht oder nur unzureichend erwirbt, d.h. seine Ängstlichkeit beeinflusst seinen Zweitspracherwerbsprozess negativ. Vgl. McIntyre 1995: „ [...] because anxious students are focused on both the task at hand and their reactions to it ... [they] will not learn as quickly as relaxed students" (S. 96).

Zusammenfassend lässt sich vorläufig festhalten, dass die Persönlichkeit eines L2-Lernenden auf den Zweitspracherwerbsprozess einwirkt. Einzelne Faktoren lassen sich nicht als allein wirksam herausfiltern. Sie wirken in hochkomplexem Zusammenspiel mit anderen Faktoren.

Motivation und attitudinale Faktoren   Motivation, Haltung zur Kultur und Sprachgemeinschaft, deren Sprache gelernt wird, sowie weitere attitudinale Faktoren haben ebenfalls Einfluss auf den Zweitspracherwerb. Schwierig ist hier allerdings nachzuweisen, ob eine positive Einstellung Lernerfolg bewirkt oder ob Lernerfolg eine positive Einstellung zur Folge hat. Wenngleich die wissenschaftliche Beweisführung bislang ausgeblieben ist, so scheint es doch hinreichend Belege dafür zu geben, dass eine positive Einstellung mit einem gewissen Lernwillen einhergeht (vgl. Lightbown/Spada 2006, 63).

Übung 12

Bearbeiten Sie die folgende Aufgabe:
Wie verstehen Sie die Äußerung einer Lehrerin, die von ihren Schülern sagt „Die Kinder sind sehr motiviert".
Versuchen Sie, diese Äußerung zu paraphrasieren.

Was wird nun unter Motivation verstanden? Lehrende setzen den Terminus „Motivation" gelegentlich gleich mit „Interesse", das Schüler oder Studierende ihrem Lerngegenstand entgegenbringen, wenn sie sich also rege am Unterrichtsgeschehen beteiligen oder sich positiv zu einem Unterrichtsthema äußern. Diese Auffassung von ‚Motivation' bezeichnet einen kurzfristigen Sachverhalt: Schon in der nächsten Seminarsitzung oder in der nächsten Unterrichtsstunde kann dieses Interesse wieder verschwunden sein. Im Gegensatz dazu bezeichnet „Motivation" im Rahmen der Zweitspracherwerbsforschung eine längerfristige stabile Einstellung des Lernenden.

Motivation

Einen bedeutenden Beitrag zur Konzeption von „Motivation" lieferten Gardner und Lambert 1972: Sie unterschieden instrumentelle Motivation von integrativer Motivation. Instrumentelle Motivation liegt demzufolge dann vor, wenn der oder die Lernende sich vom Erwerb einer weiteren Sprache unmittelbare, eher praktische Vorteile erhofft, etwa um bessere Chancen auf dem Arbeitsmarkt zu haben oder wenn ein Schüler ein Schuljahr im Ausland verbringen möchte. Latein wird häufig aus instrumenteller Motivation heraus gelernt, weil es Voraussetzung für manche Studiengänge ist.

instrumentelle vs. integrative Motivation

Integrative Motivation liegt hingegen vor, wenn eine Lernende durch den Erwerb einer weiteren Sprache und das Kennenlernen einer neuen Kultur ihre Persönlichkeit entwickeln möchte, wenn sie sich sehr stark mit der Sprachgemeinschaft und der Zielkultur identifiziert. Es gibt Untersuchungen, die darauf hindeuten, dass Lernende, die für die Zielsprache und –kultur eine hohe Wertschätzung aufbringen und sich aktiv damit auseinandersetzen, etwa indem sie eine Zeitung in der Zielsprache lesen oder regelmäßigen Kontakt mit Sprechern der Zielsprache haben, den Zweitspracherwerbsprozess erfolgreicher durchlaufen als Lernende, die dies nicht tun. In einem Bericht der Europäischen Union, der das Sprachlernverhalten der Europäer dokumentiert, heißt es: „As a general conclusion, it would appear that those who assess their knowing languages other than their mother tongue as useful also tend to be active language learners of at least one language apart from their mother tongue" (European Commission 2006, 30).

Inwieweit „integrative Motivation" als der hauptsächlich bestimmende Faktor hier wirksam ist, ist aber nicht nachweisbar.

In einer jüngeren statistischen Untersuchung der Europäischen Kommission finden sich Motive zum Sprachenlernen, die
ein breites Spektrum umfassen. Europäische Bürger wurden be-
fragt, warum sie eine weitere Sprache lernen. Das Eurobarometer
2005 zum Sprachenlernen verzeichnet die nachstehende Rang-
folge: 37% der Europäer lernen eine weitere Sprache, um sie im
Urlaub einzusetzen, 32% brauchen die Zweit-/Fremdsprache am
Arbeitsplatz; je 27% erhoffen sich vom Sprachenlernen persön-
liche Befriedigung oder bessere Chancen am Arbeitsmarkt. 21%
lernen eine Sprache, um Menschen anderer Kulturen zu verstehen und 17%, um Menschen aus anderen Ländern kennen zu
lernen.

Im Vergleich zur Erhebung im Jahr 2001 wird deutlich, dass
die Angaben, die auf eine eher instrumentelle Motivation hinweisen, deutlich zugenommen haben, während die Angaben, denen
eventuell eine integrative Motivation zugrunde liegt, rückläufig
sind (European Commission 2006, 36). Offenbar ist ‚instrumentelle Motivation' eine recht starke Triebfeder, und jüngere Studien
legen nahe, dass sie stärker wirkt als lange Zeit angenommen.

Untersuchungen zur Motivation im Rahmen der Zweitspracherwerbsforschung haben in den letzten Jahren auch psycholo-
gische Motivationstheorien aufgenommen. Das bedeutet, dass
Persönlichkeitsmerkmale, (Lern-)Erfahrungen und äußere Faktoren in Beziehung zum Faktor Motivation gesetzt werden und
die strenge Unterscheidung von integrativer und instrumenteller
Motivation so nicht mehr aufrecht erhalten wird (vgl. Kleppin
2001 und 2002).

Die Variablen Alter und Geschlecht und soziokulturelle Erfahrungen

Alter   Alter wird gemeinhin als einer der wichtigsten Einflussfaktoren
auf den L2-Erwerbsprozess angesehen. Unter Laien weit verbrei-
tet ist die Annahme, dass Kinder die besseren Lerner sind, d.h.
dass sie gegenüber älteren Lernenden Vorteile haben, dass sie
schneller lernen und eine höhere Kompetenzstufe erreichen. In
diesem Zusammenhang wird auch immer wieder auf „die kritische Periode" des Zweitspracherwerbs hingewiesen. Sie besagt,
dass es für Lernende nach einer „sensiblen Phase" – womit die
Zeitspanne bis zum Beginn der Pubertät gemeint ist – , nicht

mehr möglich ist, muttersprachliche Kompetenzen in einer Zweit- oder Fremdsprache zu erlangen. Das würde in letzter Konsequenz bedeuten, dass ein erfolgreicher Zweitspracherwerb im Erwachsenenalter nicht möglich ist. Diese Sichtweise wird in der Forschung zunehmend als problematisch aufgefasst. Als gesichert kann gelten, dass Kinder gegenüber älteren Lernenden im Vorteil sind, was den Bereich Aussprache angeht. Hier erreichen sie, im ungesteuerten Zweitspracherwerb, deutlich öfter muttersprachliche Kompetenzen als erwachsene Lernende. Auch in morphosyntaktischen Teilbereichen scheinen junge Lernende einigen Studien zufolge erfolgreicher zu sein, im Lexikerwerb hingegen nicht. Einschränkend muss hier allerdings erwähnt werden, dass die Tests, die zur Überprüfung der Leistungsunterschiede von jüngeren vs. älteren Lernenden angewendet wurden, nicht ausreichen, um hinlänglich valide Aussagen machen zu können.

Insgesamt muss festgehalten werden, dass es schwierig ist, die Variable Alter zu isolieren und ihren Einfluss auf den Zweitspracherwerbsprozess zu bestimmen. Der Faktor Alter hängt eng mit anderen Einflussfaktoren zusammen. So ändern sich mit zunehmendem Lebensalter beispielsweise die Motivationsstrukturen. Auch Einstellungen, Lernstile etc. unterliegen Veränderungen.

Ähnliches lässt sich vom Faktor Geschlecht sagen. Zwar ist es unbestritten und rein statistisch belegbar, dass Mädchen durchschnittlich höhere Erfolge beim Zweit-/Fremdspracherwerb erzielen, auch werden Sprachen häufiger von Frauen studiert als von Männern – doch eine angeborene günstigere Disposition zum L2-Erwerb bei Frauen ist keineswegs nachweisbar. Hier scheinen eher die soziokulturellen Bedingungen wirksam zu sein: „Gender differences in achievement in additional languages are [...] likely to reflect – and perhaps shape – socially constructed gender differences" (Sunderland 2000, 205).

Wir haben einige in der Fachliteratur als wichtig angesehene Einflussfaktoren für den Zweitspracherwerb betrachtet. Diese, so hat sich an verschiedenen Stellen gezeigt, können nicht unabhängig voneinander betrachtet werden. Darüber hinaus, auch das ist hinlänglich bekannt, ist es unerlässlich, den sozialen Kontext, das sozio-kulturelle Milieu, in dem der Zweitspracherwerb stattfindet, zu berücksichtigen. Dieses bestimmt u.a. die Einstellungen

Geschlecht

der Lernenden, beeinflusst ihre Motivation zu lernen positiv oder negativ. Es bildet den Hintergrund, überspannt – wie im „socio-educational model of second language acquisition" von Gardner & MacIntyre 1993 dargelegt – den gesamten Zweitspracher-werbsprozess.

Zusammenfassung und Ausblick

Wir haben in diesem Kapitel versucht, wichtige Erkenntnisse der Zweitspracherwerbsforschung zusammenzufassen und einen Überblick über zentrale Forschungsergebnisse zu geben. Viele Forschungsarbeiten zum Zweitspracherwerb beschäftigen sich mit dem Erwerbsprozess im gesteuerten Erwerbskontext, d.h. im Fremdsprachenunterricht (vgl. Diehl et al. 2000), andere, wie beispielsweise die ZISA-Studie, untersuchten den ungesteuerten Erwerb. Darüber hinaus gibt es Erkenntnisse über Zweitspracher-werbsprozesse im Rahmen von bilingualen Programmen. Was bislang aussteht, sind Untersuchungen und Erkenntnisse über Erwerbsprozesse, die im Regelunterricht stattfinden, also bei-spielsweise Erkenntnisse darüber, wie der Zweitspracherwerb eines Migrantenkindes, das am Regelunterricht einer deutschen Schule teilnimmt, abläuft.

Auch ist mit Hinblick auf die oben erwähnten Studien zu be-rücksichtigen, dass die überwiegende Zahl der Untersuchungen zum Zweitspracherwerb sich einzelnen grammatischen Subsys-temen, etwa der Wortstellung oder der Flexion, widmet. Ver-gleichsweise seltener findet man aber Untersuchungen etwa zur Aneignung von Diskursstrategien und Textmustern in einer Fremd- oder Zweitsprache.

Wenn auch die bisher vorgelegten Untersuchungen wichtige Einsichten liefern, die unbedingt als Grundlage für unterricht-liche Entscheidungen herangezogen werden sollten, so sind doch weitere umfassende Untersuchungen zum Zweitspracherwerb im schulischen Kontext erforderlich, um weitere Hinweise dafür zu erhalten, wie der Regelunterricht zu gestalten ist, damit L2-Lerner in dessen Rahmen ihren Fähigkeiten gemäß optimal gefördert werden können.

Testfragen

01 Erläutern Sie knapp die Begriffe ‚Längsschnittstudie‘ und ‚Querschnittsstudie‘.

02 Erläutern Sie knapp den Begriff ‚Zweitsprache‘.

03 Erläutern Sie knapp, warum eine Unterscheidung zwischen ‚Deutsch als Fremdsprache‘- und ‚Deutsch als Zweitsprache‘-Unterricht sinnvoll sein kann.

04 Ab welchem Alter spricht man nicht mehr von (bilingualem) Erstspracherwerb, sondern von frühem Zweitspracherwerb?

05 Erläutern Sie knapp den Begriff ‚Mentalismus‘.

06 Erläutern Sie knapp, inwiefern das Vorhandensein lexikalischer Äquivalente im Wortschatz bilingual aufwachsender Kinder auf deren Fähigkeit zur Sprachentrennung hinweist.

07 Erläutern Sie knapp den Begriff ‚positiver Transfer‘.

08 Beschreiben Sie knapp die Entwicklungsverläufe beim Erwerb der Verbstellung im monolingualen Erstspracherwerb.

09 Welche Arten von Merkmalen weisen Lernersprachen auf?

10 Was versteht man unter einer „Erwerbssequenz“?

11 Welche sprachlichen Phänomene werden vom Lerner beim Erwerb der Distanzstellung im Deutschen bearbeitet?

12 Warum wird der Genitiv (als Objektkasus) von den Schweizer Schülern nicht im Laufe ihrer Schulzeit erworben?

13 Wodurch ist eine Erwerbsphase gekennzeichnet?

14 Was versteht man unter „Fossilisierung“?

15 Nennen Sie einige kognitive Faktoren, die den Zweitspracherwerbsprozess beeinflussen.

16 Erläutern Sie den Unterschied zwischen instrumenteller und integrativer Motivation.

17 Erläutern Sie kurz den Begriff „Kritische Phase/ Periode“ des Zweitspracherwerbs“.

18 Welchen Vorteil haben jüngere Lerner gegenüber älteren Lernern beim Zweitspracherwerb?

DEUTSCH ALS ZWEITSPRACHE 3
UNTERRICHTEN: ÜBERLEGUNGEN ZU
METHODIK UND DIDAKTIK

Deutsch als Zweitsprache (DaZ) wird – wie in Kapitel 1 bereits dargelegt – in recht unterschiedlichen Kontexten unterrichtet: Es gibt obligatorische Sprach- und Integrationskurse für erwachsene Zuwanderer, ausländische Studienbewerber werden in Studienkollegs sprachlich auf ihr Studium an einer deutschen Hochschule vorbereitet, Schülerinnen und Schüler lernen Deutsch als Zweitsprache in so genannten Vorbereitungsklassen an deutschen Regelschulen. Diese unterschiedlichen DaZ-Kurse haben unterschiedliche sprachliche Ziele. So sollen Teilnehmende der vom Bundesamt für Migration und Flüchtlinge zertifizierten Sprachkurse Deutschkenntnisse auf dem B1-Niveau des Gemeinsamen europäischen Referenzrahmens (GER) erwerben und ausländische Studienbewerber müssen, je nach Fachrichtung, mit dem Abschluss ihres studienvorbereitenden Deutschkurses Kenntnisse auf dem Niveau C1 des GER nachweisen. Was an Kenntnissen und Kompetenzen auf den einzelnen Niveaus verlangt wird, ist für die großen standardisierten Prüfungen (z.B. Zertifikat Deutsch, TestDaF) genau festgelegt und weltweit einheitlich.

Ganz anders stellt sich die Situation für Schülerinnen und Schüler dar. Wissen ausländische Studienbewerber, dass sie für die Aufnahme in eine bestimmte Hochschule Sprachkenntnisse auf dem Niveau C1 nachweisen müssen, so ist bislang für Schulen nicht festgestellt, welches Niveau des GER erforderlich ist, um erfolgreich am Regelunterricht teilnehmen zu können. Im Unterschied zu Studienanwärtern werden Schülerinnen und Schüler oft genug bereits mit geringen Sprachkenntnissen in den Regelunterricht aufgenommen, denn es werden nicht flächendeckend schulische Deutsch-als-Zweitsprache-Kurse bzw. Vorbereitungsklassen für später zugewanderte Schülerinnen und Schüler angeboten. Diese „Quereinsteiger" erhalten dann häufig zusätzlichen Förderunterricht in Deutsch. In den Regelklassen herrscht – vor allem in städtischen Ballungsgebieten – ein hohes Maß an sprachlicher und kultureller Heterogenität (vgl. Kap. 4), welches einen anderen Unterricht erfordert.

Das allgemeine Ziel der schulischen DaZ-Bemühungen ist, wie in Kapitel 1 bereits dargelegt, Lernende sprachlich zu befähigen, aktiv am schulischen Regelunterricht teilzunehmen, damit sie das für den Schulerfolg nötige Wissen und Können erwerben. Diese für den Schulerfolg maßgeblichen sprachlichen Kompe-

tenzen liegen, so haben wir gesehen, im Wesentlichen im konzeptionell-schriftsprachlichen Bereich.

Für die Vermittlung der konzeptionell-schriftsprachlichen
Kompetenzen reichen der Unterricht in der Vorbereitungsklasse
und der schulische Förderunterricht am Nachmittag nicht aus:
Es dauert zum einen mehrere Jahre, bis DaZ-Lernende ein Niveau
erreicht haben, welches Muttersprachlern gleichen Alters entspricht. Zum anderen erfordert der Erwerb schulischer Fachsprachen unterrichtliche Unterstützung. Das bedeutet, dass auch der
schulische Fachunterricht gefordert ist, schrift- und fachsprachliche Kompetenzen zu vermitteln bzw. auszubauen. Dazu bedarf
es freilich eines qualitativ anderen Unterrichts – eines Unterrichts, der sich methodisch und inhaltlich sowohl vom modernen
Fremdsprachenunterricht wie auch vom gängigen Fachunterricht
unterscheidet. Wie ein solcher Unterricht aussehen könnte, wird
im letzten Teil dieses Kapitels vorgestellt. Zunächst wollen wir
einen historischen Überblick über die einflussreichsten Vermittlungsmethoden des fremdsprachlichen Unterrichts geben, denn
in der Diskussion um Methoden ging es immer auch darum,
Unterricht besser, effektiver zu gestalten. Wir greifen dabei auf
den Bereich des fremdsprachlichen Unterrichts zurück, da eine
Diskussion um Methoden im zweitsprachlichen Unterricht erst
in jüngerer Zeit begonnen hat.

3.1 Methoden des Fremdsprachenunterrichts – ein historischer Überblick

Der Fremdsprachenunterricht verzeichnet im 20. Jahrhundert
einen ungeheuren Aufschwung. War das schulische Lernen fremder Sprachen, etwa in Deutschland, zu Beginn des 20. Jahrhunderts noch einer kleinen Elite vorbehalten, so hatte an seinem
Ende fast jedes Schulkind einige Jahre am Fremdsprachenunterricht teilgenommen. In dieser Zeit weist der Fremdsprachenunterricht eine recht wechselvolle Geschichte auf. Nach Richards
und Rodgers 2001 ist er, teilweise bedingt durch wissenschaftliche Erkenntnisse im Bereich der Psychologie, der Zweitsprachenerwerbsforschung, durch Erkenntnisse und Einflüsse der
Sprachwissenschaft etc., durch häufige Veränderungen, Innova-
tionen und oftmals widersprechende Auffassungen gekennzeich-

net. Es wurden – jeweils mit Rückgriff auf neueste wissenschaftliche Erkenntnisse – Methoden entwickelt, wieder verworfen, neue ausprobiert. Stets ging es darum, den Fremdsprachenunterricht zu verbessern: „Common to each method is the belief that the teaching practices it supports provide a more effective and theoretically more sound basis for teaching than the methods that preceded it" (Richards & Rodgers 2001, 1). Unsere heutigen Vermittlungsmethoden sind also auch immer vor dem Hintergrund dieser Entwicklungen zu betrachten. Zum einen haben eine Reihe vermeintlich moderner Prinzipien der Fremdsprachenvermittlung eine lange Tradition, z.B. das Prinzip der Einsprachigkeit. Und manches, das vor Jahren als überkommen verworfen wurde oder schlicht in Vergessenheit geriet, wird heute wieder diskutiert. Hier wäre beispielsweise der Stellenwert der Ausspracheschulung zu nennen: Es gab Zeiten, in denen ihr eine besondere Bedeutung eingeräumt wurde, und Zeiten, in denen sie gar keine Rolle spielte. Aktuell wird – nicht zuletzt beeinflusst durch den Gemeinsamen europäischen Referenzrahmen – einem expliziten/eigenständigen Aussprachetraining wieder ein Platz im Unterricht eingeräumt.

Das Wissen um Vermittlungsmethoden hilft Lehrenden bei der Entscheidungsfindung im Unterrichtsalltag, z.B. bei der Materialauswahl: „Für Lehrende des Faches DaF/DaZ ist die Kenntnis der Grundzüge von Methoden des Fremdsprachenunterrichts notwendig und nützlich. So ist es möglich, Lehrwerke von der jeweils zu Grunde liegenden Methode her einzuordnen. Methodenkenntnis erlaubt es, für die jeweilige Zielgruppe, deren Fähigkeiten und die vorgegebenen Lernziele die geeignete Methode (das Lehrwerk) bzw. von Fall zu Fall den möglichst besten methodischen Weg auszuwählen" (Jung 2001, 137).

„Der Terminus ‚Methode' geht zurück auf das griechische Wort méthodos, das so viel wie ‚Weg zu etwas hin' bedeutet. In der Fachdiskussion werden eine enge und eine weiter gefasste Begriffsbestimmung unterschieden:
‚Methodik' im engeren Sinn bezieht sich nur auf die konkreten unterrichtlichen Prozesse auf der Ebene des Fachunterrichts. Es werden unterrichtliche Steuerungsprozesse beschrieben, die auch

*Anweisungen zur Unterrichtsplanung und Entwicklung von
Unterrichtsmaterial umfassen. (...)
,Methode' im weiteren Sinn umfasst auch Faktoren der Lernstoff-
auswahl, -abstufung und –gliederung."
(Neuner & Hunfeld 1993, 14)*

Deutsch als Fremd-/Zweitsprache historisch gesehen

Die Geschichte des Praxisfeldes Deutsch als Fremd- bzw. Zweitsprache lässt sich bis ins Mittelalter zurückverfolgen. Deutsch
wurde schon früh vor allem in Nord-, Mittel- und Osteuropa gelehrt und gelernt, von Schülern an höheren Bildungseinrichtungen ebenso wie von Kaufleuten, Militär- und Verwaltungsper-
sonal. Auch ist anzunehmen, dass die Studenten aus nord- und
osteuropäischen Regionen, die die ersten, im 14. Jahrhundert
gegründeten Universitäten (z.B. Heidelberg und Köln) besuchten,
für den alltäglichen Umgang Deutsch lernen mussten.

Frühe Zeugnisse für diesen Deutsch-als-Fremd- bzw. Zweitsprache-Unterricht sind Wörterbücher, Lerngrammatiken und
Sprachbücher, die z.T. aus dem 16. Jahrhundert datieren. Es finden sich darüber hinaus didaktisch-methodische Hinweise, Tipps
und Anleitungen, wie man das Deutsche am besten vermittelt,
vgl. Glück 2000, 136: „Mit solchen Unterrichtsanleitungen für
Lehrer und Sprachbüchlein für Schüler begann der Unterricht im
Deutschen als Fremdsprache. Ihre Ansprüche waren bescheiden.
Sie wollten einem praktischen Bedürfnis dienen, und sie hatten
keine akademischen Ansprüche. Diese praktischen Bedürfnisse
haben sie offenbar erfüllt, schon Jahrhunderte vor der Erfindung
der Sprachlehrforschung."

Für zahlreiche andere Sprachen sind Unterrichtsmaterialien
aus früheren Jahrhunderten dokumentiert – das ist nicht verwun-
derlich, wenn man berücksichtigt, dass mehr als die Hälfte der
Menschheit mehrsprachig war und ist. Das Praxisfeld hat also
eine lange Tradition, und die Vermittlung von Fremdsprachen war
über Jahrhunderte hinweg in vielen Bereichen des öffentlichen
Lebens von großer praktischer Bedeutung. Auch die zentralen
Fragen, die sich Sprachlehrer in vergangenen Jahrhunderten stellten, sind noch heute aktuell: Wie kann ich eine Fremd- oder Zweitsprache meiner Zielgruppe angemessen vermitteln? Wie steigere
ich die Effektivität meines Unterrichts? Diese Fragen stellten sich

nicht notwendigerweise im Rahmen von Schule oder Hochschule: Zeitgenössische Sprachen wie Deutsch, Englisch, Französisch oder Italienisch wurden in früheren Jahrhunderten eher im Privatunterricht und nicht in den Schulen vermittelt. Dort wurden als Fremdsprachen Latein und Griechisch gelehrt – Latein war über Jahrhunderte hinweg die lingua franca der Wissenschaft.

Erst etwa ab der Mitte des 18. Jahrhunderts fanden moderne Fremdsprachen den Eingang in die Curricula der Schulen. Sie wurden nach dem Vorbild des Unterrichts der „toten" Sprachen Latein und Griechisch vermittelt. Diese Methode entwickelte sich in den nachfolgenden Jahrzehnten zum Standard und wurde später die „Grammatik-Übersetzungsmethode" genannt.

3.1.1 Die Grammatik-Übersetzungsmethode

Die Grammatik-Übersetzungs-Methode war vor allem im 18./19. Jahrhundert populär, sie wurde von deutschen Gelehrten, u.a. von Karl Plötz, H.S. Ollendorf und Franz Ahn, propagiert und fand weltweite Verbreitung. Nach Richards & Rodgers 2001 dominierte diese Methode den Fremdsprachenunterricht in Europa gut 100 Jahre lang, etwa von 1840-1940, und sie wird in einigen Teilen der Welt noch heute, wenn auch in modifizierter Form, praktiziert. Einige der wichtigsten Prinzipien und Merkmale der Grammatik-Übersetzungsmethode sind die folgenden:

Merkmale der Grammatik-Übersetzungsmethode

1. Sprachenlernen wird als eine „mentale Disziplin" verstanden, die der „allgemeinen formalen Bildung" (Tanger 1888, 12) dient.

2. Ziel des fremdsprachlichen Unterrichts ist, das grammatische Regelsystem einer Sprache zu lernen. Sprachkenntnis wird gleich gesetzt mit Grammatikkenntnis. So werden grammatische Regeln – deduktiv – vermittelt, die Grammatikregeln werden auswendig gelernt. Anschließend wird das Gelernte angewendet, indem Sätze aus der L1 in die L2 übersetzt werden und umgekehrt.

3. Es wird mit zweisprachigen Wortlisten gearbeitet: Auf der einen Seite stehen die Begriffe in der zu lernenden Sprache L2, ihnen gegenüber die L1- Entsprechungen. Diese Wörter-Paare werden vom Schüler auswendig gelernt. Die Auswahl der Wörter richtete sich in der Vergangenheit nach den im Unterricht einge-

setzten Texten, die sich am Vorbild des Lateinunterrichts orientierten und kaum Alltagswortschatz enthielten (vgl. u. Punkt 6).

4. Zentrale Einheit im Sprachunterricht ist der Satz. Oft werden in Übungen zur Grammatik Abfolgen von Einzelsätzen präsentiert, die inhaltlich nichts miteinander zu tun haben.

5. Unterrichtssprache ist die Muttersprache der Lernenden. Neues Vokabular und Erklärungen zu den Grammatikregeln werden in der Muttersprache der Lernenden präsentiert.

6. Die Lernenden sollen in die Lage versetzt werden, die (hohe) Literatur der Zielkultur lesen zu können, das heißt, es werden klassische bildungsbürgerliche Inhalte und Werte vermittelt – (elitäre) Hochkultur, keine Alltagskultur. Lesen und Schreiben bilden den Fokus des Sprachunterrichts, die Vermittlung von Hörverstehen und Sprechen spielt allenfalls eine marginale Rolle.

7. Die Rollen von Lehrenden und Lernenden sind traditionell: Der Unterricht ist stark lehrerzentriert. Die Lehrenden sind die Experten, die Lernenden folgen den Anweisungen der Lehrenden, werden eher als (passive) Wissensempfänger angesehen.

Übung 01

Bearbeiten Sie die folgende Aufgabe:
Überlegen Sie, welche sprachlichen Fertigkeiten und Kompetenzen in einem Unterricht erworben werden können, der auf den Prinzipien der Grammatik-Übersetzungsmethode beruht. Welche werden eher nicht erworben?

Die Übertragung der Grammatik-Übersetzungsmethode auf die Vermittlung „lebender" Sprachen erwies sich bald als problematisch. Mit zunehmenden internationalen wirtschaftlichen und kulturellen Kontakten waren andere Sprachkompetenzen gefordert als der Schulunterricht hervorbrachte. So gab es Proteste seitens engagierter Sprachlehrer und Sprachwissenschaftler, die ab ca. 1870 zu einer (europäischen) Reformbewegung führten. **Reformbewegung** Einer der führenden deutschen Vertreter dieser Reformbewegung war der Marburger Universitätsprofessor Wilhelm Viëtor (1850-1918). Nach Viëtor erfüllte der neusprachliche Unterricht die Anforderungen der Gesellschaft nicht. Das lag seiner Meinung nach **Wilhelm Viëtor** u.a. daran, dass der Fremdsprachenunterricht die Schüler mit einem Zuviel an stupidem Regellernen auf Kosten aktiver Sprachkompetenz überforderte („Überbürdung").

Er kritisierte in seiner Streitschrift „Der Sprachunterricht muss umkehren! Ein Beitrag zur Überbürdungsfrage" von 1882/1886 die überaus dürftigen Ergebnisse des Fremdsprachenunterrichts: „Lässt ihn die Schule frei, so ist dem abgehetzten Schüler (...) das lebendige Englisch und Französisch der Gegenwart im wahren Sinne des Wortes fremd wie zuvor. Sechs oder neun Jahre hat er Schalen geknackt; nun geht er davon, ohne dass er den Kern gekostet hätte. ‚Wehe jeder Art von Bildung', warnt Goethe, ‚die auf das Ende hinweist, statt auf dem Wege zu beglücken.' Dreimal wehe denn der Bildung, die auch nicht einmal auf ein beglückendes Ende hinweisen darf!" (Viëtor 1882)

Viëtor zufolge sollte die Entwicklung fremdsprachlicher Sprech-/Kommunikationsfähigkeit das vorrangige Ziel des Fremdsprachenunterrichts darstellen, während Grammatik eher eine untergeordnete Rolle spielen sollte. Wortlisten und isolierte Sätze wurden abgelehnt, Wörter sollten, so das Gebot, im Kontext gelernt, Sätze in einem sinnvollen Textzusammenhang angeboten werden. Die Entwicklung von Sprechfähigkeit in der Fremdsprache sollte dadurch unterstützt werden, dass der Unterricht einsprachig, d.h. in der Fremdsprache, durchgeführt wurde.

Insgesamt wird der gesprochenen Sprache der Vorrang zugewiesen. Ein besonderes Gewicht erhält die Ausspracheschulung, die nachdrücklich für jeden neusprachlichen Unterricht gefordert wird. Diese Forderung ist zu verstehen vor dem Hintergrund der Entwicklung der Phonetik, die in diesen Jahren starken Auftrieb erfährt. Im Jahr 1886 wurde die Association Phonétique Internationale, zunächst als eine Vereinigung von Phonetiklehrern, gegründet, deren Präsident 1888 Wilhelm Viëtor wurde.

Henry Sweet   Ein anderer herausragender Vertreter der Reformbewegung war der Brite Henry Sweet (1845-1912). Er versuchte in seinem Werk The Practical Study of Language (1899), Erkenntnisse aus der Sprachwissenschaft und der Psychologie im neusprachlichen Unterricht umzusetzen. Sweet entwickelte Prinzipien für die Entwicklung von Unterrichtsmethoden, die in ihren Grundzügen heute noch gelten:

1. sorgfältige Auswahl von Unterrichtsinhalten
2. Beschränkung des Unterrichtsstoffes

3. Berücksichtigung der vier Fertigkeiten Hören, Sprechen, Lesen und Schreiben
4. Anordnung des Unterrichtsstoffes vom Einfachen zum Komplexen

Sweets Überlegungen fanden ihre Realisierung in der „Direkten Methode". Die Bezeichnung „Direkte Methode" ist aus der Tatsache hergeleitet, dass die Muttersprache der Lernenden im Sprachunterricht nicht eingesetzt wurde – die Fremdsprache wurde direkt vermittelt, ohne Umweg über muttersprachliche Übersetzungen. Sie fand vor allem in privaten, kommerziellen Sprachschulen Anwendung. Bekannt geworden und heute noch existent sind die Berlitz-Schulen. Deren Gründer, Maximilian Berlitz, verwendete die Bezeichnung „Direkte Methode" selbst allerdings nie, sondern sprach stets von der „Berlitz-Methode".

Direkte Methode

Die Direkte Methode bildete einen der Vorläufer zu eher struktur-orientierten Sprachvermittlungsmethoden, die in den Zwanzigerjahren des letzten Jahrhunderts Verbreitung fanden und schließlich zur „Audiolingualen Methode" führten.

Übung 02

> Bearbeiten Sie die folgende Aufgabe:
> In dem Begriff *audiolingual* verbergen sich die lateinischen Wörter *audire* und *lingua*. Schlagen Sie deren Bedeutung nach und überlegen Sie anschließend, welche Vorstellung von Fremdsprachenunterricht sich damit verbinden ließe.

3.1.2 Die Audiolinguale Methode

Die Audiolinguale Methode entstand in den USA aus der so genannten Army Method heraus (Army Specialized Training Program). Mit dem Eintritt der USA in die Geschehnisse des Zweiten Weltkrieges stieg der Bedarf an Mitarbeitern, die fließend Fremdsprachen, u.a. Deutsch, Spanisch oder Italienisch, sprechen konnten. Man entwickelte Intensivsprachkurse, die zwei bis sechs Wochen dauerten und 10 Unterrichtsstunden pro Tag umfassten. Darunter fand sich ein hoher Anteil an Drill-Übungen mit Muttersprachlern. Der Schwerpunkt der Spracharbeit lag in der Entwicklung von mündlichen Kompetenzen, also Aussprache-

Army Method

und Konversationstraining. Die Klassen waren klein, die Lernenden hoch motiviert, so dass in diesen Sprachkursen ein hoher Lernerfolg zu verzeichnen war. Obwohl dieser Methode, wie Richards & Rodgers 2001 betonen, keine fundierte theoretische Basis zu Grunde lag, nahm sie doch eine Reihe bekannter Sprachwissenschaftler für sich ein, die in der Folgezeit einen Ansatz der Sprachvermittlung propagierten, bei dem der Schwerpunkt auf dem Mündlichen lag und Intensivtraining umfasste. „The ‚methodology' of the Army Method (…) derived from the intensity of contact with the target language rather than from any well-developed methodological basis. It was a program innovative mainly in terms of the procedures used and the intensity of teaching rather than in terms of its underlying theory. However, it did convince a number of prominent linguists of the value of an intensive, oral-based approach to the learning of a foreign language" (Richards & Rodgers 2001, 51).

Die Erwähnung der Army Method ist insofern relevant, als sie die Sicht der Sprachwissenschaftler auf die Fremdsprachenvermittlung mit prägte. Wie später noch zu zeigen ist, wird auch im Kontext der audiolingualen Methode der gesprochenen Sprache der Vorrang eingeräumt.

Im Gegensatz zur Army Method ist die Audiolinguale Methode jedoch von verschiedenen zeitgenössischen theoretischen Konzepten beeinflusst: der strukturalistischen Sprachwissenschaft amerikanischer Prägung, der behavioristischen Lerntheorie und der kontrastiven Analyse. Den beteiligten Forschern war es wichtig, wie ehedem Henry Sweet, ihre wissenschaftlichen Erkenntnisse auf den Sprachunterricht zu übertragen. So sprach Charles Ferguson 1962 im Vorwort eines Buchs ganz explizit vom Ziel der „application of linguistics to practical problems of language teaching".

Behavioristische Lerntheorie und Amerikanischer Strukturalismus

Ein wichtiges Prinzip des Behaviorismus ist es, nur solche (wissenschaftlichen) Aussagen zu machen, die auf dem tatsächlich beobachtbaren Verhalten eines Individuums beruhen. Nach behavioristischer Auffassung ist das Sprachenlernen, wie jedes andere Lernen auch, nämlich eine Ausbildung von Gewohnheiten

Gewohnheits-
bildung

(vgl. Kap. 2). Diese werden – im Gegensatz zu angeborenen Reflexen – erworben und sind das Ergebnis eines Lernprozesses. Das Lernen, die Gewohnheitsbildung, vollzieht sich nach dem Reiz-Reaktions-Schema (Stimulus, Response und Verstärkung): „We have no reason to assume ... that verbal behavior differs in any fundamental respect from non-verbal behavior (...)" (Skinner 1957, 10).

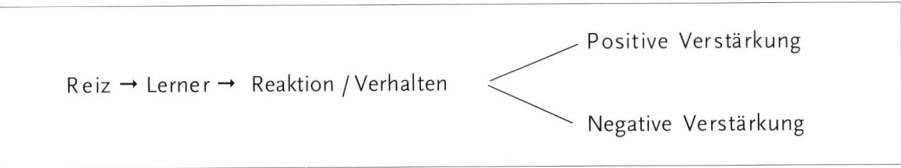

Abb. 6 Reiz-Reaktions-Schema

Das Reiz-Reaktions-Schema sei am Beispiel des Fremd-/Zweitsprachenunterrichts erläutert: Der Fremd- bzw. Zweitsprachenlernende empfängt durch die Lehrperson einen Reiz, z.B. eine sprachliche Äußerung in der zu lernenden Sprache oder/und eine Abbildung. Dieser Reiz wirkt auf den Lernenden ein und evoziert eine Reaktion, eine Äußerung in der Zielsprache. Wird diese vom Lehrenden gelobt, so findet eine positive Verstärkung statt, d.h. der Lernende wird ermuntert, sein sprachliches Verhalten zu wiederholen und lässt es durch diese Wiederholung zur Gewohnheit werden. Eine negative Verstärkung (Kritik oder Zurückweisung der Äußerung) soll bewirken, dass diese sprachliche Reaktion des Lernenden in Zukunft nicht mehr vorkommt, damit sich keine falsche Gewohnheit herausbildet.

Diese Auffassung vom Spracherwerb entsprach der positivistischen, antimentalistischen Haltung des amerikanischen Strukturalismus, seiner Ablehnung von Introspektion und der Konzentration auf sinnlich wahrnehmbare sprachliche Daten. So schreibt Bloomfield, einer der wichtigsten Vertreter des amerikanischen Strukturalismus: „ ... science shall deal only with events that are accessible in their time and place to any and all observers (strict behaviorism) ..." (Bloomfield 1935, 10). Beeinflusst war diese Haltung durch die empirische Erforschung der Indianersprachen, bei deren Entwicklung neue Analysemethoden entwi-

ckelt worden waren, vor allem das Segmentieren und Klassifizie-
ren von sprachlichen Daten auf den drei Strukturebenen
Phonologie, Morphologie und Syntax.

Eine weitere für unseren Kontext relevante Annahme des amerikanischen Strukturalismus ist, dass die gesprochene Sprache
das primäre sprachliche Medium ist, nicht die geschriebene Sprache. Begründet wurde dies damit, dass viele Sprachen, u.a. eben
Indianersprachen, keine Schrift haben und dass der kindliche
Spracherwerb mit gesprochener Sprache beginnt. Folglich hatte
auch im Fremd- und Zweitsprachunterricht die gesprochene
Sprache den Vorrang.

Vorrang der gesprochenen Sprache

Kontrastive Analyse

Die dritte wichtige Komponente bei der Herausbildung der Audiolingualen Methode war die so genannte Kontrastive Linguistik,
eine Richtung der Sprachwissenschaft, die sich mit dem Sprachvergleich beschäftigt. In den USA wurden ab Ende der Fünfziger-
jahre zahlreiche kontrastive Arbeiten unternommen, vor allem im
Bereich der häufig gelernten Fremdsprachen (Spanisch – Englisch, Deutsch – Englisch etc.). Ein typisches „Produkt" dieser
Zeit ist die „Contrastive Structure Series", die vom Center for
Applied Linguistics herausgegeben wurde und Titel wie William
Moultons „The Sounds of English and German" (1962) im Programm hatte. Im Vorwort gibt der Serienherausgeber, Charles
Ferguson, die Zielsetzung an: "The Center for Applied Linguistics, in undertaking this series of studies, has acted on the conviction held by many linguists and specialists in language teaching that one of the major problems in the learning of a second
language is the interference caused by the structural differences
between the native language of the learner and the second language. A natural consequence of this conviction is the belief that
a careful contrastive analysis of the two languages offers an ex-
cellent basis for the preparation of instructional materials, the
planning of courses, and the development of actual classroom
techniques." (Ferguson 1962, v)

In diesen knappen Worten Fergusons treten einige grundlegende Auffassungen vom Spracherwerb in der damaligen Zeit
hervor (vgl. Kap. 2):

1. Die Muttersprache der Lernenden ist ein Problem bzw. stellt eine Lernschwierigkeit dar, wenn sich Muttersprache und Fremdsprache strukturell unterscheiden. Dann kommt es zu Störungen beim Zweit-/Fremdspracherwerb (Interferenz).
2. Durch den Vergleich von Muttersprache der Lernenden und der zu lernenden Sprache können eventuell auftretende Probleme/Lernschwierigkeiten vorausgesagt und es kann ihnen durch geeignete Maßnahmen (sprich Lehrmaterialien) entgegengewirkt werden.

Übung 03

Bearbeiten Sie die folgende Aufgabe:
Wie würden englischsprachige Lernende im Anfangsunterricht Deutsch das wortinitiale <s> mutmaßlich aussprechen?
See – Suppe – Sieb – sehr – Salat
Geben Sie eine Begründung!

Vor dem Hintergrund der drei Konzepte Behaviorismus, Strukturalismus und Kontrastive Analyse sind einige der zentralen Unterrichtsprinzipien der Audiolingualen Methode zu verstehen:

Prinzipien der Audiolingualen Methode

1. Das Prinzip der Einsprachigkeit
   Die Muttersprache der Lernenden wird aus dem Klassenzimmer verbannt. Dafür gibt es mehrere Gründe, zunächst ist die o.g. Interferenzproblematik zu erwähnen. Überdies würde der Einsatz der Muttersprache aber auch der „Gewohnheitsbildung" beim Lernen entgegen stehen, denn mit der Muttersprache wird naturgemäß ja kein Stimulus für den Gebrauch der Fremdsprache gegeben.
2. Das Prinzip der Fehlervermeidung
   Fehler führen ebenfalls zu falschen Gewohnheiten. Dies ist zu vermeiden. Auftretende Fehler werden vom Lehrenden sofort korrigiert. Im Unterricht werden Drillübungen durchgeführt, es werden Dialoge auswendig gelernt und reproduziert – und somit die Gelegenheiten, Fehler zu machen, deutlich reduziert.
3. Das Primat der gesprochenen Sprache
   Die vier Fertigkeiten werden in der Abfolge Hören – Sprechen – Lesen und Schreiben vermittelt. Unter Hören wird vorwiegend „phonetisches" Hören verstanden, d.h. das Unterschei-

den von Lauteinheiten der Zielsprache. Es geht, zumindest im Anfängerunterricht, nicht um Hörverstehen im modernen Sinne.

Das sprachliche Material, das gelernt werden soll, ist der Alltagssprache entnommen. Es wird vorzugsweise in Dialogen präsentiert. Auch in der konkreten Unterrichtsstunde wird ein Dialog immer zuerst in mündlicher Form präsentiert, danach in schriftlicher. Wichtig zu erwähnen ist, dass mit diesen Dialogen zumeist auch zielkulturelle Inhalte vermittelt wurden bzw. dass sie in zielkulturelle Kontexte eingebettet waren (z.B. durch Bilder).

4. Induktive Grammatikvermittlung

Im Gegensatz zur Grammatik-Übersetzungs-Methode wird im Rahmen der Audiolingualen Methode keine explizite Grammatik-Regel präsentiert – und Grammatik auch nicht analysiert. Durch die in Dialogen, Strukturübungen und Drills präsentierten Sprachmuster sollten die Lernenden in der Lage sein, korrekte Analogien zu bilden und die grammatischen Regeln für sich zu erschließen.

5. Wie sich in den vorangehenden Prinzipien schon andeutet, spielen die Lehrenden eine zentrale Rolle im audiolingualen Unterricht. Sie steuern das Geschehen, die vorherrschende Unterrichtsform ist der Frontalunterricht mit einer traditionellen Interaktion (Die Lehrperson gibt den Impuls – die Schülerinnen und Schüler reagieren).

Wenn auch den Lehrenden in einem audiolingualen Klassenzimmer die wichtigste Rolle zukommt, so sind sie keinesfalls frei in ihren didaktischen Entscheidungen. Das Lehrmaterial, mit dem die Lehrenden arbeiten, zwingt sie zu einem recht strengen Unterrichtsablauf, dessen starres Schema unbedingt eingehalten werden sollte. Infolgedessen bleibt den Lehrenden kaum eine Möglichkeit, auf die tatsächlichen Bedürfnisse der L2-Lerner einzugehen.

Übungsformen   Viele Übungsformen, die mit der Audiolingualen Methode aufkamen, finden sich auch heute noch in Lehrmaterialien. Beliebt, insbesondere im Sprachlabor, sind Nachsprechübungen. Es gibt einfache und kaschierte Nachsprechübungen. Bei den einfachen Nachsprechübungen wiederholen die Lernenden wörtlich eine Lehreräußerung. Beispiel: *Lehrer: Ich lerne Deutsch. – Lerner: Ich lerne Deutsch.*

Wichtig ist, insbesondere im Anfängerunterricht, dass die Äußerung nicht zu lang ist, da die Wiederholung (a) ohne Buch-Unterstützung vonstatten gehen und (b) möglichst fehlerfrei sein soll. Bei der Einübungen längerer Sätze / Äußerungen kommen die so genannten Backward Build-up Drills zum Einsatz. Hier teilen die Lehrenden einen langen Satz in Teile auf. Sie fangen dann mit dem letzten Teilsatz an, geben ihn vor, lassen die Lernenden nachsprechen. Im nächsten Schritt geben die Lehrenden den letzten Teilsatz mit einem weiteren Element vor, die Schülerinnen und Schüler sprechen nach etc., bis der vollständige komplette Satz nachgesprochen wird.

Bei den kaschierten Nachsprechübungen wiederholen die Lernenden die Lehreräußerung nicht wörtlich, sondern mit einer (kleinen) Variation, beispielsweise wird ein Element in den Plural gesetzt, zum Beispiel: *Lehrperson: Ich kaufe ein Buch. – Lernende/r: Ich kaufe zwei Bücher. Oder Lehrperson: Sie fragt viel. – Lernende/r: Ich frage auch viel* (Lechner 1978, 15).

Einfache Nachsprechübungen und kaschierte Nachsprechübungen finden wir im heutigen DaZ-Unterricht im Rahmen des Aussprachetrainings, etwa bei der Kombination von Aussprache- und Grammatiktraining (vgl. Dieling & Hirschfeld 2000).

In anderen Übungen müssen Elemente ersetzt oder ergänzt werden (Lückentexte und Einsetzübungen), zum Beispiel: *Ich kaufe das Buch. – Ich kaufe es.* bzw. *Ich bezahle meinen Kuchen und du ... – Ich bezahle meinen Kuchen und du deinen.*

Umformungsübungen gibt es in vielen Varianten, ein Satz soll nach einem vorgegebenen Muster umgestaltet werden, u.a. durch Negation, Fragebildung, Veränderung von Tempus oder Modus, zum Beispiel:
Fritz geht heute ins Kino. Ich an seiner Stelle ginge nicht ins Kino.
Du rauchst zu viele Zigaretten. Ich ... (Griesbach 1970, 33)
Häufig wurden Übungen in Form von so genannten „Pattern Drills", Strukturübungen, angeboten:

So ist es jetzt

Jetzt	habe	ich	ein Haus.
	hat	er/sie	eine Wohnung.
	haben	wir	ein Zimmer.
		sie	ein Auto.
			-- Arbeit.
			-- Zeit.
			-- Geld.

Abb. 7 aus: Braun / Nieder / Schmöe 1978, 35

Die Lernenden waren auch gefordert, die im Lehrbuch abgedruckten Dialoge auswendig zu lernen und anschließend im Rollenspiel nachzuspielen.

Aus diesen Beispielen wird deutlich, dass die Audiolinguale Methode bei aller Betonung von Mündlichem, von Alltagsdialogen und bei aller Ablehnung von expliziter Grammatikvermittlung im Grunde doch äußerst strukturorientiert war. Die Dialoge in den Lehrbüchern, die Pattern Drills, die Übungen – alles war im Grunde um ein grammatisches Phänomen herum konstruiert. So wirken die meisten Dialoge gekünstelt, die Strukturübungen bestehen überwiegend aus einer Sammlung von Einzelsätzen, die keinen Bezug untereinander haben.

Die Audiolinguale Methode wurde zu Beginn ihrer Laufbahn als bahnbrechend empfunden. Die Thematisierung von Alltagsszenen wie „Im Hotel", „Im Büro", „Am Kiosk" usw., die Präsentation von Dialogen fanden viel positive Resonanz. Dazu kam, dass mit dem technischen Fortschritt, der Entwicklung von Sprachlaboren, Audiokassetten und tragbaren Kassettenrekordern und Schallplatten eine ganze Reihe neuer Materialien in den Unterricht gelangten.

Übung 04

Bearbeiten Sie die folgende Aufgabe:
Überlegen Sie sich Argumente, die für bzw. gegen Pattern Drills sprechen!

Kritik an der Audiolingualen Methode

Nach der anfänglichen Euphorie wurden aber ab Mitte der Siebzigerjahre kritische Stimmen immer lauter. Wie bereits erwähnt, empfanden Lehrende das ihnen auferlegte starre Unterrichtsschema oft als negativ, weil ihnen dadurch die eigenständige Handlungskompetenz im Unterricht weitgehend genommen war. Auch wurde der strenge, immer gleiche Unterrichtsablauf als monoton und langweilig empfunden.

Nachsprechübungen und Pattern Drills stießen bei den Kritikern auf Ablehnung, da sie die sprachliche Kreativität der Lerner einschränkten. Aus sprachwissenschaftlich-theoretischer Sicht ist in diesem Zusammenhang Chomsky zu erwähnen, der sich bereits 1959 entschieden gegen die von Skinner vertretene Auffassung vom Spracherwerb (vgl. Kap. 2.1) gewandt und die kreative Seite des Sprachlerners hervorgehoben hatte. Lernende, die an vorgegebene Muster gebunden sind und wenig Möglichkeiten haben, ihre eigenen Bedürfnisse sprachlich auszudrücken, entwickeln offenbar nicht die Sprachkompetenz, die sie eigentlich anstreben. Lightbown 1983 beschreibt in einer Untersuchung, dass ein derartiger Unterricht die Lernenden nicht dazu befähigt, die im Unterricht geübten Strukturen außerhalb des Unterrichts überhaupt anzuwenden. Sie weist nach, dass die korrekte Produktion der Strukturen nachlässt, sobald das Strukturmuster nicht mehr geübt wird.

Nicht zuletzt wurde auch Kritik an den in den Lehrbüchern eingesetzten Dialogen laut. Ihnen wurde – zu Recht – die Authentizität abgesprochen. In der Form, in der sie vorlagen, bildeten sie kein geeignetes Sprachmuster für die Lernenden. Letztendlich förderten sie – im Verbund mit Struktur- und Nachsprechübungen von isolierten Einzelsätzen – keinerlei kommunikative Kompetenzen, trugen also nicht zur Ausbildung ausreichender Dialogfähigkeiten in der L2 bei.

In Frankreich wurde etwa zur gleichen Zeit, als in den USA die Audiolinguale Methode entstand, unabhängig davon die so genannte Audiovisuelle Methode erarbeitet. Charakteristisch für die Audiovisuelle Methode ist der parallele Einsatz von Bild- und Audiomaterial. Über die bildlichen Elemente (Dias, Einzelbilder und Bildsequenzen) wird das Verstehen des Tonmaterials unterstützt. Was die situative Einbettung und die Übungsformen angeht, so gibt es viele Parallelen zu den audiolingualen Materialien.

Audiovisuelle Methode

Übung 05

Bearbeiten Sie die folgende Aufgabe:
Nach heutiger Auffassung können vorhandene Fremdspra-
chenkenntnisse u.U. den Erwerb einer weiteren Sprache
erleichtern. Wie würde ein Vertreter der Audiolingualen
Methode zu dieser Auffassung stehen? Begründen Sie Ihre
Meinung!

3.1.3 Alternative Methoden

Mit der Ablehnung der strukturbasierten audiolingualen und au-
diovisuellen Ansätze wurde in den Siebziger- und Achtzigerjahren des letzten Jahrhunderts – neben der Entwicklung des Kommunikativen Ansatzes – eine Reihe von alternativen Methoden
vorgeschlagen. Im Gegensatz zur Kommunikativen Didaktik (vgl.
u.) basieren diese Alternativmethoden weniger auf sprachwissen-
schaftlichen Erkenntnissen, etwa (Zweit-)Spracherwerbstheorien
oder Grammatiktheorien. Einige von ihnen sind in allgemeiner
Lerntheorie verankert, andere gehen auf einen einzigen einflussreichen Theoretiker, einen Psychologen oder Pädagogen, zurück.

Zu den alternativen Ansätzen, deren Prinzipien auch heute
gelegentlich noch diskutiert werden, gehören die TPR-Methode
(Total Physical Response) und die Suggestopädie.

Total Physical Response

Total Physical Response, entwickelt von dem amerikanischen
Psychologen J. Asher, verbindet Sprache und Bewegung: Es wird
der Versuch unternommen, Sprache durch körperliche Aktivitäten zu vermitteln. Konkret bedeutet dies: Die Lernenden hören
Aufforderungen („Nimm das Buch!") und führen diese aus.
Asher vertritt die Auffassung, dass der erfolgreiche Zweitspracherwerb Erwachsener wie der Erstspracherwerb von Kindern
verläuft. Auch Kinder, so Asher, erfahren Sprache zunächst in
Form von Aufforderungen, auf die sie körperlich reagieren, bevor
sie selbst anfangen zu sprechen. Folglich wird in einem TPR-Kurs
– dies sind vorwiegend Kurse für Sprachanfänger – zunächst
ausschließlich Hörverstehen vermittelt, erst nach ca. 120 Unter-

richtsstunden sind Lernende gefordert, selbst zu sprechen. Ziel sind basale Hör- und Sprechfertigkeiten in einer Fremdsprache. Lehrbücher werden am Anfang nicht verwendet, vielmehr nimmt die Lehrperson eine zentrale Rolle ein. Stimme, Gestik und Aktionen der Lehrperson regeln die Aktivitäten im Anfangsunterricht. Später werden Realia wie Gegenstände aus dem Klassenzimmer etc. in die Aktionen einbezogen. Ein weiterer wichtiger Aspekt der TPR ist die Betonung einer stressfreien Lernatmosphäre. Die TPR-Methode erfreute sich in den Siebziger- und Achtzigerjahren des vergangenen Jahrhunderts einiger Beliebtheit. Ihre Prinzipien kamen der Auffassung einiger Spracherwerbsforscher entgegen. So betont beispielsweise Krashen, dessen Monitor-Theorie damals recht populär war, die große Rolle des verständlichen Inputs („comprehensible input") für den erfolgreichen Zweitspracherwerb. Dieser ist in einem TPR-Kurs sicherlich gegeben, denn dadurch dass im TPR-Klassenzimmer sprachliche und körperliche Aktivitäten koordiniert werden, wird der Input in der zu lernenden Sprache verständlich. Dies mindert Stress und führt zum Erwerb der zielsprachlichen Strukturen.

Asher selbst schreibt seiner Methode keinen Ausschließlichkeitscharakter zu, sondern betont, dass TPR in Kombination mit anderen Methoden und Übungsformen angewendet werden sollte.

Suggestopädie

Der suggestopädische Ansatz, in den USA und Deutschland auch unter dem Stichwort Superlearning bekannt, geht zurück auf den rumänischen Psychologen Georgi Lozanov. Das Ziel suggestopädischer Fremdsprachenvermittlung ist das schnelle Erreichen von alltagssprachlicher Sprechfähigkeit in der L2. Um dieses Ziel realisieren zu können, sind eine Reihe von Faktoren zu berücksichtigen. Zunächst soll die Lernumgebung dazu beitragen: Wichtig ist beispielsweise, dass das Klassenzimmer hell und freundlich ist und dass die Lernenden auf bequemen Sesseln im Kreis sitzen. So wird eine entspannte Atmosphäre geschaffen, die für das Lernen förderlich ist. Ein weiteres wichtiges Element, das zur entspannten und damit effektiveren Aufnahme des Lernstoffes beitragen soll, ist Musik (Barockmusik, Musik der klassischen Periode). An den Wänden hängen Grammatikposter – hier soll das unbewusste, periphere Lernen aktiviert werden. Die Poster werden in regelmäßigen Abständen ausgewechselt. Ähnlich wie die TPR ist die Suggestopädie durch ein hohes Maß an Lehrerzentriertheit gekennzeichnet. Die Lernenden sind aufgefordert, die Autorität der Lehrenden anzuerkennen, ihnen zu vertrauen und sich vollkommen auf den Unterricht einzulassen. Mentale Hindernisse sind mit Hilfe des Lehrenden zu überwinden (Desuggestion). Die Lernenden nehmen letztlich gegenüber der Lehrperson die Rolle eines Kindes ein (Infantilisierung). Sie sollen sich sicher fühlen, so dass sie spontaner und frei von Hemmungen agieren können, wodurch der Lernprozess vorangetrieben werden soll. Die Lernenden suchen sich für die Dauer des Sprachkurses einen neuen – zielsprachlichen – Namen aus, wählen einen neuen Beruf und schaffen sich im Verlauf des Kurses mit ihrer neuen Identität eine ganze Biografie.

Zu den Übungsformen, die im suggestopädischen Klassenzimmer Anwendung finden, gehören Nachsprechübungen, Frage-Antwort-Sequenzen und das Rollenspiel – Formen, die auch in anderem Rahmen zu finden sind. Dem suggestopädischen Ansatz ist jedoch ein anderer Umgang mit Texten und Wortschatz eigen: Die Lernenden arbeiten in der Regel mit Arbeitsblättern, auf denen das neue sprachliche Material (z.B. ein Dialog) in der Fremdsprache und in der Muttersprache abgedruckt sind. Der Dialog wird in zweifacher Weise vom Lehrenden präsentiert, in zwei „Konzerten", wie es in der Suggestopädie heißt. Im ersten „Konzert", untermalt von Musik (s.o.), liest die Lehrperson den Dialog vor, wobei die Stimmführung dem Rhythmus der Musik angepasst ist. Damit sollen beide Gehirnhälften der Lernenden aktiviert werden. Die Lernenden lesen den Text leise von ihrem Arbeitsblatt mit, sehen sich auch die Übersetzung an. Beim zweiten Vorlesen, dem zweiten „Konzert", wird der Text in normalem Sprechtempo vorgelesen, während die Lernenden sich in ihren Sesseln entspannt zurücklehnen. Nach dieser ersten Phase, der Rezeptionsphase, folgt eine Aktivierungsphase, in der Übungen wie Rollenspiel, Spiele, Frage-Antwort-Übungen und dergleichen durchgeführt werden. „Ziel der Methode", so Lothar Jung, „ist die sofortige Anwendung des Gelernten, wobei der Inhalt zunächst wichtiger als die Form ist, d.h. zunächst herrscht eine große Fehlertoleranz. Korrekturen erfolgen zu einem späteren Zeitpunkt" (Jung 2001, 141).

TPR und Suggestopädie hatten nur begrenzt Einfluss auf die allgemeinen Strömungen in der Fremdsprachenmethodik und -didaktik. Das hat – im Falle der Suggestopädie – sicher auch damit zu tun, dass sich die äußeren Bedingungen, unter denen unterrichtet wird, im organisatorischen Rahmen von Schule kaum (vollständig) umsetzen ließen. Zweifellos liegt aber das Verdienst der alternativen Methoden darin, dass sie wesentliche Dimensionen des Lehr-/Lernprozesses hervorgehoben haben, wie beispielsweise die Bedeutung des stressfreien Lernens oder das Darbieten von zu lernendem sprachlichen Material über mehrere Sinne – Ansätze, die heute fast als selbstverständlich gelten.

3.1.4 Der Kommunikative Ansatz

Mitte der Siebzigerjahre des 20. Jahrhunderts kam es zu einem weitreichenden Paradigmenwechsel im Bereich des Fremdsprachenunterrichts. Neben einer wachsenden Unzufriedenheit mit den Ergebnissen eines audiolingualen Unterrichts (vgl. o.) führten neue Erkenntnisse in der Sprachwissenschaft zum Umdenken im Sprachunterricht. Zum einen sind hier die Arbeiten von Soziolinguisten wie Dell Hymes zu nennen: Hymes führte – in Analogie zu Chomskys „linguistischer Kompetenz" – den Begriff der „kommunikativen Kompetenz" ein.

Übung 06

> Bearbeiten Sie die folgende Aufgabe:
> Informieren Sie sich in einem sprachwissenschaftlichen Wörterbuch über das Begriffspaar Kompetenz vs. Performanz im Sinne CHOMSKYs.

Es reicht nicht aus, so Hymes, dass ein Individuum strukturell-grammatische Kompetenz im Chomskyschen Sinne erwirbt, vielmehr ist es erforderlich, ebenso die Regeln sozialer und kultureller Interaktion zu erwerben, d.h. das, was ein Sprecher braucht, um in einer Sprachgemeinschaft kompetent sprachlich handeln zu können. Kommunikative Kompetenz umfasst u.a. Sprachkompetenz, Gesprächskompetenz, pragmatische und soziolinguisti-

Kommunikative Kompetenz

sche Kompetenz. Zum anderen wirkte die Pragmatik, insbesondere der Gegenstandsbereich der Sprechakttheorie, auf die Umgestaltung des Fremdsprachenunterrichts ein. Einflussreich wirkten hier die Arbeiten von Austin und Searle. Austin 1962 beschreibt in seiner Arbeit „How to do things with words" Sprechen als eine Form des menschlichen Handelns, John Searle (1969) kommt das Verdienst zu, die Komponenten von Sprechakten zu analysieren und als erster eine umfassende Klassifikation aufzustellen.

Die Arbeiten von Hymes, Austin und Searle führten dazu, dass zum einen an die Stelle von linguistischer Kompetenz die kommunikative Kompetenz als Grobziel des Fremdsprachenunterrichts trat und dass sich die Inhalte eher an pragmatischen Kriterien orientierten. So wurden beispielsweise Bedarfsanalysen durchgeführt, die den Fremdsprachengebrauch in berufssprachlicher Kommunikation bzw. in alltagssprachlicher Kommunikation ermittelten, d.h.: In welchen Rollen agiert der L2-Lerner als sprachlich Handelnder, in welchen Situationen, mit welchen Sprechabsichten? Über welche Themen wird gesprochen? Welche Textsorten kommen in welchen Situationen zum Einsatz?

Auf der Basis dieser Ergebnisse wurden Listen von Sprechakten und Sprechintentionen, Textsorten und Themen, Grammatikinventar und Wortschatz erarbeitet. Als Beispiel sei auf das im Auftrag des Europarats zusammengestellte Kompendium (von Sprechabsichten) verwiesen, das, 1971 zum ersten Mal veröffentlicht, in modifizierter Form noch heute verwendet wird, die „Kontaktschwelle DaF". Sie ist in den Gemeinsamen europäischen Referenzrahmen eingegangen, der seit etwa 2001 für Lehrende, Autoren und Testentwickler ein wichtiges Referenzwerk darstellt. Ende der Sechziger-, Anfang der Siebzigerjahre ging es zunächst aber um die Bestimmung eines Basis-Niveaus, also einer Bestimmung von Sprechhandlungen etc., die am Ende der „Grundstufe" in einer Fremdsprache ausgeführt werden können.

„[Man kann] jede Art von Sprachverwendung und den Erwerb einer Fremdsprache auf folgende Weise beschreiben:
Sprachverwendung – und dies schließt auch das Lernen einer Sprache mit ein – umfasst die Handlungen von Menschen, die als Individuen und als gesellschaftlich Handelnde eine Vielzahl

von **Kompetenzen** entwickeln, und zwar **allgemeine**, besonders aber **kommunikative Sprachkompetenzen**. Sie greifen in verschiedenen **Kontexten** und unter verschiedenen **Bedingungen und Beschränkungen** auf diese Kompetenzen zurück, wenn sie **sprachliche Aktivitäten** ausführen, an denen (wiederum) **Sprachprozesse** beteiligt sind, um **Texte** über bestimmte **Themen** aus verschiedenen **Lebensbereichen** (Domänen) zu produzieren und/oder zu rezipieren. Dabei setzen sie **Strategien** ein, die für die Ausführung dieser **Aufgaben** am geeignetsten erscheinen. Die Erfahrungen, die Teilnehmer in solchen kommunikativen Aktivitäten machen, können zur Verstärkung oder zur Veränderung der Kompetenzen führen."
(Gemeinsamer europäischer Referenzrahmen 2001, 21)

Eine der kommunikativen Kompetenz ähnliche Zielsetzung hatte wohl auch bereits Viëtor Anfang des 20. Jahrhunderts im Auge, als er den Sprachunterricht seiner Zeit kritisierte. Auch die Vertreter der Audiolingualen Methode wollten die L2-Lerner mit (vermeintlichen) Modelldialogen dazu befähigen, Alltagsgespräche zu führen, was aber nur partiell gelang.

Der Kommunikative Ansatz geht über die vorangehenden Vorstellungen allerdings weit hinaus. Ein L2-Lerner muss, wenn er kommunikativ kompetent handeln will, beispielsweise lernen, dass es für die Realisierung einer Sprechintention mehrere sprachliche Möglichkeiten gibt. Aus diesen muss er die Form auswählen, die der Situation/dem Setting und dem Gesprächspartner angemessen ist.

Übung 07

Bearbeiten Sie die folgende Aufgabe:
Sammeln Sie Redemittel zum Ausdruck von Dank im Deutschen. Notieren Sie jeweils mögliche Verwendungskontexte.

Weitere Charakteristika des Kommunikativen Ansatzes sind die Orientierung am L2-Lerner und am Lernprozess. Die Orientierung an den Lernenden stellt eine grundsätzliche Veränderung gegenüber früheren Ansätzen dar: Unterrichtsziele, Lerninhalte,

Lernerorientierung

93

Themen etc. werden mit Hinblick auf die individuellen oder gruppenspezifischen Bedürfnisse der Lernenden ausgewählt und vermittelt (vgl. o. Bedarfsanalysen). Auch wird der Zweitspracherwerb nicht mehr als ein Prozess der Gewohnheitsbildung verstanden, sondern als ein kreativer Prozess: Die Lernenden erschließen sich die sprachlichen Daten der Zielsprache schrittweise, bilden Hypothesen und entwickeln eine – sich ständig verändernde – Interlanguage/Lernersprache (vgl. Kap. 2). In diesem Zusammenhang werden auch Fehler als Indikatoren für den jeweiligen Sprachstand von Lernenden angesehen und nicht als ein Störfaktor, den es zu vermeiden gilt: Lernen ist ein Prozess kreativer Konstruktion, zu dem Versuch und Fehler gehören (vgl. Richards & Rodgers 2001, 172).

Lernerorientierung und Lernprozessorientierung haben zur Folge, dass es im Rahmen des Kommunikativen Ansatzes keine allgemein verbindliche, allen Zielgruppen gerecht werdende Methode für den Fremd-/Zweitsprachenunterricht geben kann, „sondern [die Kommunikative Didaktik] sich darum bemüht, allgemeine Prinzipien und Verfahrensweisen zur zielgruppenspezifischen Ausformulierung von Curricula (Grundlagen, Ziele, Lehr- und Lernverfahren/Medien, Erfolgskontrollen) bereitzustellen" (Neuner 2003, 231).

Prinzipien des Kommunikativen Ansatzes

Daraus lassen sich einige allgemeine Prinzipien des Kommunikativen Ansatzes ableiten:

1. Sprachliches Handeln im Unterricht

   Ein grundlegendes Prinzip ist, dass L2-Lerner im Unterricht sprachlich handeln sollen, d.h. dass sie die Sprache in kommunikativen Aktivitäten einsetzen (Bedeutungsaushandlung, Verstehenssicherung). Dabei werden Kommunikationsstrategien erarbeitet. Neben Sprach- und Rollenspielen werden Kommunikationssituationen häufig durch Gruppen- oder Partnerarbeitsphasen geschaffen.

2. Authentizität

   Ein weiteres Prinzip ist der Einsatz von möglichst „authentischem" oder gemäßigt authentischem sprachlichem Material, z.B. Zeitungsartikel, Stellenanzeigen, Kleinanzeigen, Speisekarten, Kochrezepte, Bedienungsanleitungen, Formulare und Ähnliches. Dabei geht es darum, dass L2-Lerner Strategien zum Umgang mit diesen Texten lernen, ähnlich dem Muttersprachler.

„,Authentisch' meint hier nicht unbedingt dokumentarisch. Ein Text kann oder muss für unterrichtliche Zwecke aufbereitet und didaktisiert werden. Dabei muss er aber – um weiterhin dem Anspruch der Authentizität zu genügen – die typischen Merkmale von authentischen Texten aufweisen:

Ein authentischer Text hat immer eine Intention, er will etwas mitteilen (und dieses Mitteilen darf sich nicht in der Vermittlung situativ verpackter Grammatik erschöpfen).

Ein authentischer Text hat entsprechend seiner Mitteilungsabsicht einen Adressaten in der Realität.

Ein authentischer Text hat eine bestimmte Form (Bericht in der Zeitung/im Rundfunk/im Fernsehen).

Im Grunde eignet sich dabei jeder authentische Text in der Fremdsprache – vom Fahrplan bis zum Gedicht – für den Unterricht. Wichtig ist hierbei nur, dass mit der Textsorte und ausgehend von der Textsorte sprachliche Tätigkeiten verbunden werden können, d.h. dass sie so gewählt werden, dass das Kommunizieren über ein Thema, einen Gegenstand möglich wird. Die Verwendung authentischer Texte bedeutet auch, dass sie in ihrer medialen Eigenart belassen werden. Es ist meistens ungünstig, einen Hörtext als Lesetext oder umgekehrt anzubieten. (...)" (Krüger 1981, 25)

„Authentisch" bezieht sich aber nicht nur auf den Einsatz von Material, vielmehr soll der Unterricht möglichst viele Anlässe für authentische und bedeutungsvolle Kommunikation bieten.

3. Entdeckendes Lernen
   Die Lernenden sind gefordert, beispielsweise im Bereich grammatischer Strukturen, sich die Regeln selbst zu erschließen. Im Gegensatz zu den Verfahren der Audiolingualen Methode spielt im Kommunikativen Ansatz, vor allem in den Neunzigerjahren des 20. Jahrhunderts, auch die Entwicklung von Lernstrategien eine sehr wichtige Rolle.

4. Rolle der Lehrenden
   Die Lehrenden haben in diesem Konzept die Aufgabe, die Lernenden in ihrem Zweitspracherwerbsprozess zu unterstützen. Sie arrangieren den Unterricht, schaffen Kommunikationssituationen, stehen Lernenden zur Seite, wenn sie ihre Hilfe brauchen.

Ein äußeres Zeichen für die veränderte Lehrerrolle ist der weitgehende Wegfall von lehrerzentriertem Frontalunterricht zugunsten von lernerzentrierter Gruppen- oder Partnerarbeit (vgl. o.). Die Lernenden haben aber auf der anderen Seite mit dem Wegfall der Lehrerdominanz eine höhere Selbstverantwortung für ihren Lernprozess.

5. Rolle der Grammatik

Das Lernen von Grammatik ist kein Selbstzweck. Grammatik hat dienende Funktion, in dem Sinne, dass sie „hilft", Sprechintentionen zu realisieren. Wie Funk 2003, 2 betont:

- Motivierende und „sinnvolle" Inhalte und Sprachfunktionen sind unverzichtbarer Ausgangspunkt grammatischen Lernens. [...]
- Training mit „sinnvollen" Inhalten ist Voraussetzung für das Erwerben von Strukturen
- Der Anteil der Grammatikarbeit am Sprachunterricht muss diesen Prioritäten entsprechen.

6. Rolle der Muttersprache

Die Muttersprache der Lernenden spielt kaum eine Rolle – der Unterricht soll möglichst in der zu lernenden Sprache gehalten werden. Einsprachigkeit ist erwünscht.

In den Anfangsjahren der Kommunikativen Didaktik überwogen in den Lehrbüchern Dialoge und damit die Fertigkeit Sprechen, was sicher auf den Einfluss des audiolingualen Fremdsprachenunterrichts zurückzuführen ist. In späteren Entwicklungsphasen der Kommunikativen Didaktik änderte sich diese Gewichtung jedoch. Die vier Fertigkeiten Lesen, Hören, Sprechen und Schreiben wurden als gleichberechtigt angesehen und sollten gleichermaßen gefördert werden. Dies führte im Unterricht u.a. konkret dazu, dass Schreibanlässe geschaffen und die Entwicklung von fremdsprachlichen Schreibfähigkeiten gefördert wurden. Ebenso wurde das Lesen stärker berücksichtigt, wobei das Textsortenspektrum sowohl Gebrauchstexte, wie sie im Alltag vorkommen (Bedienungsanleitungen, Fahrpläne etc.), als auch literarische Texte umfasste.

Das Verständnis des Kommunikativen Ansatzes ist bis heute gelegentlich von Missverständnissen geprägt: „Kommunikativ" wird gleich gesetzt mit „mündlich", d.h. einer Schwerpunktsetzung auf der Fertigkeit Sprechen. Diese Auffassung ist jedoch längst nicht mehr gerechtfertigt.

Der Kommunikative Ansatz hat sich seit seinen Anfängen in unterschiedlichen Varianten weiterentwickelt. Ihnen allen liegen allerdings die folgenden fünf Hauptmerkmale zugrunde (nach Johnson & Johnson 1998, in Richards & Rodgers 2001, 173):

Hauptmerkmale des Kommunikativen Ansatzes

1. Der Sprachgebrauch muss der Kommunikationssituation angemessen sein, d.h. dem Setting, der Rolle der Kommunikationspartner, dem Zweck der Kommunikation usw. L2-Lernende müssen also in die Lage versetzt werden, verschiedene sprachliche Register zu verwenden, sowohl informelle als auch formelle.

2. L2-Lernende müssen gleichermaßen lernen, sprachliche Inhalte zu formulieren wie auch, sie zu verstehen, und zwar möglichst bedeutungsvolle Inhalte. Folglich konzentriert sich ein moderner Zweitsprachenunterricht auf Informationsaustausch und Informationsübermittlung in den Übungen.

3. Unterrichtsaktivitäten sollten die Lernenden möglichst zu kognitiven Prozessen und zur Entwicklung von Strategien anregen.

4. Lernende sollten dazu ermutigt werden, risikofreudig zu sein und aus ihren Fehlern zu lernen. Wenn Lernende über das hinausgehen, was ihnen vermittelt wurde, haben sie die Möglichkeit, eine Reihe von Kommunikationsstrategien anzuwenden, beispielsweise Kompensationsstrategien, wenn ihnen ein Wort in der Zielsprache „fehlt".

5. Der moderne kommunikative Unterricht integriert verschiedene Fertigkeiten. Anstatt nur eine Fertigkeit isoliert einzuüben, werden die vier Fertigkeitsbereiche in unterschiedlichen Konstellationen miteinander kombiniert, wie es in realen Kommunikationssituationen ja auch geschieht. Wenn beispielsweise beim Abhören des Anrufbeantworters eine Telefonnummer, ein Datum oder eine Adresse notiert werden, so werden in dieser Situation die Fertigkeiten Hören und Schreiben gleichermaßen benötigt.

Diese Merkmale des Kommunikativen Ansatzes gehören heute geradezu zum Allgemeingut des fremd- und zweitsprachlichen Unterrichts und werden weltweit anerkannt. Der Kommunikative Ansatz ist nach wie vor aktuell, viele Lehrbücher basieren auf seinen Prinzipien. Neuere methodisch-didaktische Entwicklungen, zum Beispiel das „Content-Based Teaching" oder „Taskbased Language Teaching", haben ihre Wurzeln im Kommunikativen Ansatz, stellen aber unterschiedliche Aspekte des Lehr-/Lernprozesses in den Mittelpunkt. Der Grund für die anhaltende Popularität des Kommunikativen Ansatzes ist wohl seine relative Offenheit und Flexibilität. Die genannten Prinzipien sind recht allgemein und können unterschiedlich interpretiert werden. Dies erlaubt eine Anpassung an den jeweiligen Unterrichtskontext.

Dies unterscheidet den Kommunikativen Ansatz von den übrigen oben beschriebenen Methoden. Sei es die Audiolinguale Methode, die TPR oder die Suggestopädie – sie erlauben jeweils wenig Interpretationsspielraum bei der Umsetzung ihrer Vorgaben. Übungsformen, Unterrichtsablauf, die Rollen von Lehrenden und Lernenden sind festgelegt. Die Lehrenden sind gehalten, ein starres Unterrichtsschema umzusetzen, ungeachtet ihrer Lerngruppe. Ergebnisse aus der Zweitsprachenerwerbsforschung und aus der Unterrichtsforschung legen nahe, dass ein flexibles, an den Lernenden orientiertes Konzept des Fremd-/Zweitsprachenunterrichts am ehesten zu einem Lernerfolg führt. Damit ist eine Diskussion um "die richtige" Methode hinfällig. „By the end of the twentieth century, mainstream language teaching no longer regarded methods as the key factor in accounting for success or failure in language teaching" (Richards & Rodgers 2001, 247).

Methodenvielfalt

3.2 Kriterien für die Auswahl von DaZ-Vermittlungsmethoden

Wir haben in Kapitel 2 gesehen, dass eine Reihe von Faktoren auf den Zweitspracherwerb einwirken. Manche (u.a. Alter, Intelligenz, L1, soziokultureller Hintergrund) sind als gegeben zu akzeptieren und bei der Unterrichtsplanung in angemessener Weise zu berücksichtigen. Andere, wie Motivation, können zumindest partiell durch Unterricht beeinflusst werden, indem Lehrende ein positives Lernklima schaffen und ihre Unterrichtsaktivitäten auf die Lerngruppe abstimmen. Dies gilt für den fremdsprachlichen wie den zweitsprachlichen Erwerbskontext gleichermaßen.

Wir wollen im Folgenden versuchen, die Situation des Deutsch als Zweitsprache-Unterrichts in (heterogenen) Vorbereitungsklassen unter den Aspekten Lernervoraussetzungen, Mehrsprachigkeit, Erwerbskontext und Ziel(e) zu betrachten und einige

Anforderungen an den Unterricht bzw. an die Lehrenden zu formulieren.

Lernervoraussetzungen

Lernende in Vorbereitungsklassen bringen unterschiedliche Voraussetzungen mit in den Unterricht: Sie sind häufig unterschiedlich alt, sprechen unterschiedliche Muttersprachen, haben unterschiedliche Bildungshintergründe und Lernstile. Soll der Zweitsprachenunterricht jeden Lernenden zum Erfolg führen, so ist, wenn wir den Einfluss dieser Faktoren auf den Sprachlernerfolg betrachten, ein starres Vorgehen undenkbar. Ein jüngerer Schüler, der den Erwerb seiner Muttersprache (im Bereich konzeptioneller Schriftlichkeit) noch nicht ganz abgeschlossen hat, lernt die Zweitsprache Deutsch anders als die ältere Schülerin, die in ihrem Heimatland bereits eine Schulkarriere auf Englisch absolviert hat. Lernende mit einem analytischen Lernstil sind, wie wir in Kapitel 2 gesehen haben, tendenziell erfolgreicher in Lernsituationen mit dem Fokus auf der korrekten Form, wohingegen Lernende mit globalem Lernstil mit kommunikativen Übungen (im engeren Sinne) besser zurechtkommen. Ein Lernender aus einer Kultur, in der Lernen auch viel Auswendiglernen und Repetition bedeutet, tut sich vielleicht schwer mit spontanem freiem Sprechen im Rollenspiel. Jemand, der nur Frontalunterricht kennt, lehnt u.U. die Gruppenarbeit als Lernform ab. Diese Beispiele machen deutlich, dass Lernende aufgrund ihrer Voraussetzungen unterschiedliche Bedürfnisse in Bezug auf den Zweitsprachenunterricht haben und dass es nicht eine einzige Methode geben kann, die allein alle diese Bedürfnisse bedient. Ein moderner Zweitsprachenunterricht muss, wenn die tatsächlichen Bedürfnisse der Lernenden und ihre individuellen Voraussetzungen jeweils berücksichtigt werden sollen, flexibel sein und nicht in einem starren Methodenkonzept verhaftet.

Orientierung am Lerner

Mehrsprachigkeit

Auch die Situation der Mehrsprachigkeit im Klassenzimmer erfordert ein Umdenken. Die oben angeführten Methoden, und darunter vor allem die älteren, wurden aus der Perspektive des *Fremd*sprachenunterrichts diskutiert. Man ging bei der Konzeption von Unterricht – unausgesprochen – von einer sprachlich homogenen Lernergruppe aus, also etwa deutschen Gymnasiasten, die Englisch oder Französisch lernen. Diese Vorstellung der sprachlich homogenen Lerngruppe, die eine neue Sprache lernt, zeigt sich in der kontrastiv-linguistischen Konzeption des audiolingualen Fremdsprachenunterrichts. Hier ist vorwiegend von der Kontrastierung *zweier* Sprachen die Rede – Multilingualismus im Klassenzimmer war damals noch nicht im Fokus.

multilinguale und multikulturelle Lerngruppen

Mehrsprachige DaZ-Klassen, wie wir sie heute zum Beispiel in Form von „Internationalen Förderklassen/Vorbereitungsklassen" (vgl. Kap. 4) finden, bedürfen eines anderen Unterrichts als sprachlich homogene Lerngruppen. Dies bietet Herausforderungen und Chancen. Zu den Herausforderungen gehört beispielsweise, dass unterschiedliche Stolpersteine beim Erwerb des Deutschen u.U. zu einem breiteren Spektrum an individuellen Lernständen führen, was einen flexiblen Unterricht mit binnendifferenzierenden Maßnahmen nötig macht (vgl. auch „Lernervoraussetzungen"). Die einen brauchen vielleicht mehr Ausspracheschulung, die anderen müssen in lateinischer Schrift alphabetisiert werden etc.

Auf der anderen Seite ist Deutsch meist die lingua franca in diesen Lerngruppen, so dass die Kommunikation auf Deutsch immer motiviert ist und ihr, anders als bei monolingualen Lerngruppen, nichts Künstliches anhaftet. Zudem ergeben sich aus dem Zusammentreffen mehrerer Herkunftssprachen mannigfaltige Möglichkeiten zu sprachvergleichenden Übungen und Reflexionen, wodurch die Sprachbewusstheit der Lernenden – und somit u.U. der Lernfortschritt – gesteigert werden kann.

Auch mit Bezug auf Mehrsprachigkeit ist also ein flexibles methodisches Konzept erforderlich.

Erwerbskontext

zweitsprachlicher Erwerbskontext

Mehrsprachige Lernergruppen ergeben sich tendenziell eher in einem Zweitsprachen-Erwerbskontext, d.h. wenn die L2 im Zielland gelernt wird. Hier sind mehrere Aspekte zu berücksichtigen: Die Lernenden sind in einem solchen Erwerbskontext ganz anders gefordert als in einem fremdsprachlichen. Sie müssen ihren beruflichen oder schulischen Alltag zumeist schon in der Zielsprache bewältigen, wenn die Sprachkenntnisse noch nicht dazu ausreichen. In dieser Hinsicht ist ein DaZ-Unterricht viel stärker als ein DaF-Unterricht gefordert, die Lernenden sprachlich auf die Handlungsfelder, die sie in ihrem Alltag erwarten, vorzubereiten. Dazu kommt, dass in einem zweisprachlichen Erwerbskontext außerhalb des Unterrichts stets auch ungesteuerte Erwerbsprozesse stattfinden, die potenziell die Variabilität der Lernstände im Klassenzimmer erhöhen. Für den DaZ-Unterricht haben auch diese Umstände zur Folge, dass insgesamt ein höheres Maß an Flexibilität erforderlich ist als im DaF-Unterricht.

Auf der anderen Seite kann der zweisprachliche Erwerbskontext für den DaZ-Unterricht fruchtbar gemacht werden, indem authentische Materialien systematisch in den Unterricht einbezogen werden, reale Sprachhandlungssituationen geschaffen werden. Außerdem bieten sich vielfältige Möglichkeiten, außerschulische Lernorte aufzusuchen oder Projekte, die sprachliches und interkulturelles Lernen miteinander verknüpfen, durchzuführen – eine Herausforderung an die Kreativität der Lehrenden.

Übung 08

Bearbeiten Sie die folgende Aufgabe:
Überlegen Sie sich eine kleine Aufgabe für Deutschlernende, in der sprachliches und kulturelles Lernen miteinander verbunden sind.

Lernziele

Auch der Aspekt der zu erwerbenden sprachlichen Kompetenzen bzw. Fertigkeiten ist zu berücksichtigen. Lernende, die basale mündliche Kommunikationsfähigkeiten erwerben wollen, müssen anders unterrichtet werden als Schülerinnen und Schüler, die Deutsch als Zweitsprache für den Schulkontext lernen, in dem konzeptionell-schriftsprachliche Kompetenzen gefordert sind. Die jeweiligen Lernziele beeinflussen also auch die unterrichtliche Vorgehensweise und – wenn wir an die weite Definition des Begriffs Methode denken – eine andere bzw. anders gewichtete Auswahl an Unterrichtsinhalten. Für den Unterricht Deutsch als Zweitsprache in Vorbereitungsklassen muss demzufolge von Anfang an die Schriftsprache vermittelt werden, wenn auch angepasst an den jeweiligen Erwerbsstand. In diesem Zusammen-

Lernziel
Schriftsprache

hang ist auf Verfahren des Kreativen Schreibens – welches ja ein angeleitetes Schreiben ist – hinzuweisen (vgl. Böttcher 1999).

Zusammenfassung und Ausblick

Aus den vorangegangenen Ausführungen lassen sich zwei allgemeine Haupttendenzen für einen zeitgemäßen Deutsch-als-Zweitsprache-Unterricht ausmachen: 1. Methodenvielfalt: Angesichts der Bedingungen im mehrsprachigen Klassenzimmer müssen verschiedene Methoden im Wechsel eingesetzt werden. 2. Lernerorientierung: Durch die relativ große Heterogenität von Lernergruppen in Vorbereitungsklassen ist mutmaßlich eine stärkere Individualisierung des DaZ-Unterrichts erforderlich. Letztere kann sich beispielsweise in einem stärkeren Eingehen auf die Interessen der Lernenden oder auch in binnendifferenzierenden Maßnahmen zeigen.

Die o.g. Befunde setzen allerdings voraus, dass Lehrende in der Lage sind, die Bedürfnisse der einzelnen Lerner und der Lerngruppe insgesamt zu erkennen. Dazu bedarf es sowohl des Wissens um L2-Aneignungsprozesse in einem zweisprachlichen Erwerbskontext als auch der Verfügbarkeit eines Methodenrepertoires, aus dem die jeweils angemessenen Vermittlungsmethoden ausgewählt werden können. Noch wichtiger ist, dass Lehrende auch bereit sind, ihren Unterricht kontinuierlich kritisch zu überprüfen und ihn der sich ständig ändernden Bedürfnislage anzupassen. Kurz: Ein Deutsch-als-Zweitsprache-Unterricht verlangt von den Lehrenden ein hohes Maß an professionellem Wissen und Können.

Konsequenzen für die Lehrerausbildung Diese Anforderungen gelten für Lehrende in den speziellen DaZ-Vorbereitungsklassen, aber auch für Lehrende im Regelunterricht – der L2-Erwerbsprozess erstreckt sich ja, wie wir gesehen haben, über einen längeren Zeitraum als die Verweildauer in einer Vorbereitungsklasse beträgt. In der Folge bedeutet dies, dass nicht nur Deutschlehrer, sondern Lehrende aller Fächer gefordert sind, den Zweitspracherwerbsprozess in ihrem Unterricht zu unterstützen.

Dazu ist in erster Linie ein Umdenken in der Lehrerausbildung vonnöten. Heute wird von verschiedenen Seiten gefordert, eine Zweitsprachendidaktik als Standardelement in die Lehrerausbildung zu integrieren (vgl. Allemann-Ghionda 2005, Kniffka 2007,

Siebert-Ott 2007). Bislang mangelt es jedoch an Bewusstsein dafür, dass die Situation in mehrsprachigen und multikulturellen Klassen ein spezifisches (sprach-)didaktisches Wissen und Können erfordert. Dies ist sicher auch einer der Gründe für den relativ schlechteren Schulerfolg von Schülerinnen und Schülern nicht-deutscher Muttersprache, wie Allemann-Ghionda bemerkt: „Ein wichtiger Grund für das nicht zu übersehende Gefälle zwischen dem Bildungserfolg der Schüler ohne und mit Migrationshintergrund liegt in der bisher nicht ausreichenden Vorbereitung der Lehrpersonen auf das Unterrichten und Beurteilen der Leistungen in mehrsprachigen, multikulturellen Klassen. Die sprachliche Förderung, die eine vornehmliche Aufgabe der Schule und des Unterrichts ist, ist ein bisher unterschätztes Problem der Lehrerbildung" (Allemann-Ghionda 2005, 16).

Auch Vertreter der Unterrichtsforschung (vgl. Helmke 2006) weisen Defizite im Wissens- und Handlungsrepertoire von Lehrenden nach und machen eine insgesamt unzureichende Lehrerausbildung dafür verantwortlich.

Aus der Perspektive der Fremdsprachendidaktik wird die mangelnde Berücksichtigung der Mehrsprachigkeit im Klassenzimmer kritisiert: „Wirklich neu wäre ein fremdsprachendidaktisches Konzept für den Unterricht mit multikulturellen Schulklassen – das gibt es aber meines Wissens nach nicht, obgleich die Probleme, die sich aus der Zwei- und Mehrsprachigkeit von Schülern ergeben, hinreichend bekannt sind (...). Die ‚offizielle' Fremdsprachendidaktik jedenfalls arbeitet immer noch mit Konzepten von sprachlich homogenen Lerngruppen, so als ob es nicht zumindest in Hauptschulen längst der Regelfall wäre, dass Deutsch für die meisten Lernenden Zweitsprache ist. Es wäre also dringlich, eine Didaktik für eine plurilinguale Lernkonstellation zu formulieren (...)" (Quetz 2002, 130).

3.3 Ansätze für einen sprachbewusste(re)n Unterricht

Um Schülerinnen und Schüler, die Deutsch als Zweitsprache sprechen, im Rahmen von Schule ihren Fähigkeiten entsprechende Unterstützung zu gewähren, bedarf es, wie wir gesehen haben, einer veränderten Qualität von Unterricht. Dies bezieht sich sowohl auf den reinen Deutsch-als-Zweitsprache-Unterricht wie auch auf den Regelunterricht in sprachlich und kulturell heterogenen Klassen.

Erste Hinweise für eine effektivere Unterrichtsgestaltung liefern die Ergebnisse neuerer Untersuchungen zu Qualität und Wirksamkeit von Unterricht. Im Folgenden wollen wir zunächst einige ausgewählte Ergebnisse der Studie „Deutsch Englisch Schülerleistungen International" (DESI) aus dem Jahr 2006 vorstellen. Anschließend werden die Grundzüge des so genannten „Scaffolding", einem Ansatz zu sprachbewussterer Unterrichtskommunikation, erläutert.

Andreas Helmke führt – auf der Basis seiner Ergebnisse in der Unterrichtsforschung – Merkmale erfolgreichen Unterrichts auf:

Fachübergreifende Merkmale erfolgreichen Unterrichts
1. Effiziente Klassenführung und Zeitnutzung
2. Lernförderliches Arbeitsklima
3. Vielfältige Motivierung
4. Klarheit, Verständlichkeit
5. Wirkungs- und Kompetenzorientierung
6. Schülerorientierung, Unterstützung
7. Förderung aktiven, selbstgesteuerten Lernens
8. Angemessene Variation von Methoden und Sozialformen
9. Konsolidierung, Sicherung, Intelligentes Üben
10. Passung (Inhalte, Schwierigkeit, Tempo): Umgang mit heterogenen Lernvoraussetzungen
(Helmke 2006)

ad 1/3. Die tatsächliche Lernzeit im Unterricht (*active learning time*) ist entscheidend für einen Unterricht, der zu einer Leistungssteigerung führen soll. Geleistet werden kann dies durch eine effektive Klassenführung, die durch Motivierung der Lernenden und ein klares Regelsystem in der Klasse erreicht werden sollte.

ad 2. Zu einem lernförderlichen Unterrichtsklima gehört ein freundlicher Umgang miteinander, eine entspannte Atmosphäre, ein konstruktiver Umgang mit Fehlern, aber auch ein gewisses Maß an Toleranz gegenüber langsameren Lernenden. Lehrende sollten darauf achten, dass sie Schülerinnen und Schülern ausreichend Zeit zur Antwortfindung zugestehen. Das ist besonders für diejenigen Lernenden wichtig, die Deutsch als Zweitsprache sprechen bzw. lernen. Vgl. dazu auch Gibbons 2006, 285: „Es kann die Hypothese aufgestellt werden, dass die Bedeutung der ‚Wartezeit' für jene Schüler/innen zunimmt, die dabei sind, Antworten in einer Sprache zu formulieren, welche sie nicht vollständig beherrschen."

ad 4. Verständlichkeit erreicht eine Lehrkraft durch die Strukturierung des Unterrichtsstoffes, durch Vorschauen und Zusammenfassungen. Sehr wichtig ist in diesem Zusammenhang auch das sprachliche Verhalten der Lehrenden: Neben einer klaren Aussprache (Vermeidung starker dialektaler Einflüsse) sollten die Inhalte sachlich-inhaltlich und sprachlich korrekt, stets nachvollziehbar und der Rezeptionssituation angemessen sein (Vermeidung von überlangen Sätzen und zu vielen Füllwörtern).

ad 5./6. Der Unterricht sollte an den konkreten Lernzielen und den Bildungsstandards orientiert sein. Dabei sind u.a. zwei Aspekte zu berücksichtigen: (a) Es darf kein *teaching to the test* erfolgen, d.h. es dürfen nicht diejenigen Inhalte aus dem Blickfeld geraten, die durch zentrale Abschluss- und Vergleichsarbeiten nicht erfasst werden. (b) Lehrende sollten sich in regelmäßigen Abständen des Leistungsstands der Lernenden vergewissern und Wiederholung bzw. zusätzliche Förderung einplanen.

ad 7. Schülerinnen und Schüler sollten zu selbstgesteuertem Lernen angeleitet werden. Dazu gehört u.a. die Vermittlung und Einübung geeigneter Lernstrategien. Für die Sprachfächer ist zu beachten, dass die Lernenden die Gelegenheit erhalten, selbst zu sprechen – nach den Ergebnissen der DESI-Studie ist der Sprechanteil der Lehrenden im Fremdsprachenunterricht viel zu hoch. Ein wichtiges Element beim Sprachenlernen ist jedoch die eigene Sprachproduktion: „ (...) the production of language pushes learners to process language more deeply" (Lightbown & Spada 2006, 48).

ad 8. Auch eine Variation von Methoden und Sozialformen – der Lernsituation entsprechend – kann den Unterricht erfolgreich und effizient machen. Es ist allerdings zu berücksichtigen, dass Methoden und Sozialformen einer (schrittweisen) Einführung bedürfen. Gruppenarbeit, beispielsweise, muss gut vorbereitet sein und in der Lerngruppe eingeübt werden.

ad 9. Schließlich ist der Lernerfolg zu sichern. Das bedeutet, dass Übungs- und Anwendungsphasen, insbesondere im Sprachunterricht, nicht vergessen werden. Dazu gehört auch, dass beispielsweise Hausaufgaben motivierend sind, dass sie phantasievoll an den Unterricht angebunden werden.

ad 10. Das letzte oben aufgeführte Merkmal erfolgreichen Unterrichts bezieht sich – einmal mehr – auf die Lernerorientierung. Unterrichtsinhalte, Anspruchsniveau und Unterrichtstempo sollten der Lerngruppe bzw. den einzelnen Lernenden angepasst sein.

(vgl. Helmke 2006)

Die DESI-Studie

Die DESI-Studie ist eine recht umfangreiche repräsentative Studie, in der „die sprachlichen Leistungen und die Unterrichtswirklichkeit" in den Fächern Deutsch und Englisch der Klassenstufe 9 in allen Schularten untersucht wurden. In dieser Studie werden „differenzierte Aussagen über Lehr-Lern-Prozesse und den Erwerb sprachlicher Kompetenzen" gemacht, die unmittelbar und konkret nutzbar gemacht werden können für die Unterrichtspraxis und bildungspolitische Maßnahmen in der Bildungspolitik (vgl. Klieme et al. 2006, 1).

Im Rahmen dieses Kapitels, in dem es ja um Unterrichtsführung und Vermittlungsmethoden geht, sind diejenigen DESI-Ergebnisse besonders interessant, die einen Zusammenhang zwischen Unterrichtsgestaltung und Kompetenzzuwachs verdeutlichen. Für das Fach Deutsch werden drei Unterrichtsmerkmale angeführt, die nachweislich einen Einfluss auf den Kompetenzzuwachs bei Schülerinnen und Schülern haben, und zwar in den Bereichen Sprachbewusstheit und Lesekompetenz: Unterrichtswahrnehmung, sprachbewusster Unterricht und Einsatz literarischer Texte.

1. Unterrichtswahrnehmung

Es wurde nachgewiesen, dass die Unterrichtswahrnehmung durch die Schülerinnen und Schüler, in diesem Fall bezogen auf das Unterrichtstempo, Einfluss auf den Lernfortschritt hat. Klassen, die das Unterrichtstempo als zu hoch empfanden, wiesen zum Ende der Studie einen geringeren Kompetenzzuwachs auf. Ein zu hohes Unterrichtstempo – das für Schülerinnen und Schüler ja eine Überforderung darstellt – wirkt sich überdies negativ auf die Lesemotivation aus. „Dabei ist zunächst bemerkenswert, dass die Schülerinnen und Schüler selbst gut einschätzen können, ob sie ‚etwas lernen‘: Je stärker eine Klasse über zu hohes Unterrichtstempo klagt, desto schwächer ist – unter Berücksichtigung der Ausgangsbedingungen – der tatsächliche Kompetenzzuwachs. Es lohnt sich also für Deutschlehrer, sich mit der Unterrichtswahrnehmung ihrer Schülerinnen und Schüler auseinander zu setzen (Klieme et al. 2006, 36).

Lehrende sind also gefordert, die Unterrichtswahrnehmung der Lernenden zu berücksichtigen, d.h. sich stärker an den Lernenden zu orientieren. Wir haben das Merkmal Lernerorientierung in Kapitel 3.2 als wichtig für einen angemessenen DaZ-Unterricht hervorgehoben. Mit den DESI-Ergebnissen wird, zumindest für einen Teilaspekt von Unterricht, empirisch bestätigt, dass Lernerorientierung offensichtlich positive Lerneffekte zeitigt.

2. Sprachbewusster Unterricht

Ein weiterer Befund, der insbesondere für den DaZ-Erwerb im Rahmen von Regelunterricht von größter Bedeutung ist, ist die Tatsache, dass ein aus Schülersicht sprachbewusster Unterricht nachweislich zu sprachlichem Kompetenzzuwachs und offenbar zu einem höheren Leistungsniveau am Ende der neunten Klasse führt. Dazu heißt es in der DESI-Studie: „(...) [Es geht] nicht darum, das Anspruchsniveau zu senken; vielmehr scheint es auf das Profil der Anforderungen anzukommen. Je wichtiger die Lehrkräfte – aus der Perspektive ihrer Schüler gesehen – sprachliche Basiskompetenzen wie richtiges Sprechen und Schreiben oder angemessene Wortwahl nehmen, desto stärker fällt der Leistungszuwachs bei DESI aus. Daraus ergibt sich ein eindeutiges Plädoyer für einen sprachbewussten Unterricht (...) der sich auch auf den Befund stützen lässt, dass Schüler mit nicht-deutscher Erstsprache in Klassen, deren Lehrkräfte derartige sprachliche Kompetenzen im Unterricht ernst nehmen, besonders gefördert werden" (Klieme et al. 2006, 36).

Mit sprachbewusstem Unterricht ist offensichtlich nicht ein bloßes – nebensächliches – Korrigieren fehlerhafter Schüleräußerungen durch die Lehrenden gemeint. Wichtig erscheint hier, dass den Schülerinnen und Schülern eine bestimmte Haltung gegenüber sprachlichen Kompetenzen vermittelt wird, dass diesen im Unterricht Bedeutung beigemessen wird.

3. Einsatz literarischer Texte

Die Lesekompetenz von Schülerinnen und Schülern wird offenbar durch den Einsatz literarischer Texte (im Bereich Prosa) erweitert. Bei diesem Befund ist allerdings zu berücksichtigen, dass ein Zusammenhang besteht zwischen dem Leseinteresse von Schülerinnen und Schülern und ihrer Lesekompetenz. Das heißt, Lernende, die angaben, gern (und viel) zu lesen, zeigten schon zu Beginn der Untersuchung eine höhere Lesekompetenz und stärker ausgebildete Texterschließungsstrategien als Lernende, die wenig Interesse am Lesen hatten. Doch lässt sich Lesemotivation steigern: „Lesespezifische Lerngelegenheiten im Deutschunterricht fördern die Lesemotivation, besonders durch didaktische Materialien, die die Auseinandersetzungen mit unterschiedlichen Texten bieten" (Klieme 2006, 35).

Von den genannten drei Merkmalen wird dem sprachbewussten Unterricht eine besondere Bedeutung zugesprochen: Je mehr Bedeutung Lehrende den sprachlichen Kompetenzen zuweisen, desto stärker fällt der Leistungszuwachs bei den Lernenden aus. „Die Parallelität der Befunde auf Unterrichts- und Schulebene bestätigt, welche Bedeutung ein gezielter Fokus auf sprachliche Fähigkeiten und entsprechend klare, anspruchsvolle Zielsetzungen haben kann" (Klieme et al. 2006, 58). Das sollte nicht nur für die Fächer Deutsch und Englisch gelten, sondern für Unterricht insgesamt. Die Autoren der DESI-Studie kommen zu dem Schluss, dass (...) „konzertierte Maßnahmen zur Verbesserung von Schul- und Unterrichtsqualität in Bezug auf sprachliche Kompetenzen (...), den Ergebnissen von DESI zufolge, vielversprechend [wären]" (Klieme et al. 2006, 58).

Scaffolding

Ein sprachbewusster Unterricht für Zweitsprachenlernende im Regelunterricht wird auch von Forscherinnen wie Pauline Gibbons als wirksames Mittel zur Unterstützung des Zweitspracherwerbs propagiert. Gibbons untersuchte das Gesprächsverhalten von Lehrenden in sprachlich und kulturell heterogenen Klassen und kam zu dem Ergebnis, dass dieses kaum dazu beiträgt, den Zweitspracherwerb in der für den Schulerfolg so wichtigen Variante „konzeptionelle Schriftlichkeit/Bildungssprache" voranzubringen. Lehrende tendierten in der unterrichtlichen Interaktion mit Nicht-Muttersprachlern dazu, ihre Sprache zu vereinfachen, ein Verhalten, das Muttersprachler häufig unbewusst Nicht-Muttersprachlern gegenüber zeigen (,Foreigner Talk'). Das heißt, Lehrende benutzten beispielsweise weniger komplexe syntaktische Strukturen und weniger fachspezifischen, komplexen Wortschatz, d.h. ihre Sprache wies Merkmale auf, die eher konzeptionell mündlichen Varianten zu eigen sind, aber eben nicht der Bildungssprache. Während sie ihren Schülern vermeintlich das Verständnis erleichterten, versäumten die Lehrenden es, ihnen die Bildungssprache und die im jeweiligen Unterrichtskontext angemessene Fachsprache zu vermitteln. Wo aber, wenn nicht in der Schule, haben Zweitsprachenlerner die Gelegenheit, die für ihren Schulerfolg so entscheidend wichtige Variante zu erwerben? Lehrende sind also gefordert, in ihrem Unterricht Fachinhalte **und** Fachsprache zu vermitteln (vgl. dazu auch Leisen 2004, Leisen et al. 1998).

Gibbons schlägt eine Form von Unterrichtsinteraktion vor, die sie als Scaffolding bezeichnet. Scaffolding, eigentlich engl. „Baugerüst", bedeutet, dass die Sprache der Lernenden im (Regel-) Unterricht systematisch aus- und aufgebaut wird. Das Konzept des Scaffolding nach Gibbons basiert auf Annahmen aus der Textlinguistik, der Zweitspracherwerbsforschung und der Unterrichtsforschung.

In der angelsächsischen Text- bzw. Diskursanalyse wird zwischen *medium* und *mode* bei Texten unterschieden, wobei ersteres den Kanal bezeichnet (gesprochen vs. geschrieben), letzteres die Verwendung bestimmter sprachlicher Merkmale. Diese Unterscheidung entspricht insgesamt der von Koch und Oesterreicher (1994) vorgetragenen Unterscheidung medial mündlich/schriftlich vs. konzeptionell mündlich/schriftlich (vgl. Kap. 1). Während Texte auf der medialen Seite dichotom verteilt sind, sind sie in Bezug auf die Konzeption, den *mode*, auf einem Kontinuum angeordnet. Das heißt, Texte sind mehr oder weniger konzeptionell mündlich/schriftlich. „Obwohl die gesprochene und die geschriebene Sprache klar unterscheidbare Merkmale besitzen, gibt es doch zwischen ihnen keine absolute Trennung. Moderne Technologien verstärken dieses Aufweichen der Abgrenzung: Beim Senden einer E-Mail entsteht oft eine Art von informeller Sprache, die viel mit der gesprochenen Sprache gemein hat, obwohl die Botschaft in geschriebener Form vorliegt. Ebenso kann es sprachlich recht anspruchsvoll sein, auf einem Anrufbeantworter eine längere Nachricht zu hinterlassen, da es sich dabei um eine verhältnismäßig kontextreduzierte Aufgabe handelt, bei der wir eine Art von Sprache ‚laut aussprechen' müssen, die wir normalerweise schreiben würden" (Gibbons 2006, 272).

Aus der Zweitspracherwerbsforschung ist bekannt, dass konzeptionell mündliche Varianten einer Sprache im Zweitspracherwerbskontext relativ schnell erworben werden können, während konzeptionell schriftliche Varianten der unterrichtlichen Vermittlung bedürfen (vgl. Kap. 1). Schülerinnen und Schüler, die eine Zweitsprache lernen, haben häufig kaum Schwierigkeiten in der alltagssprachlichen Kommunikation, scheitern aber an der Unterrichtssprache – insbesondere wenn sie sie schriftlich oder mündlich produzieren sollen. Gibbons weist außerdem auf die Bedeutung von Interaktion und Output im Zweitspracherwerb hin (vgl. o.). Für diese muss auch im Regelunterricht Raum geschaffen werden, damit der Zweitspracherwerb fortschreiten kann: „Eine eindeutige Implikation der Untersuchungen zum Zweitspracherwerb besteht für den Unterricht darin, dass das Ausmaß, in dem Unterricht Zweitsprachlernen möglich macht, größtenteils davon abhängt, wie der Unterrichtsdiskurs entwickelt wird" (Gibbons 2006, 274).

Gibbons schlägt vor, den Unterricht und den Unterrichtsdiskurs so zu gestalten, dass die Lernenden sich dem Unterrichtsstoff zunächst über die ihnen bekannte Variante der Sprache – die konzeptionell mündliche – nähern. Das kann etwa in Form von Kleingruppenarbeit geschehen, in deren Rahmen die Lernenden miteinander in Alltagssprache kommunizieren. In einem nächsten Schritt werden fachsprachliche Begriffe und Wendungen eingeführt, die anschließend bei der mündlichen Präsentation der Ergebnisse im Klassenzimmer verwendet werden. Hier ist es wichtig, den Lernenden genügend Zeit zu lassen, das neue sprachliche Material zu verarbeiten und ihre sprachliche Produktion zu planen (vgl. o.). Die Lehrkraft unterstützt die Lernenden sprachlich und gibt ihnen Gelegenheit zur Wiederholung, wenn eine Produktion nicht auf Anhieb gelingt. In einem nächsten Schritt werden erste schriftliche Äußerungen angefertigt, etwa in Form eines Lerntagebuchs. Hier ist wiederum ein Mehr an konzeptionell-schriftsprachlichen Elementen gefordert. Ein weiterer Schritt beim Aufbau konzeptionell-schriftsprachlicher Fähigkeiten wäre beispielsweise im naturwissenschaftlichen Unterricht die Abfassung einer Versuchsbeschreibung für einen offizielleren Kontext. Bei jedem dieser Schritte werden die Lernenden durch die Lehrenden bzw. auch durch die Mitschülerinnen und -schüler unterstützt. Wichtig ist in diesem Zusammenhang festzuhalten, dass mit dem neuen sprachlichen Material, das die Lehrkraft einführt, jeweils auch ein Gebrauchskontext verbunden ist, dass lexikalische und grammatische Mittel nicht isoliert gelernt werden. Zum Erwerb konzeptionell-schriftsprachlicher Kompetenzen gehört auch das Wissen darüber, in welchem Kontext welche Variante angemessen ist.

Der Ansatz des Scaffolding bedeutet, dass „die Schüler/innen am Anfang der Unterrichtseinheit ihre aktuellen Sprachressourcen benutzten, während in den späteren Phasen eine Konzentration auf neue sprachliche Mittel erfolgte. Im Verlaufe dieses Prozesses verbanden Schüler/innen und Lehrer/innen ‚den Diskurs mit dem Kontext und bauen mit der Zeit einen gemeinsamen Bezugsrahmen' (Edward & Mercer 1995). Diese Reihenfolge ermöglicht es den Kindern, auf ihrem vorhandenen Verständnis und ihrer Sprache aufzubauen und frühere Lernprozesse mit aktuellem Lernen zu verknüpfen; mit dem Effekt, dass sie sich erfolgreich den angestrebten Texten näherten, statt mit ihnen zu beginnen" (Gibbons 2006, 289).

Für Lehrende, die ihren Unterricht nach dem Scaffolding-Ansatz konzipieren möchten, ergeben sich einige Veränderungen gegenüber traditionelleren Unterrichtsformen. Zunächst ist die Unterrichtsvorbereitung betroffen: Jedes Sachthema muss zunächst auf sprachliche Besonderheiten und Schwerpunkte hin analysiert werden. Danach ist zu überlegen, in welcher Weise sie in einer Unterrichtssequenz vorbereitet und wann welche Elemente in welchem Kontext eingeführt werden können. Dies stellt vor allem Lehrende, die keine Sprachausbildung haben, vor eine große Herausforderung. Konsequenterweise sollte die Planung in Zusammenarbeit mit Sprach-Kolleg/innen erfolgen bzw. vom ganzen Kollegium getragen werden (vgl. hierzu auch die Folgerungen aus der DESI-Studie 2006).

Sprechen	Hören	Lesen	Schreiben	Grammatik	Wortschatz
Welche Anforderungen an den mündlichen Sprachgebrauch gibt es? Falls bislang nicht viele Gelegenheiten für mündlichen Sprachgebrauch vorgesehen sind: Wo könnten mündliche Übungen eingeschlossen werden?	Welche Höraufgaben wird es geben? Welche Art des Hörens wird dabei beansprucht: Einseitiges? Beidseitiges? Interpersonales? Transaktionales? Falls es bislang nicht viele Gelegenheiten für Hörübungen gibt: Welche speziellen Hörver-stehensauf-gaben können eingeschlossen werden?	Was für Texte werden die Lernenden lesen? Was für sprachliche und/ oder kulturelle Hürden tun sich möglicherweise auf? Wie können die Texte den Lernenden zugänglich gemacht werden? Zielen die Leseverstehens-aufgaben auf die Erweiterung der Lesestrategien und des sprachlichen Wissens ab? Falls es bislang nur wenige Lesetexte gibt: Können andere hinzugezogen werden?	Welche schriftlichen Textsorten werden vorkommen, oder welche Textsorten sollten einbezogen werden? Wie sieht die schematische Struktur dieser Texte aus? Welche Art von Konnektoren kommen in diesen Textsorten vor? Falls es kaum schriftliche Aufgaben gibt: Welche Textsorten sind relevant und könnten aufgenommen werden?	Welche Aspekte von Grammatik (z.B. Tempus) werden durch das Thema gefordert?	Welchen speziellen Wortschatz müssen die Lernenden kennen?

Abb. 8 Checkliste: Sprache im Fachunterricht finden (vgl. Gibbons 2002, 122)

Übung 9

> Bearbeiten Sie die folgende Aufgabe:
> Sehen Sie sich ein Chemie- oder Biologielehrbuch der Sekundarstufe I an und versuchen Sie, die o.a. Checkliste auf einen Themenbereich anzuwenden.

Eine weitere Veränderung betrifft die Unterrichtsinteraktion: Lehrende sind gefordert, ihr Gesprächsverhalten kritisch zu hinterfragen. Generell müsste die Interaktion so geführt werden, dass der Zweitspracherwerb unterstützt wird. Dazu zählen die Merkmale, die in Helmke 2006 und der DESI-Studie angeführt werden, d.h. Strukturiertheit, ein überlegtes Verhalten Fehlern gegenüber, Geduld beim Warten auf Antworten etc. Vor allem aber muss sich die Lehrperson des Sprachstandes ihrer Lerngruppe bzw. individueller Lernender bewusst sein und ihre Interaktion davon ausgehend aufbauend strukturieren. Das verlangt ein hohes Maß an sprachlicher Bewusstheit seitens der Lehrenden. Um den Sprachstand bzw. den Kompetenzzuwachs bei individuellen Lernenden im Blick zu behalten, ist es ratsam, so Gibbons, das sprachliche Verhalten der Schülerinnen und Schüler in regelmäßigen Abständen zu beobachten und zu dokumentieren.

Kriterien *Kann der/die Lernende...*	**NAME:** *Mario* **Kommentare**
Eine Problemstellung beschreiben	*Konnte er eindeutig..*
Ergebnisse vortragen: • Vergangenheitsform benutzen • Angemessenes Vokabular einsetzen • Gründe für Vorgehensweisen angeben	*Machte einige Fehler (gehte, kommte), aber die Bedeutung war klar.* *Wortschatz begrenzt, aber zeigte gute Kompensationsstrategien (...) Nicht gezeigt.*
Angemessene Fragen stellen	*Stellte hauptsächlich W-Fragen* *Manche Frageformen fehlerhaft (...)*
Ratschläge angemessen erteilen	*Verwendete durchgehend „vielleicht" – „Vielleicht du versuchst das". Keine Verwendung von Modalverben o.Ä.* *Macht sich insgesamt gut verständlich.*
Ratschläge annehmen	*Nicht gezeigt.*
Sonstige Kommentare	*Mario nahm sehr lebhaft an dieser Übung teil – schon viel selbstsicherer – möglicherweise weil er das Gefühl hatte, dass er tatsächlich etwas mitzuteilen hatte.* *Fokus in den SPRACHBEREICHEN: Tempus, Fragebildung, Modalität*

Abb. 9 Beispiel für Beobachtungsraster (Gibbons 2002, 127, Übersetzung G.K.)

Zusammenfassung und Ausblick

Wir haben in diesem Kapitel gesehen, dass der Schlüssel zu einem effektiveren Deutsch-als-Zweitsprache-Unterricht eine sprachbewusstere Interaktion im Klassenzimmer ist. Dies betrifft vor allem den Regel-Unterricht, der sowohl auf die Vermittlung von Fachinhalten wie auch die Vermittlung von Fachsprache, d.h. konzeptionell-schriftsprachlichen Kompetenzen, ausgerichtet sein sollte. Untersuchungen aus der Unterrichtsforschung weltweit geben Hinweise darauf, wie ein solcher Unterricht aussehen könnte. Konkrete Beispiele und Unterrichtsvorschläge legt Gibbons 2002 aus dem australischen Zweitsprachenunterricht vor. Für den deutschsprachigen Fachunterricht lassen sich u.a. – bisher zu wenig rezipierte – Unterrichtseinheiten aus den deutschen Auslandsschulen als Beispiele guter Praxis anführen.

Der Schlüssel für Veränderungen liegt, so haben wir gesehen, jedoch in einer veränderten Lehrerausbildung, die, nehmen wir die Ergebnisse der Forschung ernst, in Zukunft deutlich sprachorientierter sein sollte.

Testfragen

01 Welche Auffassung von Kultur und Sprache liegt der Grammatik-Übersetzungsmethode zugrunde?

02 Welche Gemeinsamkeiten und Unterschiede zwischen der Grammatik-Übersetzungsmethode und der Audiolingualen Methode lassen sich anführen?

03 Wie lässt sich das Prinzip der Einsprachigkeit aus der Sicht der Audiolingualen Methode begründen?

04 Was wird unter dem Begriff „Kommunikative Kompetenz" verstanden?

05 Vergleichen Sie die Textsorten, die in einem audiolingualen Unterricht eingesetzt werden, mit denen, die im kommunikativen Unterricht eingesetzt werden.

06 Bitte erläutern Sie knapp die Begriffe „induktives Vorgehen" und „deduktives Vorgehen" bei der Grammatikvermittlung.

07 Nennen Sie wesentliche Merkmale guten Unterrichts.

08 Fassen Sie, auf der Basis des Gelesenen, zusammen, in welchen Wissens- und Könnensbereichen die Lehrerausbildung ergänzt werden sollte.

09 Welche Merkmale machen „Scaffolding" lernerorientiert?

10 Was haben „Scaffolding" und „Kommunikativer Ansatz" gemeinsam, was unterscheidet sie?

DEUTSCH ALS ZWEITSPRACHE: 4
SPRACHSTANDSERFASSUNG UND
SPRACHFÖRDERUNG

Nachdem wir in Kapitel 2 Entwicklungsprozesse in ungesteuerten und gesteuerten Zweitspracherwerbsprozessen vorgestellt haben sowie Faktoren, die diese Prozesse beeinflussen können, haben wir in Kapitel 3 vor dem Hintergrund der Methodendiskussion im Fremdsprachenunterricht Kriterien für die Auswahl geeigneter Methoden für den Deutsch-als-Zweitsprache-Unterricht diskutiert. Besonders wichtig für einen effektiveren Unterricht in der Zweitsprache Deutsch ist – so wurde in Kapitel 3 gezeigt – eine sprachbewusstere Unterrichtsgestaltung. Dies gilt nicht nur dann, wenn – wie etwa in internationalen Förderklassen – die Förderung der Zweitsprache Deutsch im Fokus des Unterrichtsgeschehens steht. Im Regelunterricht kann die Einbeziehung der in der Klasse vertretenen Erstsprachen in die Sprachbetrachtung einen wichtigen Beitrag zur Förderung von Sprachbewusstheit und zur Entwicklung von sprachlichem Wissen leisten (vgl. dazu Kap. 5). Zu einer solchen sprachbewussteren Unterrichtsgestaltung gehört es außerdem auch, dass den Lernenden deutlich wird, dass „sprachliche Basiskompetenzen wie richtiges Sprechen und Schreiben oder angemessene Wortwahl" von den Lehrenden wichtig genommen werden (Klieme et al. 2006, 36). Wichtig ist außerdem ein bewusster Einsatz sprachlicher Mittel in Unterrichtsdiskursen. Damit ist keineswegs eine unreflektierte Vereinfachung der Sprache der Lehrkräfte oder eine Reduzierung der sprachlichen Ansprüche im Hinblick auf bestimmte Gruppen von Lernenden gemeint. Es geht hier vielmehr um eine planvolle Unterstützung sprachlicher Lernprozesse, von der im Übrigen nicht nur zweitsprachlich, sondern auch muttersprachlich deutsche Schülerinnen und Schüler profitieren können. In diesem Zusammenhang haben wir in Kapitel 3 das „Scaffolding" kennen gelernt, eine Form von Unterrichtsinteraktion, die das Ziel hat, die Sprache der Lernenden aus- und aufzubauen. Ziel dieser Form von Unterrichtsinteraktion ist nicht nur die Entwicklung ,sprachlicher Basiskompetenzen', sondern die Entwicklung der Fähigkeit, sich an zunehmend anspruchsvoller werdenden Fachdiskursen im Unterricht in Wort und Schrift erfolgreich zu beteiligen.

Eine solche planvolle Unterstützung sprachlicher Lernprozesse setzt die Fähigkeit zur Diagnose des sprachlichen Entwicklungsstandes und zur Beobachtung von Lernfortschritten voraus. Auf diese Anforderung müssen Lehrkräfte systematisch vorbereitet werden. Es ist darüber hinaus dringend notwendig, dass bereits die in der Elementarerziehung tätigen pädagogischen Fachkräfte für eine solche Aufgabe aus- und fortgebildet werden. Entsprechende Verfahren, die eine kontinuierliche Beobachtung der kindlichen Sprachentwicklung und die darauf abgestimmte sprachliche Förderung erlauben, liegen sowohl für den Elementarbereich als auch für die Schule vor und sind dort auch bereits praktisch erprobt.

4.1 Diagnose/Leistungsmessung und Beobachtung des Lernfortschritts

Damit Schülerinnen und Schüler, die Deutsch als Zweitsprache lernen, in ihrem Aneignungsprozess gezielt unterstützt werden können, ist es – so haben wir in Kap. 3 gesehen – erforderlich, dass die Lehrperson (a) den jeweiligen Sprachstand der Lernenden kennt und (b) die übergreifenden sprachlichen Lernziele im Auge behält. Lehrende sehen sich also der Aufgabe gegenüber, einerseits kontinuierlich den individuellen Aneignungsprozess von Lernenden zu beurteilen und im Unterricht angemessen zu berücksichtigen, andererseits vom Lernkontext unabhängige Leistungsmessungen durchzuführen und eine transparente und verlässliche Einschätzung der zweitsprachlichen Leistungen vorzulegen, zum Beispiel in Form einer an den Niveaustufen des Gemeinsamen europäischen Referenzrahmens orientierten Zertifizierung von Deutschkenntnissen, vgl. Grotjahn 2003, 4: „Wir benötigen beides: Sowohl eine größere Vergleichbarkeit bei der produktorientierten Leistungsbeurteilung als auch eine stärker subjektzentrierte Form einer Lernprozessdiagnostik mit dem Ziel einer stärkeren Individualisierung des Unterrichts."

Im Folgenden wollen wir uns zunächst mit einigen grundlegenden Fragen der Sprachstandsfeststellung beschäftigen und einen kurzen Überblick über die wichtigsten Typen und Merkmale von Sprachtests geben. In einem weiteren Schritt beschäftigen wir uns mit Problemen der Leistungsmessung und Möglichkeiten zur Dokumentation des Lernprozesses bzw. -fortschritts.

4.1.1 Typen von Sprachtests

Formelle (Sprach-)leistungstests, die etwa in den USA zum schulischen Alltag gehören, werden in Deutschland seit der Veröffentlichung der ersten PISA-Ergebnisse verstärkt diskutiert. In diesen Diskussionen geht es sowohl um die Möglichkeiten der Erfassung der sprachlichen Kompetenzen von Muttersprachlern als auch von Nicht-Muttersprachlern. Zur Erfassung des Sprachstands oder auch des Leistungsfortschritts von Lernenden in der Zweitsprache Deutsch wurden eine Reihe unterschiedlicher Verfahren entwickelt. Das Spektrum ist recht breit und erfasst Lernende in nahezu der gesamten Schullaufbahn: Es liegen Tests für Kindergartenkinder, Schulanfänger, Schülerinnen und Schüler der Sekundarstufe I bis zu Tests für Berufsschüler vor.

standardisierte vs. informelle Tests

In der Literatur zu Sprachtests wird zwischen formellen oder standardisierten und informellen Tests und Testverfahren unterschieden. Standardisierte bzw. formelle Tests sind das Ergebnis eines sehr aufwändigen Testentwicklungsprozesses, zu dem verschiedene Erprobungsverfahren (u.a. Normierung an repräsentativen Stichproben) mit testmethodischer Auswertung zählen. Informelle Tests unterliegen keinem Normierungsverfahren, d.h. es handelt sich in der Regel nicht um testmethodisch erprobte Produkte.

Standardisierte Testverfahren

Standardisierte Testverfahren sind solche, die, wie oben erwähnt, an einer repräsentativen Stichprobe aus der Population der Testadressaten geeicht worden sind. Wenn beispielsweise ein standardisierter Sprachtest für neu zugewanderte Schülerinnen und Schüler im Alter von etwa 13-15 Jahren entwickelt wird, dann sollte er während des Entwicklungsprozesses an genau dieser Schülerpopulation erprobt werden – und nicht an 13-15-jährigen Schülern mit Migrationshintergrund, die in Deutschland geboren wurden, denn diese repräsentieren eben nicht die Zielgruppe der neu Zugewanderten.

Testgütekriterien

Für standardisierte Tests gilt außerdem, aus Sicht der klassischen Testtheorie, dass sie unbedingt die Hauptgütekriterien der Objektivität, der Reliabilität und der Validität erfüllen sollten. Nebenkriterien, die in jüngerer Zeit ebenfalls genannt werden, sind u.a. Fairness, Transparenz, Ökonomie und Authentizität. Wir wollen im Folgenden kurz die drei zentralen Testgütekriterien erläutern.

Das Testgütekriterium der Objektivität bezieht sich auf den Grad, in dem ein Messverfahren in seiner Durchführung und Auswertung unabhängig von den durchführenden und auswertenden Personen ist. Durchführungsobjektivität ist dann gegeben, wenn die Bedingungen, unter denen ein Testverfahren abläuft, immer exakt die gleichen sind, so dass die Testergebnisse nicht durch die Art der Durchführung beeinflusst sind. Wenn also bei einem Hörverstehenstest die eine Gruppe einen Text einmal hört und dann die Aufgaben löst, die andere Gruppe den Text aber zweimal hören kann, bevor die Aufgaben gelöst werden, so sind die Testergebnisse nicht mehr vergleichbar – sie sind von der Art der Durchführung beeinflusst.

Objektivität

Durchführungs-objektivität

Auswertungsobjektivität liegt dann vor, wenn die Antworten der Testteilnehmer nach festen, vorgegebenen Regeln ausgewertet werden. So sind (standardisierte) Multiple-Choice-Tests in hohem Maße auswertungsobjektiv, da eine eindeutige Antwort vorgegeben ist. Auch Lückentexte, etwa C-Tests, sind dann auswertungsobjektiv, wenn nur Antworten aus einer vorgegebenen Liste akzeptiert werden. Hält sich ein Beurteiler nicht daran – was durchaus vorkommt – so ist die Objektivität gefährdet. Tendenziell mangelt es offenen Aufgabenformaten, wie beispielsweise Aufsätzen oder freien mündlichen Produktionen, an Objektivität durch den Bewertenden. Dem wird häufig durch Bewertungskriterien entgegen getreten. Allerdings setzt die Anwendung von Bewertungskriterien eine intensive Bewerterschulung voraus.

Auswertungs-objektivität

Das Gütekriterium der Reliabilität, auch Zuverlässigkeit genannt, bezeichnet die Konsistenz oder Stabilität der Messungen, die mit einem Test durchgeführt werden, d.h. Testergebnisse sollten sich – unter gleichbleibenden Bedingungen – möglichst genau reproduzieren lassen. Ist dies nicht der Fall, so enthält der Test einen Messfehler und ist somit nicht reliabel.

Reliabilität

Das Gütekriterium der Validität, auch als Gültigkeit bezeichnet, bezieht sich darauf, inwieweit ein Testverfahren tatsächlich das misst, was es messen soll. In der Testtheorie werden verschiedene Typen von Validität unterschieden, als wichtigste gelten die Inhaltsvalidität, die Kriteriumsvalidität und die Konstruktvalidität. Die Inhaltsvalidität bezieht sich auf die Aufgaben, z.B.

Validität

Inhaltsvalidität

Kriteriumsvalidität

ob die im Test gegebenen Aufgaben den zu überprüfenden Lernstoff überhaupt erfassen. Mit der Kriteriumsvalidität soll erfasst werden, inwieweit die Testergebnisse mit einem Außenkriterium übereinstimmen. Dabei ist zu berücksichtigen, dass das Außenkriterium sich natürlich auf das gleiche Merkmal bezieht. So könnte man beispielsweise die Ergebnisse eines neuen Deutsch-als-Zweitsprache-Tests mit der Schulnote in DaZ oder der Beurteilung durch einen Fachlehrer – beides wären u.U. geeignete Außenkriterien – vergleichen. Wenn die Übereinstimmung hoch ist, dann kann der neue Test als kriteriumsvalide bezeichnet werden.

Konstruktvalidität

Bei der Konstruktvalidität geht es darum, ob ein Testverfahren tatsächlich das misst, was es zu messen vorgibt. Zweifel an der Konstruktvalidität eines Tests wären beispielsweise angebracht, wenn jemand versuchte mit Hilfe eines Multiple-Choice-Grammatiktests Aussagen über die kommunikativen Kompetenzen eines Kandidaten zu machen.

Standardisierte Tests haben also einen hohen Anspruch zu erfüllen, und ihre Entwicklungsdauer kann mehrere Jahre betragen. Dieser Aufwand ist aber gerechtfertigt, wenn man bedenkt, dass mit Sprachtests häufig genug weitreichende Konsequenzen verbunden sind, insbesondere wenn ein Test als Selektionsinstrument eingesetzt wird: Man denke an Sprachtests bei Einbürgerungsverfahren, beim Hochschulzugang oder im Berufsleben. Testentwickler – und Testanwender – sind also gehalten, mit einem Höchstmaß an Sorgfalt vorzugehen.

Übung 01

Bearbeiten Sie die folgende Aufgabe:
Recherchieren Sie, welche Tests und Prüfungen zum Nachweis deutscher Sprachkenntnisse an deutschen Hochschulen anerkannt werden.

Informelle Testverfahren

Informelle Testverfahren sind im Gegensatz zu standardisierten Verfahren weit weniger aufwändig zu erstellen. Hier wird in der Regel auf eine Normierung, d.h. auf die Eichung an einer repräsentativen Stichprobe verzichtet. Das ist dann nicht als nachteilig zu beurteilen, wenn informelle Testverfahren im Rahmen von Unterricht eingesetzt werden, um beispielsweise den Lernfortschritt in einer Klasse oder individuelle Leistungsunterschiede der Lernenden zu ermitteln. Informelle Tests, die nicht primär eine Selektionsfunktion haben, wie Klassenarbeiten oder Einstufungstests, haben normalerweise keine so gravierenden Folgen wie die o.g. Tests. Wer in einem Einstufungstest schlecht abschneidet, landet schlimmstenfalls in einer niedrigeren Kursstufe als angestrebt. Eine schlechte Note in einer Klassenarbeit kann eine Verschlechterung der Zeugnisnote nach sich ziehen, evtl. auch die Versetzung gefährden.

Trotz der weniger gravierenden Folgen sollten aber auch bei informellen Tests bestimmte Gütekriterien berücksichtigt werden, vor allem aus Qualitäts- und Fairnessgründen. In erster Linie relevant ist die Inhaltsvalidität: Gerade bei Klassenarbeiten ist es ja wichtig, dass die gestellten Aufgaben den zu überprüfenden Lernstoff erfassen. Doch auch ein gewisses Maß an Konstruktvalidität sollte erfüllt sein, damit sicher gestellt ist, dass tatsächlich die Eigenschaft gemessen wird, die zu messen intendiert war. Gütekriterien Inhaltsvalidität

Die Validität – und damit die Qualität – eines informellen Tests kann auf einfache Weise schon dadurch gesichert werden, dass bestimmte „handwerkliche" Regeln eingehalten werden. Wenn man beispielsweise einen Multiple-Choice-Test zur Überprüfung des Hörverstehens plant, sollte man u.a. Folgendes beachten: (1) Die Abfolge der Aufgaben muss der Chronologie des Hörtextes entsprechen, d.h. es darf kein Hin- und Herspringen erfolgen, da sonst möglicherweise etwas anderes gemessen wird als Hörverstehen, nämlich z.B. Erinnerungsvermögen. (2) Die Aufgaben sollten sprachlich leichter sein als der Hörtext – Lernende scheitern womöglich nicht am Hörtext selbst, sondern am Leseverständnis der Aufgaben. (3) Die Aufgaben sollten ausschließlich über das Hören des Textes zu beantworten sein – und nicht etwa mit Weltwissen. (4) Die Aufgaben sollten sich möglichst nicht auf zu dicht aufeinander folgende Textpassagen beziehen – sonst besteht die Gefahr, dass die Lernenden nicht alle zur Lösung erforderlichen Informationen „mitbekommen": Während die erste Aufgabe noch verarbeitet wird, folgt schon die nächste – das ist unfair. (5) Es darf nur eine Lösung geben. (6) Die einzelnen Optionen müssen eindeutig formuliert sein. Sie sollten sich auf keinen Fall überlappen. testhandwerkliche Regeln

4.1.2 Sprachstandsfeststellungverfahren in Deutschland

Mit der Diskussion um die mangelnde Sprachkompetenz von Migrantenkindern und die daraus resultierenden schlechteren Bildungschancen nach der Veröffentlichung der ersten PISA-Ergebnisse wurden zunehmend auch Fragen zur Sprachstandsermittlung diskutiert: Auf der Grundlage gesicherter Erkenntnisse über den Sprachstand eines Kindes würden gezielt Sprachfördermaßnahmen durchzuführen sein, und damit ließen sich langfristig die durch mangelnde Sprachkompetenz geringeren Bildungschancen verbessern. Wenn auch allgemein anerkannt wird, dass es notwendig ist, Instrumente zur Feststellung des Sprachstandes zu entwickeln, so besteht unter Pädagogen, Politikern und Testentwicklern bislang keine Einigkeit darüber, wie solche Instrumente aussehen sollten: „Unbestritten besteht ein Bedarf an Verfahren zur Sprachstandsbestimmung im Deutschen als Zweitsprache (...) Die bereits mehr als zwei Jahrzehnte umfassende Geschichte solcher Verfahren hat aber noch nicht sehr weit geführt" (Reich 2003, 921).

Sprachstandstests im Elementarbereich

In verschiedenen Bundesländern wurden in den letzten Jahren Sprachstandstests entwickelt, und zwar fast ausschließlich für den Elementar- und Primarbereich. Der Grund dafür ist leicht nachvollziehbar: Je eher eventuell vorhandene sprachliche Defizite erkannt werden, desto eher können geeignete Fördermaßnahmen ergriffen werden, um Kinder möglichst noch vor Schulbeginn zu unterstützen und ihnen möglichst gute Startchancen am Beginn ihrer Schulkarriere zu verschaffen. In Konsequenz dieser Erkenntnis führte das Land Nordrhein-Westfalen als erstes Bundesland im Frühjahr 2007 ein Verfahren zur Erfassung des Sprachstandes aller Vierjährigen (Muttersprachler wie Nicht-Muttersprachler) ein, „Delfin 4" – die Teilnahme ist Pflicht. Auf der Basis der Testergebnisse sollen Sprachfördermaßnahmen durchgeführt werden. Inwieweit sich dieser Test als praxistauglich erweist, muss die Erfahrung zeigen.

NRW: Delfin 4

Kategorien von Testverfahren im Elementarbereich

Koch 2005 teilt die derzeit gebräuchlichen Testverfahren vor der Einschulung in drei Kategorien ein: (1) Standardisierte Testverfahren, (2) Sprachstandserhebungsverfahren und (3) informelle Screening-Verfahren. Sprachstandserhebungsverfahren sind – wenn wir sie auf unsere oben gegebene Einteilung abbilden

wollen – zwischen formellen und informellen Testverfahren an-
zusiedeln. Zu den standardisierten Verfahren im o.g. Sinne zählt
Koch 2005 den Heidelberger-Sprach-Entwicklungstest, ursprüng-
lich ein Verfahren für muttersprachlich deutsche Kinder. Sprach-
standserhebungsverfahren, so Koch, sind von standardisierten
Tests dadurch zu unterscheiden, „dass ihre testtheoretischen
Ansprüche an Praktikabilitätsaspekten (wie z.B. der geringen
Durchführungszeit) orientiert sind." (Koch 2005, 31). Informelle
Screeningverfahren genügen – nach Koch – testtheoretischen
Ansprüchen nicht.

Die meisten der derzeit in der Bundesrepublik eingesetzten
Verfahren sind eher den Kategorien (2) und (3) zuzuordnen, oder
sie liegen zwischen (1) und (2). Diese Sachlage ist u.a. darauf
zurückzuführen, dass es sich bei den eingesetzten Verfahren –
naturgemäß – meist um die Erhebung mündlicher Daten handelt,
die dann anhand von Bewertungskriterien interpretiert werden.
Diese Testformate sind von ihrer Art her weniger objektiv auswert-
bar als ein Papier-und-Bleistift-Test im Multiple-Choice-Format.
Auch wird es, je nach Testverfahren, u.U. schwieriger sein, die
Durchführungsbedingungen für alle zu testenden Kinder absolut
gleich zu halten – was zu einer Reduzierung der Durchführungs-
objektivität führen kann. Hinsichtlich der Validität der eingesetzten Verfahren gibt es große Unterschiede. Einige weisen ein hohes Maß an Inhalts- und Konstruktvalidität auf, bei anderen sind
berechtigte Zweifel angebracht.

Testgüte der
Verfahren

Bevor man sich an die Auswahl eines Testverfahrens zur
Sprachstanderhebung im Kindergarten- oder Primarschulalter
begibt, sollte man sich überlegen, (a) welche sprachlichen Kompetenzen überprüft werden sollen und (b) welches Verfahren dies
leisten kann. Dazu ist es notwendig, sich genau über die Leis-
tungsfähigkeit der einzelnen Verfahren zu informieren. Dazu gibt
es mittlerweile eine Reihe aufschlussreicher Publikationen: Überblicke über Sprachfeststellungsverfahren und eine kritische Bewertung derselben geben u.a. Reich 2003, Fried 2004 und Roth
2007. Eine Diskussion zu Fragen der Anforderungen an Verfahren
der Sprachstandsfeststellung findet sich beispielsweise in Ehlich
(Hrsg.) 2005, Kniffka 2005, Kniffka & Siebert-Ott 2003.

Überblicke über
Testverfahren

Für ältere DaZ-Lerner (ab Sekundarstufe I) sind zur Zeit noch
keine vergleichbaren Verfahren zur Ermittlung des Sprachstandes
verfügbar, wohl aber gibt es für Deutsch als Fremdsprache mitt-

Tests für die
Sekundarstufe I

lerweile standardisierte Sprachtests (vgl. Goethe Institut, „Fit in Deutsch 1 + 2", „Zertifikat Deutsch für Jugendliche"; Kultusministerkonferenz, „Deutsches Sprachdiplom"). Im Bereich DaZ liegen eine Reihe gut erprobter C-Tests vor, die allerdings nur unter bestimmten Bedingungen einsetzbar sind (vgl. Baur et al. 2006). Darüber hinaus sind einige Testverfahren in Umlauf, deren Qualität allerdings zu wünschen übrig lässt. Seitens der Bildungspolitik werden aber Anstrengungen unternommen, diesem Bedarf zu entsprechen und geeignete Messinstrumente entwickeln zu lassen (vgl. Roth 2007).

Übung 02

Informieren Sie sich über ein Testverfahren im Elementarbereich näher (z.B. Delfin 4 oder das Bayerische Screeningverfahren).

Zusammenfassung und Ausblick

Mit der Einführung von Bildungsstandards, zentralen Abschlussprüfungen, Sprachstandsverfahren im Elementarbereich etc. rücken auch in Deutschland Fragen der Qualität von Sprachtests und Sprachstandsermittlungsverfahren in den Mittelpunkt mancher Diskussion. Ein Sprachstandsverfahren, das verlässliche Aussagen und Prognosen liefern und als Basis für weitreichende Entscheidungen dienen soll, muss bestimmten Qualitätsanforderungen genügen:

In every testing situation, the chances of making the correct or most appropriate decision will depend heavily on the quality of the information upon which it is based. Thus, if we use test scores as a basis for making decisions, it is our responsibility as test developers and users to insure that these scores are of as high a quality or as useful as we can possibly make them. (Bachman/Palmer 1996, 99)

Als wichtigstes Qualitätsmerkmal von Sprachtests wird weltweit die Erfüllung der Testgütekriterien angesehen. Organisationen wie die Association of Language Testers in Europe (ALTE) oder die Task Force on Testing Standards (TFTS) haben sich zum Ziel gesetzt, für die von ihnen betreuten Prüfungen und Testverfahren allgemein verbindliche Standards zu entwickeln und diese auch mit den einzelnen Tests und Prüfungen zu gewährleisten. Inwieweit sich die Tests, Prüfungen und Sprachstandsverfahren im Elementar-, Primar und Sekundarbereich zukünftig daran messen lassen können, wird sich noch zeigen.

4.1.3 Beobachtung und Bewertung des Lernfortschritts

In Kapitel 3.3 haben wir im Zusammenhang des „Scaffolding" bereits darauf hingewiesen, dass ein lernerzentrierter, sprachbewusster Unterricht es erfordert, die Lernstände der Lernenden im Auge zu behalten, diese jeweils zu dokumentieren und den Unterricht darauf einzustellen. Die Lernstände einer Gruppe können auf unterschiedliche Weise erhoben werden. Zur Erfassung des Lernfortschritts, etwa im Rahmen eines Deutsch-als-Zweitsprache-Kurses in einer Vorbereitungsklasse, werden vorzugsweise informelle Verfahren (vgl. o.) angewendet. Gibbons 2002 schlägt beispielsweise den Einsatz eines Beobachtungsrasters vor, das an die entsprechende Unterrichtseinheit gebunden ist (vgl. Abb. 9). Diehl et al. 2000 haben ein an den Ergebnissen ihrer Erwerbssequenzen orientiertes Baumdiagramm entworfen, mit dessen Hilfe es möglich ist, die Phasen, in denen sich Lernende gerade befinden, relativ einfach zu bestimmen. Dieses Verfahren ist allerdings nur mit gewissem Vorbehalt auf Lernende mit anderen Muttersprachen als Französisch anwendbar (Diehl et al. 2000, 380 ff). Weitaus aufwändiger, aber u.U. auch deutlich ertragreicher, ist die Durchführung von Fehleranalysen (vgl. Kniffka 2006). Sie können, bei entsprechender Datengrundlage, ein differenziertes Bild vom Sprachstand individueller Lernender geben. Die Ergebnisse solcher informeller Erhebungen geben Hinweise darauf, wie der nächste Schritt zur Erweiterung der Sprachkompetenz von Lernenden aussehen könnte. Sie sollten – zur Motivationssteigerung der Lernenden – auch eine Aussage darüber machen, was ein Lernender schon kann.

informelle Verfahren

Eine Dokumentation der Ergebnisse kann über ein Sprachenportfolio erfolgen und durch Selbsteinschätzungen und Arbeiten von Lernenden ergänzt werden. Portfolios können zu verschie-

Sprachenportfolio

denen Zwecken eingesetzt werden: Zum einen geben sie Lehrenden einen Einblick in Lernprozessverläufe und bieten damit u.U. – mehr als dies Klassenarbeiten können – eine breitere Basis für eine Leistungseinschätzung und Leistungsbewertung und zur Unterstützung des reinen Erfahrungswissens aus der Unterrichtsinteraktion. Die Validität von Leistungsbewertungen kann somit erhöht werden. Schülerinnen und Schüler haben auf der anderen Seite die Möglichkeit, ihr Lernen zu kontrollieren, das Lernen zu lernen und zu realistischeren Einschätzungen ihres Lernverhaltens und ihres Leistungsstandes zu kommen. So kann das Portfolio ein Instrument zur Entwicklung von Lernerautonomie und selbstgesteuertem Lernen werden.

Leistungsbewertung im Regelunterricht Ein Problem bleibt die Leistungsbewertung in den Regelklassen. Dies gilt sowohl in Bezug auf die Leistungen im Fach Deutsch wie auch in den Sachfächern. Deutsch-als-Zweitsprache-Lernende bringen andere Voraussetzungen mit als Muttersprachler: Dürfen sie dann nach den gleichen Kriterien bewertet werden wie Muttersprachler? Ist es fair, DaZ-Lernenden Aufgaben zu geben, die eigentlich für Muttersprachler konzipiert worden sind? Diese und ähnliche Fragen werden nach wie vor kontrovers diskutiert und bedürfen – insbesondere mit der Einführung der Bildungsstandards – einer grundlegenden Klärung. Noch aber liegen nicht genügend Erfahrungen im Umgang mit Bildungsstandards, Vergleichsarbeiten und zentralen Prüfungen vor, um eine allen gerecht werdende Lösung anzubieten.

4.2 Sprachförderung

Wie wir bereits in Kapitel 2 gesehen haben, haben empirische Untersuchungen zum bilingualen Erstspracherwerb und zum frühen Zweitspracherwerb gezeigt, dass Kinder grundsätzlich bereits in einem frühen Lebensalter in der Lage sind, den Erwerb zweier Sprachen erfolgreich zu meistern. Auch wenn wir gegenwärtig noch nicht über eine Spracherwerbstheorie verfügen, die den Erwerb von Sprache in einem umfassenden Sinn angemessen beschreiben und erklären kann, so ist die Spracherwerbsforschung doch zunehmend in der Lage, Erkenntnisse für eine systematische Unterstützung der sprachlichen Entwicklung von einsprachig und zweisprachig aufwachsenden Kindern und Jugendlichen zur Verfügung zu stellen. Demnach sollte die Förderung von „Literacy" bereits in einem frühen Lebensalter Bestandteil von Sprachförderung sein. Außerdem muss die Förderung von Vorläuferfertigkeiten für den Schriftspracherwerb, speziell die Förderung von phonologischer Bewusstheit, zur sprachlichen Förderung in der Elementarerziehung gehören.

Doch auch die Kooperation von Kindergarten und Familie spielt bei der Sprachförderung in der frühen Kindheit eine wichtige Rolle. Sofern Deutsch nicht (einzige) Familiensprache ist, sollte hier gemeinsam überlegt werden, wie die sprachliche Entwicklung des Kindes in beiden Sprachen gezielt gefördert werden kann.

Schulische Sprachförderung in der Zweitsprache darf sich nicht – so wichtig diese auch sind – auf die Vermittlung von Basiskompetenzen wie richtiges Sprechen und Schreiben oder angemessene Wortwahl beschränken. Ziel muss es vielmehr sein, die Entwicklung der Fähigkeit zu fördern, sich an zunehmend anspruchsvoller werdenden Fachdiskursen im Unterricht in Wort und Schrift erfolgreich zu beteiligen. Dies muss Aufgabe des Unterrichts in allen Fächern sein, wobei eine planvolle Verbindung von sprachlichem und fachlichem Lernen sich als besonders erfolgreich erwiesen hat. Von einem solchen sprachsensitiven Fachunterricht können auch einsprachig deutsche Schülerinnen und Schüler deutlich profitieren.

Eine spezielle Förderung benötigen darüber hinaus Schülerinnen und Schüler, die als „Seiteneinsteiger" vorübergehend oder dauerhaft in unser Bildungssystem eintreten. Für diese Zielgruppe können sprachliche Intensivkurse vor Eintritt in die Regelklasse außerordentlich hilfreich sein. Ergänzt werden kann die sprachliche Förderung für die genannten Zielgruppen erfolgreich durch Projekte, in denen besondere Freizeitangebote mit sprachlichem Lernen verknüpft werden, wie zum Beispiel das Projekt „Deutsch lernen im Museum" zeigt (vgl. Kap. 4.3). Sinnvoll für viele dieser Projekte ist die Einbeziehung zusätzlicher qualifizierter Förderkräfte. Dies zeigen unter anderem die Erfahrungen mit dem Einsatz von Studierenden in einem bundesweiten, großzügig von der Stiftung Mercator unterstützen Projekt. Wichtig ist außerdem der Erfahrungsaustausch der Beteiligten über erfolgreiche Projekte, die Vernetzung von Bildungseinrichtungen, die im Bereich der Sprachförderung engagiert sind, und die Informa-

Marginal notes:

Literacy

Phonologische Bewusstheit

Kooperation mit der Familie

Verbindung von sprachlichem und fachlichem Lernen

Besondere Fördermaßnahmen für ‚Seiteneinsteiger'

tion der Öffentlichkeit über diese Projekte. Die Schaffung eines Klimas der Aufgeschlossenheit gegenüber Mehrsprachigkeit kann einen wichtigen Beitrag zu einer erfolgreichen Sprachförderung leisten (vgl. hierzu auch Kapitel 5).

wachsendes öffentliches Interesse an Sprachförderung

Nach einer Zeit der Stagnation ist in den letzten Jahren ein wachsendes öffentliches Interesse auch an der Frage zu erkennen, wie die Sprachentwicklung von zweisprachig aufwachsenden Kindern und Jugendlichen systematisch begleitet werden kann. In allen Ländern der Bundesrepublik Deutschland ebenso wie in den Nachbarländern werden erkennbare Anstrengungen unternommen, Kinder aus Familien, die nicht die jeweilige Landessprache als Familiensprache sprechen, gezielt zu fördern. Auch wenn wir uns in der folgenden Darstellung auf die entsprechenden Bestrebungen in der Bundesrepublik Deutschland konzentrieren, ist es selbst dann nicht annähernd möglich, die Länderinitiativen in diesem Bereich umfassend darzustellen, einen vertieften Einblick in länderübergreifende wissenschaftlich begleitete Programme oder einen genauen Überblick über die Vielzahl von erfolgreich arbeitenden Projekte in einzelnen Bundesländern in diesem Bereich zu geben. All dies kann hier nur exemplarisch geschehen.

4.2.1 Sprachliche Frühförderung

In den folgenden Abschnitten werden wir uns mit der sprachlichen Frühförderung beschäftigen. „Frühförderung" soll hier den Bereich der Elementarerziehung (Schwerpunkt: drei- bis sechsjährige Kinder), den im Hinblick auf die Sprachentwicklung systematisch begleiteten Übergang von der Elementarerziehung in die Grundschule und die ersten zwei Jahre der Grundschule – die „Schuleingangsphase" – umfassen.

Länderinitiativen im Bereich der Frühförderung

Bildungspläne im Elementarbereich

Ein wichtiger Schritt zur Entwicklung eines umfassenden Konzeptes für eine systematische Begleitung der kindlichen Sprachentwicklung ist – wie auch die internationale Entwicklung zeigt – die Erstellung von Bildungsplänen bereits für den Elementarbereich (Fthenakis & Oberhuemer 2004). Einige Bundesländer

sind dabei, solche Bildungspläne zu entwickeln, andere Bundesländer, wie zum Beispiel das Bundesland Bayern, haben diesen
Schritt bereits erfolgreich vollzogen (Bayerisches Staatsministerium für Arbeit und Sozialordnung, Familien und Frauen/Staats-
institut für Frühpädagogik München 2005). Einen zentralen Platz
im bayerischen Bildungs- und Erziehungsplan nimmt die Vermittlung „lernmethodischer Kompetenz" ein: Die Kinder sollen schon
früh lernen, wie man Wissen erwirbt und es zur Lösung von Problemen gezielt einsetzt. Darüber hinaus sollen Basiskompetenzen wie das kindliche Selbstwertgefühl, emotionale Stabilität,
Kreativität und Kooperationsfähigkeit gestärkt und gezielt gefördert werden. Im Hinblick auf die klassischen thematischen
Schwerpunkte frühpädagogischer Förderung wird ausdrücklich
auf die „Stärkung früher Sprachkompetenz" als eines bislang
eher vernachlässigten Bereichs verwiesen (http://www.ifp-bay-
ern.de/cmain/a_Bildungsplan_Allgemeines/s_143 zuletzt aufgerufen am 12.03.2007).

Übung 03

Bearbeiten Sie die folgende Aufgabe:
Informieren Sie sich im Hinblick auf ein Bundesland Ihrer Wahl
über Stand der Entwicklung und Umsetzung der Bildungspläne
der Bundesländer für Kindertageseinrichtungen. Verwenden
Sie dazu die Internetquelle www.bildungsserver.de

Eine große Bedeutung für die sprachliche Bildung im Elementarbereich hat die Vermittlung von „Literacy"-Erfahrungen besonders für einsprachig und zweisprachig aufwachsende Kinder aus
bildungsfernen Familien. Zu den für die Entwicklung von Lesekompetenz und literarischer Kompetenz wichtigen frühen, durch
Erwachsene vermittelten Erfahrungen mit ‚Literacy' rechnet die
Lesesozialisationsforschung sowohl erste Erfahrungen im Umgang mit Büchern beim gemeinsamen Betrachten von Bilderbüchern und beim Vorlesen von Kinderbüchern als auch Erfahrungen mit Erzählungen, Gedichten und Kinderliedern,
Abzählreimen und „Zungenbrechern". Vielfältige ‚Literacy-Erfah-
rungen' tragen damit zugleich auch zur Entwicklung von phonologischer Bewusstheit bei. Wichtig nicht nur für die Förderung
von Lesemotivation, sondern auch für die sprachliche Entwick-

Literacy-
Erfahrungen in der
Familie

129

lung ist es, dass bei der gemeinsamen Betrachtung von Bilderbüchern ebenso wie beim Vorlesen aus Kinderbüchern die Vorlesenden in einen Dialog mit den Kindern eintreten, Fragen der Kinder beantworten und nicht starr daran festhalten, ohne Unterbrechung eine Geschichte zu den betrachteten Bildern zu erzählen oder den Text ohne Unterbrechung vorzutragen. In schriftnahen Familien, in denen die Kinder außerdem ihre Eltern auch in unterschiedlichen Situationen beim Lesen und Schreiben beobachten können, können Kinder bereits früh vielfältige Erfahrungen im Umgang mit Schrift sammeln. Dabei können sie nicht nur die kommunikative Funktion von Schrift entdecken, sie können auch erste Einblicke in den besonderen Symbolcharakter von Schriftzeichen gewinnen (Scheerer-Neumann 2003).

Literacy-Förderung in der Elementarpädagogik

Eine gezielte Literacy-Förderung, die Kindern vielfältige Erfahrungen im Umgang mit Schrift vermittelt, sollte daher auch einen wichtigen Platz in der Elementarerziehung haben. Die Beschäftigung mit der Buch-, Erzähl-, Schrift- und Reimkultur dient – wie dargelegt – zugleich auch der Förderung der sprachlichen Entwicklung, speziell der Förderung konzeptioneller Schriftlichkeit, und kann einen wesentlichen Beitrag zur Verbesserung der Bildungschancen von ein- und zweisprachig aufwachsenden Kindern aus bildungsfernen Familien leisten. Wichtig hierfür sind gemeinsame Bilderbuchbetrachtungen sowie das Vorlesen und Erzählen in kleinen Gruppen. Die Kinder sollten mehrmals in der Woche an einer solchen Literacy-Förderung teilnehmen können, diese Förderung sollte an den Interessen der Kinder anknüpfen und dialogisch aufgebaut sein. Möglichst sollten auch die Familien in diese Fördermaßnahmen einbezogen werden (Ulich 2003).

Sprachentwicklung systematisch begleiten

SISMIK und SELDAK

Zur systematischen Begleitung der Sprachentwicklung wurden am Bayerischen Staatsinstitut für Frühpädagogik die Beobachtungsverfahren SISMIK und SELDAK entwickelt. Beide Beobachtungsverfahren wollen den Sprachstand nicht punktuell messen, sondern haben das Ziel, die pädagogischen Fachkräfte im Elementarbereich gezielt bei der Beobachtung des kindlichen Sprachverhaltens und des Interesses an Sprache zu unterstützen. Dabei spielt auch die Beobachtung des kommunikativen Verhaltens des Kindes in unterschiedlichen Situationen (aktive Beteiligung an Gesprächen mit anderen Kindern und mit den pädagogischen Fachkräften, Beteiligung an Gesprächen mit anderen Kindern nur in der Herkunftssprache in der eigenen Sprachgruppe / auch in der Zweitsprache usw.), sowie die Beobachtung der Entwicklung von „Literacy" eine wichtige Rolle. SELDAK umfasst die Altersspanne von vier bis sechs Jahren und ist für Kinder bestimmt, die Deutsch als Erstsprache sprechen, SISMIK umfasst die Altersspanne von dreieinhalb bis sechs Jahren und ist für Kinder aus Familien mit Migrationshintergrund entwickelt worden, die Deutsch als Zweitsprache lernen. Beobachtungsbögen unterstützen die gezielte Beobachtung und Dokumentation der kindlichen Sprachentwicklung über einen längeren Zeitraum. Die pädagogischen Fachkräfte werden überdies – auch mit Hilfe von Fallbeispielen – gezielt bei der Auswertung der erhobenen Daten sowie bei der Konzeption von individuellen Fördermaßnahmen auf der Basis der erhobenen Beobachtungsdaten unterstützt (Uhlich & Mayr 2003, Ulich & Mayr 2006).

Gezielte Beobachtung und Förderung in der Zweitsprache Deutsch

Gegenstand der Beobachtung ist bei SISMIK auch die Entwicklung der Sprachkompetenz in der Zweitsprache im engeren Sinne. Dazu gehört das phonologisch-phonetische Wissen, das morphologische und syntaktische Wissen sowie das semantische Wissen. Bei der Entwicklung des kindlichen Lexikons (‚Wortschatz') spielen alle diese Aspekte eine Rolle. Das Kind lernt nicht nur die Bedeutung eines Wortes kennen, sondern auch dessen morphosyntaktische Eigenschaften, die korrekte Aussprache und später auch die korrekte Schreibung des Wortes. Auch wenn Kinder erst im Alter von drei bis vier Jahren in der Kindertagesstätte zum ersten Mal mit der Zweitsprache Deutsch in Kontakt kommen, wird eine besondere Förderung in der Zweitsprache Deutsch häufig nicht erforderlich sein, wenn die Kinder die Einrichtung kontinuierlich besuchen, das Ziel einer Stärkung der frühen Sprachkompetenz aller Kinder zum Profil der Einrichtung gehört und die Kinder hinreichend Gelegenheit haben, ihre sich entwickelnden sprachlichen Fähigkeiten in der Zweitsprache auch aktiv einzusetzen. Es wird aber auch Fälle geben, in denen dieses

Sprachbad oder entwicklungsorientierte Sprachförderung

‚Sprachbad' nicht ausreicht. In diesen Fällen ist eine individuelle, entwicklungsorientierte Förderung der Zweitsprache erforderlich. Dies legen auch die Resultate empirischer Studien zum frühen Zweitspracherwerb nahe (vgl. dazu Kap. 2). Eine gezielte Unterstützung wird häufig im Bereich der Wortschatzentwicklung erforderlich sein, sie kann aber durchaus auch im Bereich der Entwicklung des morpho-syntaktischen Wissens sinnvoll sein, wenn die sprachliche Entwicklung in der Zweitsprache aufgrund mangelnden Sprachkontakts deutlich verzögert ist oder der Transfer sprachlichen Wissens aus der Erstsprache zu erkennbaren ‚Umwegen' beim Zweitspracherwerb führt:

„Wenn Lerner aufgrund ihrer Lebenssituation über nicht genügend Input verfügen, oder wenn sie aufgrund ihres Muttersprachenwissens Gefahr laufen, diesen Input falsch zu analysieren bzw. zu lange in dieser Fehlanalyse zu verharren, sollte im Unterricht durch die Präsentation entsprechender Stimuli bzw. durch ‚präparierten Input' Abhilfe geschaffen und so die eigenaktive Hypothesenbildung der Lerner unterstützt werden." (Haberzettl 2006, 212)

Interlanguage oder spezifische Sprachentwicklungsstörung

Von einer spezifischen Sprachentwicklungsstörung wird dann gesprochen, wenn „keine anderweitige Primärbeeinträchtigung zu diagnostizieren ist, die ausreichend wäre, das Vorhandensein, die Art und das Ausmaß der sprachlichen Probleme zu erklären" (Dannenbauer 2002, 118f.). Für pädagogische Fachkräfte können sich Hinweise auf das Vorliegen einer spezifischen Sprachentwicklungsstörung bei einsprachig deutsch aufwachsenden Kindern aus der Beobachtung quantitativer und qualitativer Unterschiede gegenüber der Entwicklung sprachunauffälliger Kinder ergeben. Erreicht ein Kind ein bestimmtes sprachliches Entwicklungsstadium mit einer deutlichen zeitlichen Verzögerung, verwendet das (deutschsprachige) Kind also etwa die Verbzweitstellung später und deutlich seltener als seine Altersgenossen und treten bei dem Kind außerdem gehäuft Fehler beim Gebrauch der korrekten Verbform auf, dann ist erhöhte Aufmerksamkeit geboten. Bei Auffälligkeiten in der kindlichen Sprachentwicklung sollte unbedingt fachlicher Rat durch eine Kinderärztin/einen Kinder-

Quantitative und qualitative Unterschiede in der Sprachentwicklung

arzt eingeholt werden, der/die gegebenenfalls die weiteren notwendigen Schritte veranlassen.

Bei einem Kind, das Deutsch als Zweitsprache spricht, sind entsprechende Auffälligkeiten in der sprachlichen Entwicklung erheblich schwerer festzustellen. Der Stand der Entwicklung in der Zweitsprache ist abhängig vom Zeitpunkt des Beginns des Kontakts mit dieser Sprache, dem Ausmaß des Kontaktes sowie der Qualität des Kontaktes: Hört das Kind die Zweitsprache überwiegend von anderen Zweitsprachlernern? Begegnet das Kind der Zweitsprache zwar im Kontakt mit muttersprachlich deutschen Kontaktpersonen, handelt es sich dabei aber überwiegend um Kinder, die selbst aus einem sprachanregungsarmen Umfeld stammen? Außerdem kann – wie dargelegt – der Einfluss der Erstsprache auf den Zweitspracherwerb deutlich erkennbar sein: Sprachkontaktphänomene, die zu ‚Umwegen' beim Zweitspracherwerb führen, dürfen aber nicht mit spezifischen Sprachentwicklungsstörungen gleichgesetzt werden. Hilfreich ist es hier, Rat bei einer zweisprachigen Fachperson einzuholen, die auch den Stand der Sprachentwicklung in der Erstsprache fachlich beurteilen kann.

Übung 04

Versuchen Sie mit Hilfe der Internetquelle www.bildungs-server.de „laiengerechte" Informationen zur kindlichen Sprachentwicklung zu finden.

Entwicklungsorientierte Sprachförderung

In jüngster Zeit lassen sich insgesamt verstärkt Bemühungen beobachten, Erkenntnisse aus der Spracherwerbsforschung speziell bei der Konzeption von Sprachfördermaßnahmen für Kinder im Vorschul- und Grundschulalter zu berücksichtigen und gezielte Maßnahmen für die Sprachförderung auf der Basis von individuellen Sprachprofilen zu entwickeln. Sofern sich eine gezielte Steuerung des Zweitspracherwerbs als erforderlich erweist, sollte sich – so wird gefordert – die Auswahl und Abfolge der Lerninhalte unbedingt auch an den Erkenntnissen der Spracherwerbsforschung orientieren: Berücksichtigt werden müssen dabei insbesondere die Struktur des Erwerbsgegenstandes, die Er-

Anforderungen an
die Förderkräfte

werbsabfolgen im frühen Zweitspracherwerb sowie das individuelle Sprachprofil des Kindes (Kaltenbacher & Klages 2006). In diesem Falle genügt es nicht, wenn die Förderkräfte über das notwendige sprachliche „knowing how" verfügen, um ein gutes Sprachvorbild geben zu können. Die Förderkräfte müssen auch über das notwendige „knowing that" verfügen. Sie sollten also zum Beispiel über die Besonderheiten der Verbstellung im Deutschen Bescheid wissen, wenn bei den zu fördernden Kindern gehäuft Auffälligkeiten in diesem Bereich auftreten. Außerdem sollten sie über Erwerbsabfolgen im Erstspracherwerb und – soweit diese bereits bekannt sind – über Gemeinsamkeiten und Unterschiede zwischen Erstspracherwerb und frühem Zweitspracherwerb orientiert sein. Auf der Basis dieser Kenntnisse kann ein individuelles, strukturiertes Sprachangebot entwickelt werden. Die Forderung nach einer Orientierung der Sprachförderung am individuellen Sprachprofil des Kindes ist ebenso wie die Forderung nach einem strukturierten Sprachangebot, bei dem die Lerninhalte konzentriert und prägnant angeboten werden, aus der Sprachtherapie übernommen, wo dieses Verfahren erfolgreich eingesetzt wird.

Entwicklungsproximale Sprachtherapie

„Es wäre aber ein grundlegendes Missverständnis, entwicklungsproximale Sprachtherapie einfach als Versuch der Rekapitulation eines ‚normalen' Spracherwerbs aufzufassen. Die Gestaltung der Lehr-Lernprozesse und ihrer Bedingungen stellt eine zielgerichtete, planvoll strukturierte und in den Einzelheiten begründbare Vorgehensweise dar, deren Sachlogik vom individuellen kindlichen Fähigkeitsprofil und seinen Veränderungstendenzen entscheidend bestimmt wird. Es kommen Strategien, Techniken und Methoden zum Einsatz, die in dieser Art in einem normalen Spracherwerb nicht vorzufinden sind, auch wenn sie zum Teil aus Erkenntnissen über Lehr-Lernmechanismen im Rahmen eines natürlichen Spracherwerbs abgeleitet werden. Entwicklungsproximale Sprachtherapie stellt einen Eingriff in das individuelle Entwicklungsgeschehen dar, der nicht auf Intuition, sondern auf Wissen über normalen und beeinträchtigten Spracherwerb aufbaut. Sie bewirkt eine gezielte und schrittweise Steuerung dieses Geschehens, indem sie die Zufälligkeiten natürlicher Sprachlerngelegenheiten durch ein massiertes und ausgewähltes Angebot möglichst

prägnanter Lernmöglichkeiten ergänzt. Ein solchermaßen insze-
nierter Spracherwerb ist qualitativ zu unterscheiden von dem, was in
einem normalen Spracherwerb geschieht. Um dies drastisch auf den
Punkt zu bringen: Wohl noch nie hat z.B. eine Mutter für ein Kind
mit normalem Spracherwerb Thema, Handlung und Sprachangebot
einer Interaktion in einer Weise strukturiert, dass das Kind beispiels-
weise das Prinzip der Subjekt-Verb-Kongruenz unter Kontrolle be-
kommen kann, weil sie aufgrund einer Analyse zu der Überzeugung
kam, dass dies zum jetzigen Zeitpunkt für die Erweiterung seiner
grammatischen Fähigkeiten von besonderer Relevanz sei." (Dannenbauer 2002, 138f.)

Die übrigen bei Kaltenbacher & Klages (2006) formulierten Prinzipien orientieren sich am Lebensalter der Lernenden sowie an
der besonderen Erwerbssituation: So sollen Kontexte geschaffen
werden, die die Kinder zum aufmerksamen Zuhören und Mitma-
chen motivieren. Das implizite Lernen soll dominieren, die Kinder können aber auch ausdrücklich auf sprachliche Phänomene
hingewiesen werden, besonders dort, wo – wie bei der Pluralbil-
dung – ein Zusammenhang zwischen sprachlicher Form und
Funktion erkennbar ist. Explizite Korrekturen sollten vermieden
werden. Bei den Äußerungen von Kindern, die noch nicht der
zielsprachlichen Form entsprechen, sollten implizite Korrekturen
bevorzugt werden. Die fehlerhafte Äußerung sollte also im Ge-
spräch aufgegriffen und korrekt wiederholt werden. Den Kindern
sollte außerdem zunächst genügend Gelegenheit gegeben werden, die sprachlichen Strukturen aufzunehmen, ehe sie selbst zu
Äußerungen ermuntert werden.

weitere
Förderprinzipien

Sprachförderung vor Schulbeginn

Eine systematische Begleitung der Sprachentwicklung von ein-
oder mehrsprachig aufwachsenden Kindern ist noch keineswegs
Alltagspraxis in allen Kindertageseinrichtungen. Auch besuchen
keineswegs alle drei- bis sechsjährigen Kinder kontinuierlich bis
zum Schulbeginn eine Kindertageseinrichtung. In den Ländern
der Bundesrepublik Deutschland werden daher im Zusammenhang mit der Anmeldung für die Grundschule verschiedene Verfahren zur Sprachstandsfeststellung eingesetzt. Hierzu gehören

Sprachstandsfest-
stellungen vor
Schulbeginn

das Hamburger Verfahren zur Sprachstandsfeststellung (HA-VAS), der CITO-Sprachtest zur Sprachstandsfeststellung bei Kindern im Vorschulalter – ein vom Ministerium für Schule und Weiterbildung in Nordrhein-Westfalen (NRW) empfohlener digitaler Test – sowie das bayerische Screening-Modell für Schulanfänger ‚Kenntnisse in Deutsch als Zweitsprache erfassen', (vgl. dazu auch Kap. 4.1). Auf der Basis der Ergebnisse dieser Verfahren zur Sprachstandsfeststellung werden Förderempfehlungen gegeben oder auch verpflichtende Fördermaßnahmen durchgeführt. In einigen Bundesländern können sich diese Fördermaßnahmen an aktuellen Lehrplänen für den Deutsch-als-Zweitsprache-Unterricht orientieren. In anderen Bundesländern fehlen solche aktualisierten Lehrpläne dagegen noch. Auch in den Lehrplänen für den Sprachunterricht in der Grundschule werden die Themen Mehrsprachigkeit und Förderung in der Zweitsprache Deutsch häufig nur am Rande behandelt (Giese, Osburg & Weinhold 2003). Welche Bedeutung die Formulierung gemeinsamer Bildungsstandards und die damit verbundenen Maßnahmen zur Überprüfung und Sicherung dieser Standards in den einzelnen Bundesländern für den Bildungserfolg von zweisprachig aufwachsenden Kindern und Jugendlichen haben werden, lässt sich gegenwärtig noch nicht abschätzen.

Materialien für die Sprachförderung in der Zweitsprache

Inzwischen bieten Verlage zunehmend auch Unterrichtsmaterialien an, die speziell für die frühe Förderung in der Zweitsprache entwickelt wurden. Bei diesen Materialien sind – ebenso wie im Zweit- bzw. Fremdsprachenunterricht für Jugendliche und Erwachsene (vgl. Kap. 3) –ganz unterschiedliche methodische Ausrichtungen zu beobachten. So arbeitet zum Beispiel das von den Regionalen Arbeitsstellen (RAA) zur Förderung von Kindern und Jugendlichen aus Zuwandererfamilien empfohlene Programm „Hokus und Lotus" überwiegend mit einer auf Jerome S. Bruner (siehe auch Kap. 2.1) zurückgeführten „Formatmethode", bei der das kindliche Fremd- bzw. Zweitsprachenlernen durch ein von der Lehrkraft angeleitetes szenisches Spiel systematisch unterstützt werden soll (www.raa.de). Das in „Lernszenarien" verwendete Konzept (Hölscher, Piepho & Roche 2006) geht im Gegensatz dazu davon aus, dass ein stimulierender sprachlicher Input für

Formatmethode

Verzicht auf grammatische Progression

die Sprachförderung ausreichend sei und verzichtet ausdrücklich auf genaue Vorgaben für die Lehrkräfte, speziell auch auf eine grammatische Progression. Wünschenswert wäre eine verstärkte wissenschaftliche Begleitung und Evaluation von Fördermaßnahmen im Elementarbereich unter Berücksichtigung der eingesetzten Materialien und Methoden.

Übung 05

> Überlegen Sie, was unter ‚grammatischer Progression' bei der Förderung des frühen Zweitspracherwerbs verstanden werden könnte und stellen Sie einen Bezug zur ‚entwicklungsorientierten Sprachförderung' her.

Sprachförderung in der Schuleingangsphase

Eine auf Nachhaltigkeit angelegte Förderung in der Zweitsprache Deutsch darf nicht mit dem Schulbeginn beendet werden. Gerade bei den kurzfristigen Sprachfördermaßnahmen, die erst nach der Durchführung eines Sprachstandserhebungsverfahrens in Verbindung mit der Schulanmeldung begonnen werden, kann nicht damit gerechnet werden, dass die teilnehmenden Kinder innerhalb eines halben Jahres soweit gefördert werden können, dass sie ohne Einschränkungen erfolgreich am Unterricht in der Regelklasse teilnehmen können. Dies gilt besonders für die Entwicklung konzeptioneller Schriftlichkeit in der Zweitsprache, in vielen Fällen aber sicher auch noch für eine Sprachförderung im engeren Sinne. Einen wichtigen Beitrag zur Sprachförderung kann hier eine sprachbewusste Unterrichtsgestaltung in Form des oben beschriebenen Scaffolding leisten. Außerdem sollten die oben beschriebenen Maßnahmen zur Förderung des phonologisch-phonetischen Wissens, des morphologischen und syntaktischen Wissens, sowie des semantischen Wissens bei entsprechendem Bedarf unbedingt gezielt fortgesetzt werden. Grundsätzlich ist neben der in der Grundschularbeit inzwischen vielfältig erprobten Binnendifferenzierung auch eine zeitweilige äußere Differenzierung in Form von Zusatzangeboten im Bereich Deutsch als Zweitsprache wünschenswert. Solche Zusatzangebote können erfolgreich in Form von Projekten durchgeführt werden, in denen besondere Freizeitangebote mit sprachlichem Ler-

sprachbewusste Unterrichtsgestaltung

Zusatzangebote: Sprachprojekte

nen verknüpft werden, wie zum Beispiel das Projekt ‚Deutsch lernen im Museum' zeigt (vgl. dazu Kap. 4.3).

Förderprogramme: Zweisprachigkeit und interkulturelles Lernen

Inzwischen gibt es eine große Zahl an – häufig auch wissenschaftlich begleiteten – Sprachförderprogrammen. Diese Programme, die häufig auch die Erstsprachen der Kinder einbeziehen – wie zum Beispiel das Programm HIPPY oder das Programm RUCKSACK, sind aus anderen Ländern übernommen, wo sie sich bereits bei der Förderung von Kindern aus Zuwandererfamilien bewährt haben. Andere Programme wie INTERKID oder COALA wurden länderübergreifend im Rahmen von europäischen Förderprogrammen entwickelt. In einigen der genannten Programme spielt auch die Elternarbeit und/oder das interkulturelle Lernen eine wichtige Rolle. Über den aktuellen Stand der Entwicklung im Bereich der frühen Förderung sprachlichen und kulturellen Lernens in Deutschland kann man sich ebenfalls mit Hilfe des Deutschen Bildungsservers informieren. Außerdem hat das Deutsche Jugendinstitut einen Überblick über Konzepte, Projekte und Maßnahmen zur sprachlichen Bildung und Förderung in Kindertageseinrichtungen vorgelegt (Jampert u.a. 2005).

Zusammenfassung und Ausblick

Nach einer längeren Phase der Stagnation gibt es im Bereich der sprachlichen Frühförderung inzwischen ein fast unüberschaubares Angebot an Programmen und Projekten. Dazu gehört die Entwicklung von Bildungsplänen schon für den Elementarbereich. Dazu gehört auch die Formulierung von Standards und die damit verbundenen Maßnahmen zur Überprüfung und Sicherung dieser Standards im Primarbereich. Darüber hinaus gibt es eine Vielzahl von Projekten zur Förderung der sprachlichen Kompetenz in der Zweitsprache sowie zur Förderung von Mehrsprachigkeit und interkulturellem Lernen. Es ist zu wünschen, dass sich diese Maßnahmen nachhaltig positiv auf die sprachliche Entwicklung und den Bildungserfolg zweisprachig aufwachsender Kinder auswirken werden.

4.2.2 Sprachförderung für ältere Kinder und Jugendliche

Für Schülerinnen und Schüler der Sekundarstufe I gibt es in den verschiedenen Bundesländern ein großes Angebot an Sprachfördermaßnahmen. Neben schulischen Angeboten findet sich vor allem ein breites Spektrum an außerschulischen Angeboten unterschiedlicher Einrichtungen und Träger, die kaum zu überblicken und erfassen sind. Wir wollen in den folgenden Abschnitten vor allem die schulische Sprachförderung betrachten und auf die außerschulischen Programme nur punktuell eingehen. Zunächst wollen wir aber einen kurzen Überblick über die international wichtigsten schulorganisatorischen Modelle zweisprachiger Bildung geben, um vor diesem Hintergrund die Sprachförderung in der Sekundarstufe I in Deutschland näher zu beschreiben.

Schulorganisatorische Modelle zweisprachiger Bildung

Wie werden zwei-/mehrsprachige Schülerinnen und Schüler im Rahmen institutionalisierter Bildung unterrichtet? Inwieweit wird ihre Herkunftssprache in ihrer schulischen Bildung berücksichtigt? Die Antworten auf diese Fragen können ganz unterschiedlich ausfallen und führen zu verschiedenen „Modellen" zweisprachiger Erziehung. In der internationalen Forschung werden einsprachige und zweisprachige Modelle unterschieden: Bei einsprachigen Modellen wird der Unterricht überwiegend oder ganz in der Zweitsprache (L2) der Lernenden durchgeführt. In den zweisprachigen Modellen findet der Unterricht bzw. ein bestimmter Anteil des Schulunterrichts in zwei Sprachen, meist der Herkunftssprache (L1) und der Zweitsprache (L2), statt.

Bei den einsprachigen Modellen wird zwischen zwei Haupttypen unterschieden, der Submersion und der Immersion. Im Rahmen von Submersionsmodellen werden L2-Lernende ohne Berücksichtigung ihrer Sprachkenntnisse in die Regelklassen integriert. Diesem Vorgehen liegt die Auffassung zu Grunde, dass sich die Lernenden durch den alltäglichen Umgang mit ihren Schulkameraden und durch die Unterrichtskommunikation in der L2 die Zweitsprache quasi von selbst aneignen. Manchmal erhalten diese Lernenden zusätzliche Sprachförderung außerhalb des Regelunterrichts. Bei den Immersionsmodellen werden

Einsprachige Modelle

Submersion

Immersion

die L2-Lernenden ebenfalls in der Zweitsprache unterrichtet, jedoch orientiert sich der Unterricht sprachlich am jeweiligen Sprachstand der Lernenden. Es können Sprachenlernen und Fachlernen miteinander verbunden sein, oder es steht zunächst nur der Erwerb der Zweitsprache im Vordergrund. Im Unterschied zu den Submersionsmodellen sind die Lehrenden im Rahmen von Immersionsmodellen meist Fachlehrkräfte für die Vermittlung von Fremd- bzw. Zweitsprachen.

Zweisprachige Modelle

transitorische Modelle

Bei den zweisprachigen Modellen mehrsprachiger Bildung unterscheidet man transitorische Modelle, „Language-maintenance"- und „Two-way-immersion"-Modelle. Transitorische Modelle sind dadurch gekennzeichnet, dass zugewanderte Schülerinnen und Schüler über einen bestimmten Zeitraum hinweg in ihrer Herkunftssprache unterrichtet werden, d.h. sie lernen ein Fach wie Biologie vermittels ihrer L1. Nach und nach erhalten sie ihren Unterricht in der Zweitsprache, bis sie schließlich in den Regelunterricht integriert werden. Ziel der „Language-maintenace-

Language Maintenace

Modelle" ist der Erhalt einer Sprache. Das kann entweder die Herkunftssprache einer Zuwanderergruppe sein, die Wert darauf legt, dass ihre Kinder die Herkunftssprache gut beherrschen. Es kann aber auch um den Erhalt eines kulturellen Erbes gehen. Dann dient der Unterricht in der jeweiligen Sprache unter Umständen nicht nur als Maßnahme gegen den Verlust der Sprache des kulturellen Erbes einer sprachlichen Minderheit, sondern gegen das Aussterben einer nur noch von einer zahlenmäßig kleinen Sprachgruppe

Two-way-immersion

gesprochen Sprache (vgl. Kap. 5). Bei den „two-way-immersion"- Modellen erhalten Schülerinnen und Schüler zweier Sprachgruppen – das berühmteste Beispiel sind wohl die bilingualen Immersionsprogramme Englisch/Französisch in Kanada – ihren Unterricht in beiden Sprachen, ein Teil der Fächer wird in der einen, ein anderer Teil in der anderen Sprache vermittelt (vgl. Kap. 5).

Sprachfördermaßnahmen im schulischen Bereich in Deutschland

Die angeführten schulorganisatorischen Modelle finden sich alle in der einen oder anderen Form in der Bundesrepublik Deutschland. Jedes Bundesland hat seine eigenen Regelungen und Lehrpläne. Wir wollen dies hier nicht im Einzelnen darstellen, sondern die wesentlichen Züge und Gemeinsamkeiten herausarbeiten.

Von den schulorganisatorischen Modellen dürfte die Submersion am häufigsten vertreten sein, d.h. im „Normalfall" werden Schülerinnen und Schüler, deren Muttersprache nicht Deutsch ist, in die Regelklasse eingeschult. Der Regelunterricht kann ergänzt werden durch separaten Förderunterricht in Deutsch als Zweitsprache. Immer häufiger finden wir aber auch Sprachförderung im Rahmen des Regelunterrichts, etwa durch binnendifferenzierende Maßnahmen. In jüngster Zeit gibt es Anstrengungen seitens der Schulbuchverlage, ein Material anzubieten, mit dem ein binnendifferenzierender Unterricht gestaltet werden kann: So verfügt beispielsweise die Reihe „Doppelklick" für den Deutschunterricht in der Sekundarstufe I (in Nordrhein-Westfalen) über Trainingshefte speziell für Schülerinnen und Schüler, die Deutsch als Zweitsprache sprechen.

Zusätzlicher Förderunterricht in Deutsch als Zweitsprache findet meist in den Randstunden, häufig am Nachmittag statt. An manchen Schulen wird am frühen Nachmittag eine Hausaufgabenbetreuung für alle Schüler angeboten. In diesem Rahmen kann auch eine Unterstützung beim Deutscherwerb stattfinden. Die Teilnahme am Regelunterricht, ergänzt durch zusätzlichen Deutsch-als Zweitsprache-Unterricht nennt man auch „gestützte Submersion". **Gestützte Submersion**

Den o.g. transitorischen Modellen vergleichbar ist der Unterricht in den Internationalen Vorbereitungs- oder Förderklassen, Übergangs- und Eingliederungsklassen. In diesen Klassen werden Schülerinnen und Schüler, die aktuell zugewandert sind, beschult. Vorrangiges Unterrichtsziel ist die Vermittlung des Deutschen als Zweitsprache. **Vorbereitungs- oder Eingliederungsklassen**

Bei der Schülerklientel handelt es sich um so genannte Seiteneinsteiger, die in der Regel in ihren Herkunftsländern schon die Schule besucht haben, nicht um Schülerinnen und Schüler mit Migrationshintergrund, die in Deutschland geboren sind und bereits eine deutsche Grundschule durchlaufen haben („Bildungsinländer"). Die „Seiteneinsteiger" der Sekundarstufe I sind in der Regel zwischen 11 und 16 Jahre alt, kommen aus sehr unterschiedlichen Ländern und haben entsprechend unterschiedliche kulturelle und Bildungshintergründe – und damit unterschiedliche Bedürfnisse. Die Lernerprofile reichen von denjenigen, die noch nie eine Schule besucht haben und noch alphabetisiert werden müssen, über Schülerinnen und Schüler, die in einem anderen Schriftsystem alphabetisiert sind (z.B. arabisch oder chinesisch), bis zu Seiteneinsteigern, die mehrere Sprachen und Schriftsysteme beherrschen.

Internationale Vorbereitungsklassen sind meist keine zentralen Einrichtungen, sondern finden sich an verschiedenen Schulen in einem Schulbezirk. Zugewanderte Schülerinnen und Schüler werden dann in eine Vorbereitungsklasse in Wohnortnähe eingegliedert. Es scheint, dass Vorbereitungsklassen tendenziell eher an Haupt- und Gesamtschulen oder Mittelschulen eingerichtet sind, weniger an Gymnasien. Aber auch an Berufskollegs und Berufsschulen, also in der Sekundarstufe II, bestehen Internationale Vorbereitungsklassen.

Dauer der sprachlichen Vorbereitung

Die Übergangs- oder Vorbereitungsklassen können, je nach Bundesland, unterschiedlich organisiert sein. Eher selten finden sich Intensivkurse, d.h. Deutsch-als-Zweitsprache-Kurse mit einem Unterrichtsumfang von 20-26 Stunden pro Woche. Diese Intensivkurse dauern meist drei oder vier Monate, anschließend werden die Schülerinnen und Schüler in die Regelklassen eingegliedert (vgl. u. Modell Sachsen). Häufig ist die Aufenthaltsdauer in Vorbereitungsklassen auf maximal zwei Schuljahre angelegt. Die Schülerinnen und Schüler erhalten 8-10 Stunden Deutsch-als-Zweitsprache-Unterricht und, je nach Schule, auch Unterricht in weiteren Fächern, z.B. Mathematik, Sport und Naturwissenschaften.

Heterogenität der Vorbereitungsklassen

Kennzeichnend für viele Übergangsklassen in der Sekundarstufe I ist ein hohes Maß an Heterogenität (vgl. o.) und einige Fluktuation. Da Jugendliche kontinuierlich zuwandern, werden sie vielerorts auch kontinuierlich in bestehende Vorbereitungsklassen eingegliedert. Manche junge Zuwanderer verlassen die Klasse nach kurzer Zeit wieder, zum Beispiel wenn sie mit ihrer Familie aus einem Übergangswohnheim in eine Wohnung in einem anderen Stadtteil oder eine andere Gemeinde ziehen. Schließlich werden Lernende, die gute Fortschritte machen, zeitweise oder vollständig in den Unterricht der Regelklassen integriert – auch mitten im Schuljahr. An Schulen werden mancherorts eine bis zwei Vorbereitungsklassen eingerichtet. Das bedeutet, dass maximal eine grobe äußere Differenzierung in Anfänger und Fortgeschrittene möglich ist. Gibt es nur eine Vorbereitungsklasse, so muss eine Binnendifferenzierung erfolgen, will die Lehrperson allen Lernenden gerecht werden. Zwar liegt die Klassenstärke hier häufig deutlich niedriger als in regulären Schulklassen, etwa zwischen 15 und 18 Schülerinnen und Schülern, doch stellt die Heterogenität enorm hohe Anforderungen an die Lehrkräfte, da die Spannbreite (vgl. o.) größer ist als im „normalen" Sprachunterricht. Ein Schüler, der noch alphabetisiert werden muss, braucht einen anderen Unterricht, anderes Material als eine Schülerin, deren Muttersprache Englisch oder Französisch ist und die lesen und schreiben kann. Dazu kommen gelegentlich äußere Umstände, die auf den Unterricht Einfluss haben, etwa wenn der Aufenthaltsstatus einer Familie nicht gesichert ist und die Kinder unter der ständigen Sorge leben, bald abgeschoben zu werden. Probleme ergeben sich auch, wenn Kinder es nicht gewöhnt sind, überhaupt in die Schule zu gehen, sie aber der Schulpflicht unterliegen. Fazit: Die Arbeit in einer Übergangs- oder Vorbereitungsklasse ist sehr anspruchsvoll und bedarf gut ausgebildeter und hochprofessioneller Lehrkräfte.

Neben diesen beiden Modellen – gestützte Submersion und transitorisches Modell – finden sich weitere Varianten, bei denen auch Unterricht in der Herkunftssprache erteilt wird. Darauf wird in Kapitel 5 näher eingegangen.

Das Integrationsmodell des Freistaates Sachsen

Einen etwas anderen Weg als die meisten Bundesländer geht der Freistaat Sachsen, dessen Modell zur sprachlichen und gesellschaftlichen Integration wir hier kurz vorstellen wollen. In Sachsen beschränkt sich der Lehrplan nicht auf die sprachlich-fachlichen Inhalte der Deutschförderung, vielmehr wird darin ein Gesamtprozess der Integration – vom Eintritt in eine deutsche Schule bis zur vollständigen Integration in die Regelklasse beschrieben. Der Integrationsprozess ist in drei Phasen gegliedert, so genannte „Etappen", vermittels derer ein schrittweiser Übergang von der Vorbereitungsklasse in die Regelklasse gewährleistet ist. Die erste Etappe umfasst 4-8 Wochen und sieht grundlegenden Deutsch-als-Zweitsprache-Unterricht vor. In Etappe 2 – zwischen 6 und 12 Monate andauernd – werden die Lernenden Schritt für Schritt in den Regelunterricht integriert, d.h. in dieser Zeit nimmt die Teilnahme am Regelunterricht kontinuierlich zu, während der Deutsch-als-Zweitsprache-Unterricht abnimmt. In der dritten Etappe sind die Lernenden in den Regelunterricht

Integrationsprozess in drei Etappen

integriert, erhalten aber begleitenden Deutsch-als-Zweitsprache-Unterricht. Diese Etappen werden von allen neu zugewanderten Schülerinnen und Schülern durchlaufen, von Grundschülern wie auch von Schülern der weiterführenden Schulen. Im Unterschied zu anderen Bundesländern steht dieser Integrationsprozess auch Schülerinnen und Schülern aus Migrantenfamilien offen, die schon längere Zeit in Deutschland leben, aber noch Defizite in der deutschen Sprache aufweisen (Sächsisches Staatsministerium 2000, 7).

Ziele der ersten Etappe | Ziel der ersten Etappe ist die Vermittlung grundlegender Kenntnisse in Deutsch als Zweitsprache „für die Fähigkeit zur Teilnahme am Regelunterricht und am sozialen Leben der unmittelbaren Umgebung" (a.a.O.). Die Lerninhalte in dieser Phase entsprechen insgesamt dem Kompetenzniveau für die elementare Sprachverwendung des Gemeinsamen europäischen Referenzrahmens (A1-A2). Explizite Berücksichtigung findet in diesem Modell der Bereich Aussprache, Schrift, Rechtschreibung, der in vielen DaZ-Curricula und auch im Deutsch-als-Fremdsprache-Unterricht eher am Rande vorkommt und unseres Erachtens (zu) häufig vernachlässigt wird. Im Laufe dieser ersten Etappe wird entschieden, „in welcher Klasse und in welchen Fächern der Schüler beginnen soll, am Regelunterricht teilzunehmen" (a.a.O.). Es wird empfohlen, mit weniger sprachbetonten Fächern zu beginnen, also beispielsweise mit Sport.

Ziele der zweiten Etappe | In der zweiten Etappe findet der schrittweise Übergang in die Regelklasse statt, und zwar dergestalt, dass die Schülerinnen und Schüler nach und nach an verschiedenen Fächern des Regelunterrichts teilnehmen: „Bei den Entscheidungen über die Wahl der Fächer empfiehlt es sich, eine Reihenfolge von weniger sprachbetonten hin zu stärker sprachbetonten Fächern zu planen, doch sind [...] die Kenntnisse, Fähigkeiten und Neigungen der Schüler als Entscheidungskriterien einzubeziehen." (Sächsisches Staatsministerium 2000, 8). Der Deutsch-als-Zweitsprache-Unterricht im Rahmen der Vorbereitungsklasse erhält in diesem Zeitraum eine andere Qualität: „Es werden Deutschkenntnisse vermittelt, die zur sozialen, in zunehmendem Maße aber zur schulischen Integration führen. Da gleichzeitig die schulische und die außerschulische Realkommunikation zunehmen, ist in der zweiten Etappe vor allem auch die Sprachaufmerksamkeit der Schüler so zu stärken, dass sie in die Lage versetzt werden, zielsprachliche

Ausdrücke und Ausdrucksweisen aus der Realkommunikation zu entnehmen und sie ggf. im Unterricht des Deutschen als Zweitsprache zu thematisieren. Für den Lehrer des Deutschen als Zweitsprache bedeutet dies die Notwendigkeit, sich durch wiederholte Sprachstandsdiagnosen ein Bild davon zu verschaffen, welche Fortschritte die Schüler in der deutschen Sprache machen, um darauf die Ziele seines Sprachunterrichts und die weiteren Entscheidungen über den Integrationsprozess einzustellen" (Sächsisches Staatsministerium 2000, 8-9).

In der dritten Etappe sind die Schülerinnen und Schüler in die Regelklassen integriert, erhalten aber weiterhin Deutsch-als-Zweitsprache-Unterricht. Dieser Unterricht hat das Ziel, eventuell auftretenden sprachlichen Schwierigkeiten im Fachunterricht zu begegnen und die Lernenden auf die sprachlichen Anforderungen des Fachunterrichts vorzubereiten.

Ziele der dritten Etappe

Eine wichtige Rolle kommt in diesem Integrationsmodell dem Betreuungslehrer zu. Er steht den Lernenden zur Seite, unterstützt sie in der ersten Etappe bei der Auswahl der Klasse und der Reihenfolge der Fächer, an denen der oder die Lernende in der zweiten Etappe teilnehmen möchte. Des weiteren kooperiert er mit den Klassen- bzw. Fachlehrern des Regelunterrichts: „Dabei geht es nicht nur um organisatorische Absprachen, sondern vor allem um pädagogische Fragen, darunter die gegenseitige Information über Sprachstand und Sprachentwicklung der Schüler und Vereinbarungen über die Arbeitsteilung bei der sprachlichen Förderung. Der Betreuungslehrer bereitet die Schüler auf die sprachlichen Anforderungen vor, der Fachlehrer holt sie dort ab, wo sie sprachlich stehen und leistet im Rahmen des Fachunterrichts auch die spezifische Unterweisung in der Fachsprache" (a.a.O.).

Rolle des Betreuungslehrers

Diese Kooperation zwischen DaZ-Unterricht und Fachunterricht wird in der dritten Etappe fortgesetzt. Hervorzuheben ist in diesem Zusammenhang, dass der sächsische Lehrplan explizit eine Mitverantwortung der *Fach*lehrer für die sprachliche Förderung der Schülerinnen und Schüler vorsieht – ein Anspruch, der mit einigen der in Kapitel 3 artikulierten Forderungen übereinstimmt. Hier jedoch zeigte sich bei der Evaluation des Modells ein Schwachpunkt: Die Sprachförderung im Rahmen des Fachunterrichts bedarf der Verbesserung; Fachlehrer müssen weiterqualifiziert werden, d.h. sie müssen in die Lage versetzt werden,

Rolle der Fachlehrer

einen sprachbewussteren Unterricht durchzuführen. Dieses Problem ist erkannt, und in allen Bundesländern lassen sich Initiativen ausmachen, die die Weiterqualifizierung von Lehrkräften zum Ziel haben. Themen, die dabei im Fokus stehen, betreffen sowohl den Umgang mit sprachlicher und kultureller Heterogenität als auch „deutschsprachigen Fachunterricht" oder „Scaffolding".

Übung 06

Bearbeiten Sie die folgende Aufgabe:
Bewerten Sie das Sächsische Integrationsmodell auf der Basis des bisher erarbeiteten Wissens. Begründen Sie Ihre Ansicht.

Außerschulische Sprachförderung

Sprachförderung durch freie Träger — Das Angebot an Sprachfördermaßnahmen im außerschulischen Bereich ist groß und insgesamt schwierig zu erfassen, da viele und sehr unterschiedliche Organisationen und Einrichtungen in diesem Bereich engagiert sind. So wird Sprachförderung traditionell angeboten von Trägern der Jugendarbeit, freien wie öffentlichen Trägern. Dazu zählen Jugendämter, Interkulturelle Dienste, kirchliche Einrichtungen wie der Caritasverband e.V., die Arbeiterwohlfahrt und viele mehr, die in Form von nachmittäglichen Sprachkursen, Hausaufgabenbetreuung oder speziellen Projekten Förderarbeit leisten. Ähnliche Aktivitäten sind seitens einiger Zuwanderergruppen zu verzeichnen. Beispielsweise bieten religiöse Vereinigungen wie die Türkische Union der Anstalt für Religion e.V. (DITIB) Deutschunterricht und Hausaufgabenbetreuung für Kinder mit Migrationshintergrund, häufig aus der eigenen ethnischen Gruppe, an. Erteilt wird der Deutschunterricht meist von Honorarkräften oder ehrenamtlichen Mitarbeitern, die nicht immer speziell für die Sprachförderung ausgebildet sind. Ein interessantes Angebot an Sprachförderungsmaßnahmen – und Lehrerfortbildungen – bieten ebenfalls die RAAs an, häufig in Kooperation mit einem freien Träger, gelegentlich auch in Zusammenarbeit mit Hochschulen.

Sprachförderung durch Stiftungen — Während die Angebote in der Jugendarbeit schon seit Jahrzehnten bestehen, engagieren sich Stiftungen im Bereich der

(Sprach-)Förderung von Migrantenkindern erst seit einigen Jahren. Das Engagement ist vielseitig: Es reicht von der finanziellen Unterstützung einzelner Fördermaßnahmen durch kleinere Stiftungen bis zu Stipendienprogrammen großer Stiftungen (z.B. die Programme START der Gemeinnützigen Hertie-Stiftung und „Talent im Land" der Robert-Bosch-Stiftung).

Im Kontext Deutsch als Zweitsprache und Schule ist besonders das Projekt „Förderunterricht für Kinder und Jugendliche mit Migrationshintergrund" der Stiftung Mercator, Essen, hervorzuheben. Hier werden Sprachförderung und Lehrerausbildung miteinander verbunden. Das Projekt der Stiftung geht zurück auf ein Projekt der Universität Duisburg-Essen, welches seit über 30 Jahren erfolgreiche Arbeit bei der (Sprach-)Förderung von Migrantenkindern leistet. Lehramtsstudierende der Universität Duisburg-Essen erteilen den Kindern und Jugendlichen Förderunterricht in allen Fächern und haben durch diese Unterstützung eine beachtliche Anzahl von Schülerinnen und Schülern mit Migrationshintergrund zur Hochschulreife gebracht. Seit dem Jahr 2000 wird dieses Projekt von der Stiftung Mercator finanziell unterstützt und ist auf 35 Standorte in 14 Bundesländer ausgeweitet worden. Vor Ort werden die einzelnen Sprachförderprojekte jeweils von einer Hochschule und weiteren Kooperationspartnern (z.B. RAAs, Vereine, Stadtverwaltung) realisiert. Die Stiftung Mercator finanziert den Förderunterricht, so dass für die Familien der Schüler, die vielfach sozial schwachen Schichten angehören, keine Kosten entstehen.

Stiftung Mercator

„In Kleingruppen von 3-7 Teilnehmern erhalten sie [Kinder und Jugendliche aus Einwandererfamilien] Sprach- und Fachunterricht von Lehramtstudierenden. Diese aktive Unterstützung wirkt sich auch über die reine Wissensvermittlung hinaus positiv aus. Es ist ein aktiver Beitrag zur sozialen Integration, denn die Kinder und Jugendlichen können sich auch bei Problemen in der Schule [...] vertrauensvoll an ihre Förderlehrer wenden. Das Angebot richtet sich gezielt an Schülerinnen und Schüler der Klassen 5-13 (Sekundarstufe I und II). Die Erfolge der individuellen Förderung werden sichtbar: Schon nach geringer Förderdauer verbessern sich die Kinder und Jugendlichen in ihren schulischen Leistungen, werden offener und selbstsicherer. Schüler mit Migrationshintergund, die unter den gegebenen Umständen keinen bzw. nur einen Hauptschulabschluss erlangen würden, können nun mit professioneller Unterstützung ihrer Förderlehrer sogar die Hochschulreife erreichen. Vom Projekt profitieren aber auch die Lehramtsstudierenden. Sie erwerben als Förderlehrer intensive Praxiserfahrungen im Umgang mit mehrsprachigen, bikulturellen Kindern und Jugendlichen." (Stiftung Mercator 2007)

Übung 07

Bearbeiten Sie folgende Aufgabe:
Informieren Sie sich auf der Homepage der Stiftung Mercator über das Projekt: www.stiftung-mercator.de

Das Projekt „Förderunterricht" ist als besonders nachhaltig zu bewerten, da sich die Maßnahmen nicht auf die konkrete Sprachförderung einzelner Kleingruppen beschränken, sondern die Kooperation mit einer Hochschule, die Vernetzung mit der Lehrerausbildung Voraussetzung für eine Förderung ist. Auf lange Sicht können die Sprachkompetenzen von Schülerinnen und Schülern mit Migrationshintergrund, kann ihr Schulerfolg nur dann verbessert werden, wenn sich die Qualität des Unterrichts ändert. Und dies ist u.a. über eine Lehrerausbildung zu steuern, in der die Lehramtsstudierenden auf die kulturelle und sprachliche Heterogenität im Unterricht theoretisch und praktisch vorbereitet werden.

Materialien Deutsch als Zweitsprache in der Sekundarstufe I

Wir haben in Kapitel 3 bereits gesehen, dass sich die Auswahl von methodischen Ansätzen, Arbeits- und Sozialformen, Lerninhalten etc. generell an den Bedürfnissen der Lernenden orientieren sollte. In diesem Gefüge nimmt das Lehrmaterial bzw. das Lehrwerk eine zentrale Rolle ein. Über das Lehrwerk/Lehrmaterial sollen Lernziele realisiert werden, es ist Träger des Lernstoffes, der in bestimmter Weise aufbereitet ist. Mit dem Lehrmaterial wird aber auch Unterricht in Phasen gegliedert, werden Arbeits- und Sozialformen bestimmt. Schließlich wird das Lehrmaterial auch über unterschiedliche Medien vermittelt (vgl. Neuner 1994,

Rolle des Lehrwerks

8). „Betrachtet man das Unterrichtsgeschehen näher, dann wird deutlich, dass das Lehrwerk [das Lehrmaterial] zwischen dem Lehrplan (fachdidaktische und fachmethodische Konzeption), der Lehrsituation (institutionelle Bedingungen/Lehrer) und den Lernenden bzw. der Lerngruppe vermittelt" (Neuner 1994, 9).

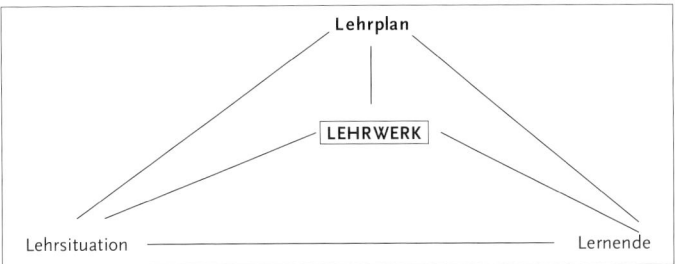

Abb. 10 Stellung des Lehrwerks im Gesamtgefüge von Unterricht (Neuner 1994, 9)

Die Auswahl des Materials ist also stets von der konkreten Konstellation in einer bestimmten Sprachfördermaßnahme abhängig. Ein Intensivkurs im Rahmen einer Internationalen Vorbereitungsklasse kann – je nach Zusammensetzung der Gruppe – u. U. ein marktgängiges Lehrwerk einsetzen. Ein Förderunterricht, der zwei Nachmittagsstunden pro Woche umfasst, ist vielleicht mit einem modularisierten Material besser bedient.

Für die Zielgruppe Deutsch-als-Zweitsprache Lernende in der Sekundarstufe I – und erst recht in der Sekundarstufe II – gibt es bislang relativ wenig spezielles Material auf dem Markt, verglichen mit dem reichen Angebot an Unterrichtsmaterialien und Lehrwerken für Deutsch als Fremdsprache für Jugendliche oder für Deutsch als Zweitsprache für erwachsene Zuwanderer. Die meisten DaF-Lehrwerke lassen sich im Deutsch-als-Zweitsprache-Unterricht gut einsetzen, bedürfen aber der Ergänzung und Modifikation, insbesondere was die Erarbeitung und den Erwerb konzeptionell-schriftsprachlicher und fachsprachlicher Kompetenzen angeht. In diesen Bereichen ist einiges an Zusatzmaterial auf dem Markt, welches im Kontext deutscher Auslandsschulen entstand (vgl. beispielsweise Leisen 1998) und sich gut für den Einsatz im DaZ-Unterricht eignet. Auch das Goethe Institut bietet – teilweise in Kooperation mit Schulbuchverlagen – interessante

Lehrmaterialien DaZ

Auslandsschulen

Goethe Institut

und anregungsreiche Materialien an (vgl. www.goethe.de). Neue Wege beschreitet Oomen-Welke (2006) mit der Reihe „Sprachen-fächer", einem Material für den interkulturellen Deutschunter-richt in der Sekundarstufe I.

Angebote im
Internet

Lehrende, die aktuelle Themen in ihren DaZ-Unterricht inte-grieren wollen oder die nach weiteren differenzierenden Materi-alien suchen, finden ein reiches Angebot im Internet. Nahezu alle Verlage, die Deutsch als Fremdsprache in ihrem Programm haben, bieten auf ihren Homepages Zusatzmaterialien zu den einzelnen Lehrwerken als Download oder online an, vielfach kostenfrei. An-regungen für Projektarbeit, Deutschkurse, sehr aktuelle Materialen – beispielsweise langsam vorgetragene Nachrichten – finden Leh-rende auf den Seiten der Deutschen Welle: http://www.dw-world.de/dw/ unter „Deutschkurse". Ebenfalls zu empfehlen ist der „Exil-club", ein Projekt von Schulen ans Netz e.V. Dabei handelt es sich um eine „Lern- und Arbeitsumgebung für Unterricht und Projekt-arbeit zu Themen aus dem Spektrum Exil, Migration und Fremd-sein". Lehrende finden hier Arbeitsanregungen, didaktisch aufbe-reitete Inhalte sowie eine Plattform für die Projektarbeit online. Abrufbar sind diese über www.exil-club.de.

Übung 08

Bearbeiten Sie die folgende Aufgabe:
Verschaffen Sie sich einen Einblick in das Online-Angebot der Deutschen Welle und des „Exilclubs".

Zusammenfassung und Ausblick

Wir haben gesehen, dass es eine Vielzahl von Maßnahmen gibt, um DaZ-Lernende in der Sekundarstufe I in ihrem Zweitspracher-werbsprozess zu unterstützen. Solche Maßnahmen sind sowohl im institutionellen Rahmen von Schule zu finden wie auch im außerschulischen Bereich. Eine neuere Tendenz ist es, die kon-krete Sprachförderung von Schülerinnen und Schülern mit der Lehrerausbildung zu verknüpfen – somit wird kurzfristig den DaZ-Lernenden geholfen, langfristig kann aber auch über eine modifizierte, den realen Bedürfnissen angepasste Lehrerausbil-dung die Qualität von Unterricht verändert werden.

4.3 Projektorientierte Sprachförderung

Ein gesonderter Abschnitt soll im Folgenden der projektorientierten Sprachförderung gewidmet sein, da in den letzten Jahren verstärkt Sprachfördermaßnahmen in Form von Projekten durchgeführt werden. Projektarbeit zählt zu den offenen Unterrichtsformen. Sie ist in der Regel themenbasiert und stark ergebnisorientiert, d.h. am Ende eines Projektes sollte ein Produkt stehen, welches in einer bestimmten Weise präsentiert wird. Dabei kann es sich um eine Theateraufführung handeln, eine Ausstellung von Bildern oder sonstigen künstlerischen Arbeiten. Es kann ein Bericht entstanden sein, ein Märchen- und Geschichtenbuch, eine Bildschirmpräsentation oder ein Videofilm.

Projektarbeit – eine offene Unterrichtsform

„Projektunterricht bezeichnet eine offene und themenzentrierte Unterrichtsform, die ein hohes Maß an Selbstverantwortung und Mitbestimmung der Lernenden erlaubt. Themen- und Problemkonkretisierung sowie Planung der einzelnen Aktionsphasen resultieren aus einem gemeinsamen Aushandlungsprozess, der sowohl Raum für die Entfaltung von Lernerinteressen lässt, als auch für die pädagogisch-fachdidaktisch begründeten Vorschläge des Lehrers. Der gemeinsam entwickelte Projektplan zur Bearbeitung des Themas/der Aufgabe gibt dem Lernprozess zwar die Orientierung, kann jedoch als Resultat regelmäßiger Reflexionsphasen modifiziert werden. Trotz einer klaren Prozessorientierung gilt den von den Lernern ‚hergestellten' Produkten gleichfalls große Aufmerksamkeit. Ferner ist die Forschungsorientierung als wichtigstes Merkmal zu nennen: Themen und Sachverhalte werden forschend angegangen und arbeitsteilig bearbeitet, weshalb auch die Präsentation und Evaluation arbeitsteilig gewonnener Erkenntnisse zu den Merkmalen von Projektunterricht gehören. Wegen des praktisch-handelnden Zugriffs auf Themen, Gegenstände und Fragestellungen (seiner Handlungsorientierung) soll er zur Überwindung historisch verfestigter Trennung von Schule und Leben beitragen. Durch die interdisziplinäre Vernetzung der Themen wird ferner eine Aufhebung der Partialisierung der Schulfächer angestrebt."
(Legutke 2003, 259-260)

Projektarbeit ermöglicht – auch im DaZ-Erwerbskontext – ein höheres Maß an realen, authentischen Kommunikationssituationen für die Lernenden als andere Unterrichtsformen, was im Sinne des kommunikativen Ansatzes wünschenswert ist, da der Spracherwerbsprozess so gut unterstützt werden kann (vgl. Kap. 3). Charakteristische Merkmale der Projektarbeit wie u.a. Handlungsorientierung, Lernerautonomie/selbstgesteuertes Lernen und Teamarbeit kommen modernen Vorstellungen von Sprachunterricht entgegen. Jedoch muss konstatiert werden, dass Projektarbeit in der Schule, u.a. aus strukturellen und organisatorischen Gründen, schwierig realisierbar ist: „ ...[sie kollidiert] bis heute mit institutionellen Zwängen der Regelschule (Fachgliederung, Zeitbudgets) und Vorstellungen über den Lehrgangscharakter des Fremdsprachenunterrichts" (Legutke 2003, 261).

Merkmale von Projektarbeit

Im Rahmen von Projekten finden viele methodische Möglichkeiten ihren Platz; es lassen sich, je nach Lernergruppe und/oder Projektthema, die unterschiedlichsten Übungs- und Aufgabenformen einplanen. Dies bringt den Vorteil mit sich, dass in Projekten sehr gut lernerorientiert gearbeitet werden kann und binnendifferenzierende Maßnahmen leicht eingesetzt werden können.

Ablaufschema von Projekten

Projekte sind auf der anderen Seite, insbesondere für die Lehrenden, sehr arbeitsintensiv in der Vorbereitung und Durchführung und bedürfen einer sorgfältigen Planung. Folgendes Ablaufschema lässt sich ganz allgemein für Projekte angeben (vgl. dazu Legutke/Thomas 1997, 169-181; Legutke 2003, 261):

- Projektidee und Themenfindung, evtl. gemeinsam mit der Lerngruppe
- Erarbeitung eines Projektplanes, der u.a. die einzelnen Lernphasen mit den jeweiligen Aufgaben und Übungen enthält. Zu den Aufgaben gehören auch solche, die auf bestimmte Projektaufgaben vorbereiten. Wenn Lernende beispielsweise zur Informationsbeschaffung Telefonate führen müssen, sollten diese sprachlich vorbereitet werden. Auch die Präsentation der Arbeitsgruppenergebnisse muss sprachlich erarbeitet werden.
- Durchführung der einzelnen Phasen
- Präsentation der Ergebnisse
- Evaluation des Projektes (Prozess- und Produktevaluation)

Bei der Planung eines Projektes ist dringend zu berücksichtigen, ob und inwieweit die Lernenden in der Lage sind, selbstständig und eigenaktiv zu arbeiten oder ob eine stärkere Steuerung durch die/den Lehrenden notwendig ist. Lehrende sollten über eine gewisse „Projektkompetenz" verfügen: Zunächst sind sie gefordert, curriculare Anforderungen mit dem Projektplan in Übereinstimmung zu bringen. Sie sollten darüber hinaus fachliche Kompetenz bezüglich des Projektthemas besitzen – vor allem aber „die methodischen, gruppendynamischen sowie lernstrategischen Voraussetzungen für selbstbestimmtes Lernen bereit stellen können" (Legutke 2003, 262). Außerdem sollten Lehrende den Lernprozess ihrer Lernenden beobachten, eventuell auftretende Schwierigkeiten diagnostizieren und flexibel darauf reagieren können. Diese knappen Ausführungen machen deutlich, dass Projektarbeit einerseits eine Reihe von Vorteilen für die Sprachförderung mit sich bringt, dass sie andererseits aber eine anspruchsvolle Unterrichtsform ist, die sorgfältiger Vorbereitung bedarf.

Projektkompetenz von Lehrenden

Beispiele für Projekte in der Sprachförderung

Projektarbeit eignet sich sehr für intensive Sprachfördermaßnahmen, insbesondere auch bei heterogenen Gruppen. Teamarbeit lässt verschiedene Konstellationen von Lernenden zu, z.B. können stärkere Lernende mit schwächeren zusammenarbeiten und diese unterstützen. Es können aber auch leistungshomogenere Teams gebildet werden, die Aufgaben unterschiedlichen Schwierigkeitsgrades bearbeiten. Eine weitere Möglichkeit wäre, Teams nach den Interessen oder Fähigkeiten der Lernenden zu bilden. So lassen sich Binnendifferenzierung und Lernerorientierung relativ gut realisieren. Ein weiterer Vorteil von Projektarbeit ist, dass es sich hierbei meist um einen intensiven Unterricht handelt, d.h. dass mehr an Lehrstoff bzw. dieser in anderer Qualität vermittelt wird und so u.U. ein höherer Lernerfolg erzielt werden kann. Nicht zuletzt trägt auch eine Motivationssteigerung zur Optimierung des Lernprozesses bei.

Vorteile von Projektarbeit

Seit einigen Jahren werden bundesweit Sprachcamps für Deutsch als Zweitsprache während der Ferien, meist während der Sommer- oder Herbstferien, angeboten. Bemerkenswert an einigen dieser Projekte ist, dass sie in Kooperation zwischen Schulen und Universitäten durchgeführt und mit der Lehrerausbildung kombiniert werden. Das heißt, Lehramtsstudierende werden auf die Projektarbeit vorbereitet und führen diese anschließend – unter Begleitung ihrer Ausbilder – durch. Sie erwerben auf diese Weise „Projektkompetenz" (s.o.).

Sprachförderung und Theaterpädagogik

Beliebt, insbesondere für Grundschulkinder, sind Projekte, in denen Sprachförderung und Theaterarbeit miteinander vereint werden. Durchgeführt wurden solche Camps beispielsweise von der Universität Duisburg-Essen („Reise um die Welt") und der Universität zu Köln („Königinnen und Könige der Farben"). Die Tage waren in der Regel aufgeteilt in Phasen mit dem Schwerpunkt Spracharbeit und Phasen mit dem Schwerpunkt Theaterarbeit. Am Ende dieser Ferienschulen stand jeweils eine Theateraufführung auf dem Programm, die der Öffentlichkeit präsentiert – und in Zeitungsberichten dokumentiert wurde. Unter wissenschaftlicher Begleitung wurde das Jacobs-Sommercamp 2004 in Bremen durchgeführt, welches ebenfalls Spracharbeit und theaterpädagogische Arbeit miteinander verband. Ziel dieser Arbeit war u.a. zu untersuchen, inwieweit implizite und explizite Sprachförderung die deutsche Sprachkompetenz bei Kindern aus zugewanderten Familien beeinflusste, um „empirisch fundierte Empfehlungen über die sinnvolle Gestaltung von Sprachförderprogrammen für Deutsch als Zweitsprache geben zu können" (Rösch 2006, 287).

Das SIOP-Konzept

In Augsburg wurde 2005 durch die Universität ein (themenzentriertes) Ferienprojekt unter Anwendung des amerikanischen SIOP-Modells („Sheltered Instruction Observation Protocol") konzipiert. SIOP ist verbunden mit dem Ziel, „to provide teachers with a well articulated, practical model of sheltered instruction" (www.siopinstitute.net).

Im Augsburger Ferienprojekt ging es ebenfalls darum, einerseits Wege zu finden, die Sprachförderung zu optimieren und andererseits Lehramtsstudierende mit neuen Konzepten bekannt zu machen. Thematischer Schwerpunkt in diesem Projekt war die Arbeit mit dem Roman *Emil und die Detektive* von Erich Kästner.

Die Erfahrungen mit diesem Konzept zeigten, dass (1) der Lernprozess von leistungsschwächeren Schülerinnen und Schülern positiv unterstützt werden kann; (2) die Kompetenzbereiche Strategie-Lernen und Interaktion sich verbessert hatten und (3) sich Fach- und Sprachunterricht sehr gut verbinden ließen (vgl. Ballis 2006).

Projekte, die Spracharbeit und Museumspädagogik miteinander verbinden, sind für den muttersprachlichen Unterricht schon seit geraumer Zeit dokumentiert (vgl. Boettcher 1999). Seit 2005 werden die Konzepte dieser Arbeit, u.a. an der Universität Köln, auf den Bereich Deutsch als Zweitsprache übertragen. In Zusammenarbeit mit dem museumspädagogischen Dienst wurde ein Projekt „Deutsch als Zweitsprache im Museum" geplant und durchgeführt. Wie bei den zuvor beschriebenen Projekten auch, wurden zunächst Lehramtsstudierende ausgebildet, die später die Sprachförderung im Museum leiteten. Ziele des Projektes sind, auf der Ebene der Lehrerausbildung, Kompetenzerweiterung im Bereich Sprachfördermaßnahmen; auf der Ebene der Sprachförderung selbst u.a. die Verbindung von fachlichem und sprachlichem Lernen, Steigerung bzw. Erhalt der Motivation zum Deutschlernen, indem Kultur im außerschulischen Raum erkundet wird. Vor allem aber sollen die Lernenden in kreativer Weise an die Zweitsprache Deutsch herangeführt und beim Erwerb konzeptionell-schriftsprachlicher Kompetenzen unterstützt werden.

Sprachförderung im Museum

Die Ausbildung konzeptionell-schriftsprachlicher Kompetenzen soll u.a. über „kreatives Schreiben" geleistet werden, da es sich für die Zielgruppe der Zweitsprachenlernenden in besonderer Weise eignet: Beim kreativen Schreiben handelt es sich, entgegen landläufiger Vorstellungen, um ein angeleitetes Schreiben: „[...] das heißt, der Schreibprozess wird durch verschiedene kreative Methoden und Schreibarrangements initiiert bzw. trainiert und die Produktion vielfältiger Textarten und individueller Schreibmuster ermöglicht" (Becker-Mrotzek/Böttcher 2006, 142). Lernende können damit bereits in frühen Phasen des Zweitspracherwerbs sinnhafte Kurztexte produzieren – was die Schreibmotivation, so die Erfahrung aus dem Projekt, deutlich erhöht. In der Präsentationsphase wurden die Texte auf Postern und später in einem Internetforum der Öffentlichkeit vorgestellt. Außer Texten schufen die Lernenden Turm-Objekte und Bilder in Anknüpfung an die im Museum betrachteten Kunstwerke.

Kreatives Schreiben

Zusammenfassung

Wir haben in diesem Abschnitt gesehen, dass Projektarbeit vielfältige Möglichkeiten bietet, die Sprachförderung – vor allem im außerschulischen Raum – anregend und motivierend zu gestalten. Wir haben einige wenige Beispiele für Projektarbeit in Verbindung mit Theater-, Literatur- und Museumspädagogik vorgestellt. In Verbindung mit Musik, Tanz, Technik, Naturwissenschaften etc. gibt es weitere interessante Möglichkeiten, zugewanderte Jugendliche an die deutsche Sprache heranzuführen und sie ihren Neigungen und Begabungen entsprechend zu fördern.

Testfragen

01 Wodurch unterscheiden sich formelle Sprachtests von informellen?

02 Welches sind – in der klassischen Testtheorie – die Hauptgütekriterien von Tests?

03 Was kann man tun, um die Qualität informeller Tests zu gewährleisten?

04 Wie sollte die Literacy-Förderung im Rahmen der Elementar-Erziehung gestaltet werden?

05 Für welche Zielgruppen sind die Beobachtungsverfahren SISMIK und SELDAK jeweils entwickelt worden?

06 Was ist unter einer ‚spezifischen Sprachentwicklungsstörung‘ zu verstehen?

07 Sollte man sich im frühen Zweitspracherwerb uneingeschränkt auf die eigenaktive Hypothesenbildung der Lernenden bei der Sprachförderung verlassen und sich darauf beschränken, den Lernenden allein ein sprachanregungsreiches Umfeld anzubieten, in das diese gewissermaßen „eintauchen" können ohne „unterzugehen"?

08 Was zeichnet das „Sächsische Integrationsmodell" gegenüber anderen schulorganisatorischen Modellen in der Bundesrepublik Deutschland aus?

09 Welche Kenntnisse und Fähigkeiten umfasst Ihrer Ansicht nach "Projektkompetenz von Lehrenden"?

10 Welche Vorteile hat Projektarbeit im Rahmen von Sprachförderung?

LERNEN IN ZWEI SPRACHEN – 5
INTERKULTURELLE KOMMUNIKATION

Im folgenden Kapitel werden Konzepte vorgestellt, die sich im Rahmen einer Didaktik der Mehrsprachigkeit ausdrücklich sowohl die Förderung der deutschen Sprache als Zweitsprache als auch die Förderung der Erstsprache zum Ziel gesetzt haben. Das gilt zum Beispiel für den Unterricht in den Herkunftssprachen der Familien von Kindern aus Zuwandererfamilien: Das Angebot von herkunftssprachlichem Unterricht für diese Schülerinnen und Schüler wird heute auch mit der Bedeutung guter muttersprachlicher Kompetenz für einen erfolgreichen Zweitspracherwerb begründet. Als wichtige Grundlage für einen solchen Erfolg wird eine Koordination des Sprachunterrichts in der Erst- und in der Zweitsprache besonders im Anfangsunterricht im Lesen und Schreiben angesehen. Während diese beiden Angebote speziell für Kinder aus Zuwandererfamilien entwickelt wurden, wurden bilinguale Programme in Deutschland zunächst gezielt für einsprachig deutsche Schülerinnen und Schüler entwickelt, mit dem Ziel, diesen eine fundierte Kompetenz in der Fremdsprache (,Partnersprache') sowie eine besondere Kompetenz im Umgang mit der ,Partnerkultur' zu vermitteln. Heute werden solche Programme häufig gezielt für Kinder aus zwei oder mehr Sprachgruppen konzipiert. Aber auch an den gemeinsamen Deutschunterricht mit Schülern deutscher und anderer Muttersprache werden neue Erwartungen gerichtet, es wird für die Entwicklung einer ,Kultur der Mehrsprachigkeit' im Deutschunterricht plädiert, die die Aufmerksamkeit auch auf andere Sprachen und Kulturen lenkt und so language awareness und cultural awarenes aller Schülerinnen und Schüler fördern soll. Keines der genannten Konzepte ist völlig unumstritten. Nicht ganz unumstritten ist zum einen das Bildungsziel ,Mehrsprachigkeit' als Bildungsangebot für alle Schülerinnen und Schüler. Kontrovers diskutiert wird zum anderen auch die Frage, welcher Platz den Herkunftssprachen im Sprachenangebot öffentlicher Schulen eingeräumt werden sollte.

5.1 Mehrsprachigkeit und interkulturelle Kommunikation

Interkulturelle Germanistik

Die Zusammenarbeit in sprachlich und kulturell heterogenen Gruppen ebenso wie ein vorübergehendes oder dauerhaftes

Zusammenleben in sprachlich und kulturell heterogenen Gemeinschaften verlangt von allen ihren Mitgliedern besondere sprachliche und kulturelle Kompetenzen. Dies gilt sowohl für grenzüberschreitende Kontakte als auch für Kontakte zwischen Individuen und Gruppen innerhalb eines Landes. Diese Einsichten sind nicht neu. Auf grenzüberschreitende Kontakte aus beruflichen Gründen, im Rahmen des Studiums, einer Ausbildung oder im Rahmen von Austauschprogrammen wird in aller Regel gezielt mit Hilfe von Sprachkursen in der Fremdsprache, landeskundlichen Seminaren oder interkulturellen Trainingsprogrammen vorbereitet. Sprachkurse, landeskundliche Seminare oder interkulturelle Trainingsprogramme dienen aber nicht nur der Vorbereitung auf einen Auslandaufenthalt oder der weiteren Qualifizierung während eines Aufenthalts im fremden Land. Sie können auch mit dem Ziel einer Qualifizierung für eine Mittlertätigkeit zwischen Kommunikationspartnern im eigenen Land dienen, deren unterschiedliches sprachliches und kulturelles Wissen ein besonderes Konfliktpotenzial birgt. Mit der ‚interkulturellen Germanistik' hat sich eine auch außerhalb des deutschen Sprachraums aktive wissenschaftliche Teildisziplin entwickelt, die sich gezielt der Beschäftigung mit den genannten Fragestellungen widmet, wobei hier zunächst die ‚Außenperspektive', d.h. die Beschäftigung mit grenzüberschreitenden Kontakten, deutlich überwog (Wierlacher & Bogner 2003).

Interkulturelle Pädagogik

In den Erziehungswissenschaften dagegen setzte in Deutschland das wissenschaftliche Interesse am Thema Umgang mit sprachlicher und kultureller Heterogenität speziell bei Kindern und Jugendlichen in engem zeitlichem Zusammenhang mit dem Beginn der Anwerbung von ausländischen Arbeitskräften und dem damit verknüpften Familiennachzug sowie mit späteren Familiengründungen der Angeworbenen ein. Hier steht seither deutlich die ‚Binnenperspektive' im Vordergrund, d.h. die Begegnung von ‚Eigenem' und ‚Fremdem' im eigenen Land. Allemann-Ghionda 1997 unterscheidet vier zeitlich aufeinander folgende Paradigmen (Muster) der Auseinandersetzung mit sprachlicher und kultureller Heterogenität in Pädagogik und Minderheitenforschung: 1. die ‚Ausländerpädagogik', 2. die ‚Interkulturelle Pädagogik', 3. die ,Kritik an der Interkulturellen Pädagogik' und 4. die ,Pädagogik der soziokulturellen Vielfalt'. Im Sinne einer besseren Systematik sollte man hier allerdings nur von drei Paradigmen sprechen: der Ausländerpädagogik, der Interkulturellen Pädagogik sowie der Pädagogik der soziokulturellen Vielfalt. Die Ablösung des einen durch ein anderes Paradigma wurde jeweils durch eine Phase der kritischen Auseinandersetzung mit Inhalten und Zielen des vorangehenden Paradigmas eingeleitet: So entwickelte sich auch die Interkulturelle Pädagogik in der Auseinandersetzung mit Zielen und Inhalten des zeitlich früheren Paradigmas, der Ausländerpädagogik.

Ausländerpädagogik
Der folgende Überblick über die drei genannten Paradigmen beschränkt sich auf aus der Sicht der einschlägigen Forschung wesentliche Zielsetzungen sowie zentrale Aspekte der Kritik, die zur Entwicklung des jeweils folgenden Paradigmas überleiteten (Allemann-Ghionda 1997). Die ,Ausländerpädagogik' zeichnete sich nach Ansicht ihrer Kritiker durch eine geringe Bereitschaft aus, sprachliche und kulturelle Unterschiede zu akzeptieren. Als vordringliches Ziel sah sie die Förderung von Kindern aus Familien mit Migrationshintergrund in der Zweitsprache Deutsch an, um eine schnelle Eingliederung dieser Kinder in das Schulsystem für die Dauer ihres Aufenthaltes in Deutschland zu ermöglichen. Herkunftssprachlicher Unterricht sollte in erster Linie dem Ziel dienen, den Schulerfolg der Kinder im Falle einer Rückkehr der Familie in das Herkunftsland nicht durch mangelnde Sprachkenntnisse zu gefährden. Aufgrund dieser Zielsetzungen wurde die Ausländerpädagogik von Kritikern als assimilationistisch, kompensatorisch und defizitorientiert charakterisiert: Es ginge ihr vornehmlich um eine Anpassung ihrer Zielgruppe an geltende Normen durch ein Förderangebot, das fehlende sprachliche und kulturelle Kompetenzen ausgleiche. Das vorhandene sprachliche und kulturelle Wissen interessiere die Schule nicht, wahrgenommen würden nur die Defizite dieser Kinder.

Interkulturelle Pädagogik
Die ,Interkulturelle Pädagogik' zeichnete sich demgegenüber durch eine hohe Bereitschaft aus, sprachliche und kulturelle Unterschiede zu akzeptieren. Man ging inzwischen davon aus, dass der Aufenthalt vieler Familien mit Migrationshintergrund auf Dauer angelegt war. Als vordringliches Ziel wurde jetzt nicht

mehr die sprachliche Förderung von Kindern aus Familien mit Migrationshintergrund angesehen, sondern die Förderung der interkulturellen Kompetenz aller Schülerinnen und Schüler. Aufgabe des Unterrichts in allen Fächern sollte es daher sein, ein Interesse an anderen Sprachen und Kulturen zu wecken. Dabei sollten die Sprachen und Kulturen der Herkunftsländer der zugewanderten Kinder in besonderer Weise berücksichtigt werden. Auch der herkunftssprachliche Unterricht sollte nun anderen Zielen dienen: insbesondere der Entwicklung einer eigenen kulturellen Identität und der Möglichkeit, eine dauerhafte Verbindung zum Herkunftsland zu erhalten. Kritiker warfen der interkulturellen Pädagogik eine Überbetonung kultureller Unterschiede sowie eine Vernachlässigung anderer Unterschiede, wie zum Beispiel sozialer Unterschiede oder geschlechtsspezifischer Unterschiede, vor. Kritisiert wurde aber auch, dass das Ziel, die Kompetenz von Kindern aus Zuwandererfamilien in der Zweitsprache Deutsch zu fördern, nicht nachdrücklich genug verfolgt wurde.

Vertreter einer ‚Pädagogik der soziokulturellen Vielfalt' treten für eine Akzeptanz der Vielfalt der Lebenswelten und Standpunkte ein. Ihrer Ansicht nach sollte das zentrale Ziel die Förderung aller Schülerinnen und Schüler im Umgang mit verschiedenen Formen von Diversität sein, dass sozioökonomische und geschlechtsspezifische Unterschiede ebenso berücksichtigt werden sollten wie beispielsweise sprachliche und kulturelle Unterschiede. Die Förderung der Zweitsprache Deutsch sowie die Förderung der Zweisprachigkeit tritt als Zielsetzung demgegenüber in den Hintergrund. Gegenwärtig ist in öffentlichen Diskussionen eine zunehmend kritische Bewertung der Inhalte und Ziele der Pädagogik der soziokulturellen Vielfalt zu beobachten. Das gilt insbesondere für die geforderte Akzeptanz von sprachlichen und kulturellen Unterschieden. Vordringlicher sei es, so lautet eine häufig geäußerte Kritik, eine solide gemeinsame sprachliche und kulturelle Basis für das Zusammenleben zu schaffen. Im Zweifelsfall sollte daher bei Kindern aus Zuwandererfamilien das Ziel der Förderung der Zweitsprache Vorrang vor dem Ziel der Förderung von Zweisprachigkeit haben. Diese Kritik kann auch als Plädoyer für die Entwicklung einer stärker integrativ ausgerichteten Pädagogik verstanden werden.

Pädagogik der soziokulturellen Vielfalt

Integrative Pädagogik: Die Diskussion um gemeinsame Grundwerte

Auch eine integrative Pädagogik will zum Respekt vor der Vielfalt der Lebenswelten und Sichtweisen erziehen. Sie will dabei aber nicht auf eine Werteorientierung verzichten. Das kann in einer global orientierten und zunehmend durch sprachliche und kulturelle Vielfalt geprägten Gesellschaft durchaus zu Konflikten führen. Dies zeigt die aktuelle Diskussion über Fragen wie die folgenden: Besteht die Gefahr, dass die Pressefreiheit oder die Freiheit von Kunst und Wissenschaft, wie sie in Artikel 5 unserer Verfassung formuliert sind, nicht nachdrücklich genug verteidigt werden, weil sich Angehörige von Religionsgemeinschaften in unserem Land oder in anderen Ländern zum Beispiel durch Darstellungen in der Presse in ihren religiösen Gefühlen verletzt sehen könnten? Besteht andererseits die Gefahr, dass die Freiheit des religiösen Bekenntnisses und das Recht zur ungestörten Religionsausübung, wie sie in Artikel 4 unserer Verfassung formuliert sind, nicht nachdrücklich genug verteidigt werden, wenn sie von Angehörigen nicht-christlicher Religionsgemeinschaften beansprucht werden? Die geforderte Bereitschaft zur Akzeptanz der Vielfalt der Lebenswelten und Sichtweisen wird besonders auf die Probe gestellt, wenn die ‚fremden‘ Sichtweisen im Widerspruch stehen zu als verbindlich erachteten Grundwerten der ‚eigenen‘ Kultur. Unsere Verfassung setzt in Artikel 18 der geforderten Akzeptanz der Vielfalt der Lebenswelten und Sichtweisen zwar eine klare Grenze: Die genannten Grundrechte dürfen nicht zum Kampf gegen die Verfassung missbraucht werden. Dennoch ist die Entwicklung verbindlicher gemeinsamer Standards unter Berücksichtigung der durch die Verfassung garantierten Rechte des Einzelnen nicht immer ganz einfach, wie etwa die Diskussion um die Frage zeigt, ob muslimischen Lehrerinnen im Unterricht das Tragen eines Kopftuches zu gestatten ist.

1. **Ausländerpädagogik**
   - Geringe Akzeptanz für sprachliche und kulturelle Diversität
   - Schwerpunkt der Förderung: Deutsch als Zweitsprache
   - Kritisiert wird die Ausländerpädagogik als assimilationistisch, kompensatorisch und defizitorientiert
2. **Interkulturelle Pädagogik**
   - Hohe Akzeptanz für sprachliche und kulturelle Diversität

- Schwerpunkt: Förderung der interkulturellen Kompetenz, Unterstützung der Entwicklung von Zwei- bzw. Mehrsprachigkeit
- Kritisiert wird die interkulturelle Pädagogik für ihre starke Ausrichtung auf kulturelle Unterschiede und die Vernachlässigung anderer Dimensionen von Diversität, speziell der sozio-ökonomischen Dimension

3. **Pädagogik der sozio-kulturellen Vielfalt**
   - Akzeptanz der Vielfalt der Lebenswelten und Standpunkte
   - Schwerpunkt: Förderung des Umgangs mit verschiedenen Formen von Diversität (sprachlich, kulturell, sozio-ökonomisch, geschlechtsspezifisch usw.)
   - Kritisiert werden die segregetiven Effekte des Konzeptes

4. **Integrative Pädagogik**
   - Respektieren der Vielfalt der Lebenswelten und Sichtweisen, sofern sie nicht im Widerspruch zu verbindlichen gemeinsamen Grundwerten stehen
   - Entwicklung verbindlicher gemeinsamer ‚Standards‘
   - Förderung der sprachlichen und kulturellen Kompetenz, orientiert an den entwickelten Standards, im Rahmen dieser Werteorientierung

Abb. 11 Von der Ausländerpädagogik zur integrativen Pädagogik

Wertediskussion und Wertewandel

Vor dem Hintergrund dieser Grundwertediskussion werden auch Schwierigkeiten bei der Formulierung verbindlicher gemeinsamer kommunikativer und kultureller Standards im Alltagsleben verständlicher. Dies soll an einem weiteren Beispiel deutlich gemacht werden: Artikel 3 unserer Verfassung enthält die folgenden Gleichheitsgrundsätze und Benachteiligungsverbote (1) *Alle Menschen sind vor dem Gesetz gleich*, (2) *Männer und Frauen sind gleichberechtigt*, (3) *Niemand darf wegen seines Geschlechts, seiner Abstammung, seiner Sprache, seiner Heimat und Herkunft, seines Glaubens, seiner religiösen oder politischen Anschauungen benachteiligt oder bevorzugt werden*. Zum Zeitpunkt des Inkrafttretens des Grundgesetztes beschrieb Absatz (2) einen Soll- und keinen Ist-Zustand. Eine notwendige Konsequenz für den Gesetzgeber war die Anpassung von Gesetzen, die diesem Verfassungsgrundsatz nicht entsprachen. Eine Konsequenz für Individuen ebenso wie für gesellschaftliche

Gruppen war die Überprüfung des alltäglichen Handelns im Hinblick auf die veränderte Gesetzeslage. Die Umsetzung des Grundsatzes, dass niemand wegen seines Geschlechts bevorzugt oder benachteiligt werden darf, bedarf offenbar aber einer kontinuierlichen kritischen Reflexion. Dies zeigt auch die anhaltende Debatte um Probleme und Chancen der Koedukation von Jungen und Mädchen und die aktuellen Vorschläge, in einem begrenzten Umfang wieder nach Geschlechtern getrennten Unterricht einzuführen, um Mädchen wie Jungen gezielter fördern zu können.

Übung 01

Bearbeiten Sie die folgende Aufgabe:
Führen Sie eine kleine Befragung in Ihrem Bekanntenkreis durch zu dem Vorschlag, den Deutschunterricht zumindest zeitweilig nach Geschlechtern getrennt durchzuführen, um Jungen bessere Entwicklungschancen bei der Entwicklung von Lese- und Schreibkompetenz einzuräumen. Notieren Sie wichtige Resultate in Stichworten.

Sprachplanung und Sprachpolitik

Unsere Verfassung enthält in Artikel 3, Absatz 3 auch den Grundsatz, dass niemand aufgrund seiner Sprache benachteiligt werden darf. In der Öffentlichkeit wird gegenwärtig die Frage diskutiert, ob in unsere Verfassung nicht auch ein Artikel aufgenommen werden sollte, in dem festgelegt ist, dass die Amtssprache in unserem Land Deutsch ist. In mehrsprachigen europäischen Nachbarländern wie Belgien und der Schweiz finden sich entsprechende Festlegungen im Hinblick auf Amtssprachen bzw. Nationalsprachen. Gesetzliche Regelungen gibt es dagegen auch in Deutschland im Hinblick auf die Minderheitensprachen Dänisch und Sorbisch, die von alteingesessenen (autochthonen) Sprachminderheiten gesprochen werden. Gesetzliche Regelungen gibt es außerdem auch im Hinblick auf die Auswahl möglicher Schulfremdsprachen, die Anzahl der Fremdsprachen, die in den verschiedenen Schulformen anzubieten sind, mögliche Sprachenfolgen sowie den Beginn des Fremdsprachenunterrichts. Regelungen bestehen außerdem im Hinblick auf ein mögliches Angebot an Herkunftssprachen, entweder unter der Schulaufsicht des jeweiligen Bundeslandes oder in der Verantwortung der Konsulate der Herkunftsländer. Inzwischen wird der Alltag in bestimmten Stadtquartieren insbesondere in Ballungsgebieten zunehmend durch Sprachenvielfalt geprägt. Deutsch als Verkehrssprache hat Konkurrenz bekommen, im Alltag mancher Zuwanderer-Communities spielt es sogar eine nachgeordnete Rolle. Diese Entwicklung prägt nicht nur den Schulalltag in vielen städtischen Quartieren, sondern hat zunehmend Auswirkungen auch auf die allgemeine bildungspolitische Diskussion über die Frage, in welcher Weise dieser Entwicklung Rechnung zu tragen ist: Soll, so wird gefragt, der Förderung der deutschen Sprache und moderner Fremdsprachen mit einer großen Reichweite als internationalen Verkehrssprachen Priorität eingeräumt werden, soll das Angebot im Bereich der Herkunftssprachen erweitert werden oder sollen etwa verstärkt für alle Schülerinnen und Schüler zugängliche zweisprachige Unterrichtsangebote eingerichtet werden, in denen auch die Sprachenkombination Deutsch in Verbindung mit einer Herkunftssprache denkbar ist. Diese Diskussion wird auch in europäischen Nachbarländern mit einem hohen Anteil von Zuwanderern geführt. Bedeutsam für diese Diskussion ist die von Allemann-Ghionda 1997 getroffene Unterscheidung von ‚großen Sprachen' und ‚kleinen Sprachen:

Große Sprachen
- Mit eigenem (großen) Territorium
- Sprecher/innen leben innerhalb dieses Territoriums
- Sprache einer kulturell/gesellschaftlich/wirtschaftlich starken Gruppe
- Sprache mit einer zahlenmäßig starken Sprechergruppe
- Sprache mit hohem Prestige
- Im Bildungssystem präsent (Regelschule oder eigenes Schulsystem)

Kleine Sprachen
- Ohne eigenes Territorium oder mit kleinem Territorium
- Sprecher/innen leben nicht innerhalb eines eigenen Territoriums
- Sprache einer kulturell/gesellschaftlich/wirtschaftlich schwachen Gruppe
- Sprache mit einer zahlenmäßig schwachen Sprechergruppe
- Sprache mit geringem Prestige
- Im Bildungssystem kaum oder gar nicht präsent

Abb. 12 Große Sprachen und kleine Sprachen

Große Sprachen

Große Sprachen verfügen über ein eigenes, großes Territorium. Ihre Sprecherinnen und Sprecher leben überwiegend innerhalb dieses Territoriums. Große Sprachen werden von den gesellschaftlich, wirtschaftlich und kulturell starken Gruppen gesprochen. Sie sind die Sprachen mit den zahlenmäßig starken Sprechergruppen innerhalb einer Gesellschaft. Sie genießen ein hohes Ansehen, sie sind außerdem im Bildungssystem an den Regelschulen präsent oder verfügen über ein eigenes Schulsystem.

Kleine Sprachen

Kleine Sprachen verfügen dagegen entweder über kein eigenes Territorium oder nur über ein kleines Territorium. Ihre Sprecher leben nicht innerhalb eines eigenen Territoriums. Kleine Sprachen werden von gesellschaftlich, wirtschaftlich und kulturell schwächeren Gruppen gesprochen, die auch zahlenmäßig schwächer sind. Sie genießen nur ein geringes Ansehen und sind im Bildungssystem kaum oder gar nicht präsent.

Die hier aufgeführten Unterschiede zwischen ‚kleinen‘ und ‚großen‘ Sprachen müssen allerdings als graduelle Unterschiede angesehen werden, da weder alle Unterscheidungskriterien für den jeweiligen Typ zutreffen müssen, noch auszuschließen ist, dass auch einzelne, für den jeweils anderen Typ formulierte Unterscheidungskriterien im Einzelfall Gültigkeit beanspruchen können. Wendet man diese Kriterien z.B. auf das Deutsche in Südtirol oder das Deutsche in den belgischen Ostkantonen an, so wird deutlich, dass hier sowohl einige der für große als auch einige der für kleine Sprachen formulierten Kriterien Gültigkeit haben. Die Sprecher leben auf eigenem Territorium innerhalb eines größeren, anderssprachigen Staatsverbandes, allerdings mit unmittelbarem Kontakt zum deutschen Sprachraum. Sie sprechen eine Sprache mit einer insgesamt großen Zahl von Sprechern und hohem Prestige. Ihre Sprache ist im Bildungssystem präsent. Mit Einschränkungen gelten diese Kriterien auch für die deutsche Sprachgruppe in Dänemark sowie umgekehrt für die dänische Sprachgruppe und die sorbische Sprachgruppe in Deutschland. Zwar verfügen diese Gruppen nicht über ein eigenes Territorium innerhalb des Staatsverbandes, dessen Bürger sie sind, ihnen werden aber besondere kulturelle (und politische) Rechte eingeräumt. Zum Beispiel haben auch die zuletzt genannten Gruppen das Recht, eigene Kindergärten und Schulen einzurichten, in denen besonderes Gewicht auf die Pflege der eigenen Sprache und Kultur gelegt wird. Kontrovers diskutiert wird in den erwähnten ‚kleinen' Sprachgruppen die Möglichkeit der Einrichtung zweisprachiger Programme, die auch Schülerinnen und Schülern aus anderen Sprachgruppen offen stehen könnten, da man befürchtet, eine solche Maßnahme könne zu einer Schwächung der eigenen Sprache und Kultur führen (Riehl 2004, Siebert-Ott 2001).

Übung 02

Bearbeiten Sie die folgende Aufgabe:
Führen Sie eine kleine Befragung in Ihrem Bekanntenkreis durch zu dem Vorschlag, den an Regelschulen angebotenen Herkunftssprachenunterricht gänzlich abzuschaffen. Nennen Sie Beispiele für solche Herkunftssprachen und beobachten Sie, ob sich die Ergebnisse im Hinblick auf die genannten Sprachen unterscheiden.

Zusammenfassung und Ausblick

Das Zusammenleben in sprachlich und kulturell zunehmend heterogenen Gemeinschaften erfordert besondere kulturelle und sprachliche Kompetenzen. Über die Frage, welche kulturellen Kompetenzen bei Schülerinnen und Schülern im Hinblick auf diese Anforderungen besonders gefördert werden sollten, wurde in der Vergangenheit und wird auch gegenwärtig noch kontrovers diskutiert. Dies wurde am Beispiel der Entwicklung der ‚Interkulturellen' Pädagogik dargelegt. Welche Kriterien im Hinblick auf die Förderung besonderer sprachlicher Kompetenzen eine Rolle spielen können, wurde am Beispiel der Unterscheidung von ‚großen' und ‚kleinen' Sprachen gezeigt. In beiden Fragen spielen integrative Aspekte eine zunehmend bedeutsame Rolle, das bedeutet nicht zwangsläufig einen Verzicht auf die Förderung sprachlicher und kultureller Vielfalt. So haben durchaus auch die ‚kleineren' Sprachen Chancen, im Schulsprachenkanon einen festen Platz zu finden, wenn grundsätzlich über das Erziehungsziel ‚Mehrsprachigkeit' Einigkeit erzielt werden kann.

5.2 Mehrsprachigkeit als Bildungsziel: Lernen in zwei Sprachen

Erziehungsziel Mehrsprachigkeit

Im folgenden Kapitel sollen Bildungsangebote für mehrsprachig aufwachsende Schülerinnen und Schüler vorgestellt werden. Dabei sollen insbesondere Bildungsangebote für Kinder aus den alten (autochthonen) und den neuen (allochthonen) Sprachminderheiten berücksichtigt werden. Dies können einerseits Bildungsangebote sein, die sich von ihrer Konzeption her bevorzugt oder ausschließlich an Schülerinnen und Schüler einer Sprachgruppe wenden. Das können andererseits Bildungsangebote sein, die sich ausdrücklich an Schülerinnen und Schüler aus zwei oder mehr Sprachgruppen wenden. Berücksichtigt werden soll dabei auch die Frage, auf welche Formen individueller bzw. gesellschaftlicher Mehrsprachigkeit das Angebot jeweils zugeschnitten ist. Wichtig für die folgende Darstellung ist daher die Unterscheidung verschiedener Formen mehrsprachiger Gesellschaften und verschiedener Typen von Mehrsprachigkeit.

Formen mehrsprachiger Gesellschaften und Typen von Mehrsprachigkeit

Territorialprinzip

Bei den Formen mehrsprachiger Gesellschaften unterscheidet Riehl (2004) vier Typen: mehrsprachige Staaten mit Territorialprinzip, mehrsprachige Staaten mit individueller Mehrsprachigkeit, einsprachige Staaten mit Minderheitenregionen sowie ein- oder mehrsprachige Staaten mit Zuwanderung insbesondere in städtische Regionen. Territorial mehrsprachige Staaten sind zum Beispiel unsere europäischen Nachbarstaaten die Schweiz und Belgien. Zwar ist die Schweiz ein Land mit mehreren Sprachen: Deutsch, Französisch, Italienisch und Rätoromanisch. Jedoch wurden für jeden Kanton eine oder mehrere offizielle Sprache

Individuelle Mehrsprachigkeit

festgelegt. Individuelle Mehrsprachigkeit ist auch in Kantonen mit mehreren offiziellen Sprachen keineswegs die Regel. Ähnlich ist die Situation in Belgien: Das Land ist aufgeteilt in ein flämischsprachiges, ein französischsprachiges und ein deutschsprachiges Gebiet, die ‚Ostkantone'. In der Hauptstadt Brüssel gelten die beiden größeren Landessprachen Französisch und Flämisch als Amtssprachen. Auch in Belgien ist die individuelle Mehrsprachigkeit keineswegs die Regel. Anders ist die Situation dagegen in Luxemburg. Hier überwiegt die individuelle Mehrsprachigkeit: Die einheimische Bevölkerung ist weitgehend trilingual: Neben Deutsch und Französisch wird Luxemburgisch (Letzeburgisch), eine mit dem Niederdeutschen verwandte Sprache, gesprochen. In Luxemburg ist auch das Bildungssystem auf die Förderung der Mehrsprachigkeit aller Schülerinnen und Schüler angelegt. Letzeburgisch wird besonders für die mündliche Kommunikation im privaten Bereich bevorzugt und findet auch in der Elementarerziehung Verwendung. In der Primarschule wird Letzeburgisch zunehmend durch Deutsch als Unterrichtssprache ersetzt. Französisch wird als Unterrichtsfach eingeführt. In der Sekundarschule ersetzt dann Französisch zunehmend Deutsch als Unterrichtssprache, Deutsch wird aber weiterhin als Unterrichtsfach angeboten. Mehrsprachigkeit ist im luxemburgischen Bildungswesen also institutionalisiert mit dem Ziel, die individuelle Mehrsprachigkeit aller Schülerinnen und Schüler zu fördern und die gesellschaftliche Mehrsprachigkeit des Landes zu bewahren (Siebert-Ott 2001). Im Gegensatz zur Schweiz und zu Luxemburg und Belgien ist Deutschland ein einsprachiger Staat mit Minderheitenregionen. In Deutschland leben drei alteingesessene (autochthone) Sprachgemeinschaften: eine dänische, eine friesische und eine sorbische. Die Entwicklung von Mehrsprachigkeit durch Zuwanderung insbesondere in städtische Regionen dagegen ist in allen vier genannten Staaten zu beobachten.

Institutionelle Mehrsprachigkeit

Dänisch, Deutsch und Friesisch als Minderheitensprachen

Dänisch, Deutsch und Friesisch sind indo-europäische Sprachen und gehören zur Gruppe der germanischen Sprachen. Dänisch ist eine nordgermanische und Deutsch und Friesisch sind westgermanische Sprachen. Die Sprachgrenze zwischen dem Dänischen und dem Deutschen ist heute weitgehend identisch mit der politischen Grenze zwischen Dänemark und Deutschland, die auf das Jahr 1920 zurückgeht. Nach dem ersten Weltkrieg wurde durch die Versailler Verträge von 1919 eine Volksabstimmung in Teilen Schleswigs bestimmt, die 1920 durchgeführt wurde. Bei dieser Volksabstimmung votierte die Mehrheit der Bevölkerung Nordschleswigs für Dänemark, in den übrigen Abstimmungsgebieten Schleswigs entschied sich die Mehrheit der Bevölkerung für einen

Verbleib bei Deutschland. Auf beiden Seiten der Grenze blieben Sprachminderheiten zurück: eine deutsche Sprachminderheit in Dänemark und eine dänische Sprachminderheit in Deutschland. Obwohl die Angehörigen beider Sprachminderheiten Bürger des jeweiligen Landes sind, war für sie die Situation zeitweilig durchaus spannungsreich. Erst die Bonn-Kopenhagener Erklärungen von 1955 konnten entscheidend zum Abbau dieser Spannungen beitragen. Diese Erklärungen boten unter anderem eine rechtliche Garantie für die freie Sprachenwahl durch die jeweilige Minderheit und stellten das Bekenntnis der Zugehörigkeit zur dänischen bzw. zur deutschen Minderheit frei. Beide Minderheitensprachen stehen als Familiensprachen in Konkurrenz mit den jeweiligen Landessprachen bzw. mit regionalen Dialekten. So kommt Dänisch als Familiensprache in Deutschland gegenwärtig keine große Bedeutung zu. Der Anteil der Angehörigen der dänischen Minderheit, die nicht Dänisch, sondern Deutsch als Familiensprache verwenden, wird auf etwa 80% geschätzt. Der Anteil der Angehörigen der deutschen Minderheit, die Deutsch als Familiensprache angeben, liegt in der älteren Generation bei etwa einem Drittel, bei der jüngeren Generation nur noch bei 20%. Bei der jüngeren Generation steigt außerdem der Anteil derjenigen, die mehr als eine Sprache als Familiensprache nennen (Siebert-Ott 2001). Auch die andere im Norden Deutschlands lebende Minderheit, die friesische Sprachgemeinschaft, ist zahlenmäßig recht klein. In Niedersachsen (Gemeinde Saterland) umfasst die Gruppe noch etwa 2000 und in Schleswig-Holstein noch etwa 10.000 Sprecher. Friesisch wird außer in Deutschland (Ostfriesisch und Nordfriesisch) auch in den Niederlanden (Westfriesisch) gesprochen. In der niederländischen Provinz Friesland lebt die größte friesische Sprachgruppe mit etwa 400.000 Sprechern. Dort hat das Friesische den Status einer regionalen Verwaltungssprache. Friesisch ist außerdem offiziell als Regionalsprache der EU anerkannt. Als Minderheitensprachen erfahren alle drei Sprachen offizielle Unterstützung von staatlicher Seite.

Übung 03

Bearbeiten Sie die folgende Aufgabe:
Informieren Sie sich mit Hilfe der Internetseite http://www. skoleforeningen.org über das Angebot an Kindergärten und

Schulen der dänische Minderheit in Südschleswig. Nutzen Sie dazu ggf. das Resümee in deutscher Sprache. Informieren Sie sich außerdem mit Hilfe der Internetseite http://www.dssv.dk/schulen über Kindergärten und Schulen der deutschen Minderheit in Nordschleswig.

Eine alte Sprachminderheit in Deutschland: Die Sorben

Sorbisch gehört zu den westslawischen Sprachen, dabei steht der obersorbische Dialekt dem Polnischen und der niedersorbische Dialekt dem Tschechischen näher. Die sorbische Sprache wird nur noch in Deutschland gesprochen. Das sorbische Siedlungsgebiet liegt in den Bundesländern Brandenburg (Niederlausitz) und Sachsen (Oberlausitz), nahe der Grenze zu Polen und Tschechien. Die sorbische Sprachgruppe umfasst etwa 70.000 Sprecher. Sorbisch wird in beiden Bundesländern als Schulfach angeboten. An Schulen in Sachsen wird es außerdem als Unterrichtssprache verwendet: Das Sächsische Schulgesetz sichert allen Kindern und Jugendlichen, deren Eltern es wünschen, grundsätzlich nicht nur das Recht auf sorbischen Sprachunterricht, sondern auch auf Fachunterricht in der sorbischen Sprache zu, wenn sich eine ausreichende Zahl von Eltern für dieses Angebot entscheidet. Erprobt werden an sorbischen Grundschulen gegenwärtig zweisprachig sorbisch-deutsche Bildungsangebote. Ziel dieses Angebotes ist es, nicht nur Kinder aus sorbischsprachigen bzw. zweisprachig sorbisch-deutschen Familien zur aktiven sorbisch-deutschen Zweisprachigkeit zu führen, sondern dieses Angebot auch für interessierte einsprachig deutsche Familien zu öffnen. Sorbisch wird außerdem an weiteren Grundschulen im sorbischen Siedlungsgebiet als Zweitsprache, Fremdsprache oder Begegnungssprache unterrichtet. Sorbisch als Fach wird auch an weiterführenden Schulen in Sachsen angeboten, außerdem gibt es hier ebenfalls zweisprachige Bildungsangebote (Bericht der Sächsischen Staatsregierung zur Lage des sorbischen Volkes 2003). Das zweisprachige Bildungsangebot sowie die Öffnung für Kinder aus einsprachig deutschen Familien soll zum einen einer entsprechenden Nachfrage Rechnung tragen, zum anderen soll es aber auch den Fortbestand von Unterrichtsangeboten in sorbischer Sprache in Gegenden mit einer kleinen Anzahl von sorbischsprachigen Familien ermöglichen.

Übung 04

Bearbeiten Sie die folgende Aufgabe:
Informieren Sie sich mit Hilfe der Internetseite www.
sorbisch.de über die Pflege der sorbischen Sprache und
Kultur in Deutschland, speziell über die Aufgaben des
Sorbischen Instituts.

Zuwanderung in städtische Regionen: neue Sprachminderheiten

Neue (allochthone) Sprachminderheiten gibt es in Europa sowohl in traditionell mehrsprachigen Ländern wie Belgien, Luxemburg und der Schweiz, als auch in traditionell einsprachigen Ländern wie Deutschland. In der Fachliteratur wird gelegentlich versucht, die Immigrantengruppen, die nach dem Zweiten Weltkrieg insbesondere in die städtischen Regionen zuwanderten, in verschiedene Gruppen zu unterteilen. Dabei spielen Sozialschichtzugehörigkeit, berufliche Qualifikation und geplante Aufenthaltsdauer als Unterscheidungskriterien eine Rolle. Die Aufenthaltsdauer von Angehörigen des diplomatischen Dienstes, Mitarbeitern internationaler Organisationen, Firmenangehörigen und von im Bereich der Kulturvermittlung Tätigen ist zumeist zeitlich begrenzt. Auch die Aufenthaltsdauer der in den 1960er Jahren angeworbenen Arbeitskräfte war zunächst nicht auf eine längere Dauer angelegt. Mit dem einsetzenden Familiennachzug veränderte sich diese Situation häufig. In Deutschland trug auch der Anwerbestopp zu Beginn der 1970er Jahre zur Bildung von ‚Minderheiten-Communities‘ bei, insbesondere bei Immigrantengruppen, die nicht EU-Bürger waren. Nach Riehl 2004 unterscheiden sich die Angehörigen der zugewanderten (allochthonen) Minderheiten auch durch ihre sprachlichen Kompetenzen von Angehörigen der alteingesessenen (autochthonen) Minderheiten. Angehörige dieser neuen Minderheiten beherrschen häufig die Sprache des Herkunftslandes noch deutlich besser als die jeweilige Landessprache, während Angehörige der alten Minderheiten, wie dargelegt, die Landessprache häufig besser beherrschen als die Minderheitensprache. Als weitere Immigrantengruppen, deren Aufenthalt nicht unbedingt auf Dauer angelegt ist, sollen hier Flüchtlinge aus Krisenregionen mit unterschiedlichem Aufenthaltsstatus (Kontingentflüchtlinge, Bürgerkriegsflüchtlinge, Asylbewerber usw.) erwähnt werden. Zu erwähnen sind außerdem Angehörige deutschsprachiger Minderheiten aus mittel- und osteuropäischen Staaten, die als Umsiedler bzw. (Spät-)Aussiedler nach Deutschland gekommen sind. Auch Angehörige dieser Immigrantengruppen, insbesondere in der jüngeren Generation, beherrschen die deutsche Sprache oft deutlich schlechter als die Sprache des jeweiligen Herkunftslandes. Insbesondere bei den Immigrantengruppen, deren Aufenthalt auf Dauer angelegt ist, erscheint daher die Förderung von Sprachkenntnissen in der Landessprache Deutsch als besonders dringlich.

Übung 05

Bearbeiten Sie die folgende Aufgabe:
Informieren Sie sich mit Hilfe der Internetseite www.bamf.de über die Zielsetzung der vom Bundesamt für Migration und Flüchtlinge (BAMF) angebotenen Integrationskurse.

Immersion und bilingualer Unterricht

Oben wurden zunächst Bildungsangebote vorgestellt, die sich bevorzugt an Schülerinnen und Schüler aus den alten Sprachminderheiten wenden, wenngleich sie sich zunehmend auch für Interessierte öffnen, die nicht Angehörige der betreffenden Sprachminderheit sind. Im Folgenden sollen Bildungsangebote vorgestellt werden, die sich ausdrücklich auch an Interessierte aus der Gruppe der neuen Sprachminderheiten wenden. Dies gilt zum Beispiel für die sogenannten ‚Europäischen Schulen‘. In diese Schulen werden bevorzugt Kinder aufgenommen, deren Eltern bei gemeinschaftlichen Institutionen der EU tätig sind. In Deutschland gibt es drei europäische Schulen: In Frankfurt am Main, in Karlsruhe sowie in München. Weitere europäische Schulen gibt es in Brüssel (3), Luxemburg (2), in Alicante, Bergen, Culham, Mol und Varese. Jede Schule umfasst mehrere Sprachabteilungen, die größeren Schulen können hier acht bis elf Sprachen anbieten. Damit soll die Vorrangstellung der Muttersprachen der Schülerinnen und Schüler im Unterricht gewährleistet werden. In den Kindergarten, der zwei Jahre umfasst, werden die Kinder ab dem vierten Lebensjahr aufgenommen. Der Primarbe-

Europäische Schulen

reich umfasst fünf Jahre, der Sekundarbereich sieben Jahre. Als erste Fremdsprache werden Deutsch, Englisch und Französisch ab der ersten Klasse angeboten. Das Studium der ersten Fremdsprache ist verpflichtend bis zum Abitur. Eine weitere Fremdsprache muss ab der zweiten Sekundarschulklasse gewählt werden. Die Wahl weiterer Fremdsprachen ist möglich. Ab der dritten Sekundarschulklasse werden die Fächer Geographie und Geschichte in der jeweils gewählten ersten Fremdsprache unterrichtet. In diesen Kursen kommen dann Schülerinnen und Schüler unterschiedlicher Muttersprachen zusammen, die die betreffende Unterrichtssprache als Fremdsprache gewählt haben. Die Fremdsprache wird damit für diese Schülerinnen und Schüler zur Arbeitssprache im Unterricht. Diese Kombination von Fremdsprachenunterricht und Einsatz der Fremdsprache als Arbeitssprache im Unterricht erweist sich, wie zahlreiche internationale Studien gezeigt haben, als besonders erfolgreich: Die Schülerinnen und Schüler können in diesen Programmen eine hohe fremdsprachliche Kompetenz erwerben. Ziel dieser Programme ist außerdem die Förderung einer besonderen kulturellen Kompetenz (Siebert-Ott 2001, Wode 1995).

‚Two way immersion'-Programme

Auch an Regelschulen in Deutschland gibt es seit nunmehr bald vierzig Jahren solche bilingualen Angebote, in denen nicht nur Fremdsprachenunterricht erteilt wird, sondern die Fremdsprache zusätzlich auch als Arbeitssprache im Fachunterricht eingesetzt wird. Zunächst wurden solche Programme an Gymnasien für besonders leistungsstarke Schülerinnen und Schüler angeboten. Sie richteten sich von ihrer Konzeption her an einsprachig deutsche Schülerinnen und Schüler. Die bis heute am häufigsten angebotenen Sprachkombinationen sind Deutsch & Englisch sowie Deutsch & Französisch. Inzwischen gibt es solche Angebote auch an anderen Schulformen, besonders erwähnenswert sind die im Grundschulbereich angebotenen ‚two way immersion'-Programme. Diese Programme sind für Kinder aus zwei Sprachgruppen konzipiert, deren Erstsprachen beide auch als Unterrichtssprachen eingesetzt werden. Beide Sprachen sollen außerdem als Fach unterrichtet werden. Dabei muss berücksichtigt werden, dass die Unterrichtssprache jeweils für einen Teil der Kinder Erstsprache und für einen Teil der Kinder Zweit- oder Fremdsprache ist. Das gilt auch für den Unterricht in den beiden Sprachen, der jeweils als Muttersprachen- bzw. als Zweit- oder Fremdsprachenunterricht zu konzipieren ist. Entschieden werden muss daher, in welchem Ausmaß diesen unterschiedlichen Voraussetzungen mit innerer oder äußerer Differenzierung Rechnung zu tragen ist: Soll also etwa die Alphabetisierung beider Sprachgruppen zunächst getrennt nach Erstsprachen erfolgen und der Schrifterwerb in der Zweitsprache erst zeitversetzt erfolgen, sollen beide Sprachgruppen gemeinsam in beiden Sprachen koordiniert alphabetisiert werden oder sollen beide Gruppen zunächst gemeinsam in einer der beiden Sprachen und dann zeitversetzt gemeinsam in der zweiten Sprache alphabetisiert werden? Es muss außerdem dafür Sorge getragen werden, dass die Schülerinnen und Schüler nach Abschluss der Grundschule auch im Sekundarbereich ein zweisprachiges Bildungsangebot vorfinden, das ihnen ermöglicht, ihre bereits erworbenen besonderen sprachlichen und fachlichen Kompetenzen weiter auszubauen.

Alphabetisierung in zwei Sprachen

Exemplarisch für ein solches Bildungsangebot soll hier die Deutsch-Italienische Gesamtschule in Wolfsburg genannt werden. Die Deutsch-Italienische Gesamtschule (DIGS) ist eine staatliche Gesamtschule, die die Klassen 1-10 umfasst. Es besteht die Möglichkeit, den mehrsprachigen Bildungsgang im Deutsch-Italienischen Oberstufenprofil eines benachbarten Gymnasiums mit einer Außenstelle an der DIGS fortzusetzen. Die Schule arbeitet nach den Rahmenrichtlinien des Landes Niedersachsen und bietet deutschsprachigen, italienischsprachigen und bilingual deutsch-italienischen Kindern eine zweisprachige Erziehung an. Der Lese- und Schreiblehrgang erfolgt koordiniert in beiden Sprachen ab der ersten Klasse. Italienischunterricht wird ebenfalls ab der ersten Klasse angeboten. Unterrichtet wird in halber Klassenstärke in gemischten Sprachgruppen. Ziel ist dabei, dass die Schülerinnen und Schüler miteinander und voneinander lernen. Sachunterricht und Gesellschaftslehre werden bilingual erteilt. Dieser Unterricht findet in Doppelbesetzung durch eine deutsche und eine italienische Lehrkraft statt. Ausdrückliches Ziel dieses Bildungsangebotes der DIGS ist neben der bilingualen auch eine bikulturelle Erziehung.

Übung 06

Bearbeiten Sie die folgende Aufgabe:
Informieren Sie sich unter http://digs.wolfsburg.net auf der Seite der Deutsch-Italienischen Gesamtschule Wolfsburg (DIGS) über die Gestaltung des Anfangsunterrichts im Lesen und Schreiben.

Zusammenfassung und Ausblick

In diesem Kapitel wurden Bildungsangebote für Kinder aus den alten (autochthonen) und den neuen (allochthonen) Sprachminderheiten vorgestellt. Die vorgestellten Bildungsangebote sind entweder für eine oder für zwei oder mehr Sprachgruppen konzipiert. Die vorgestellten Bildungsangebote für Kinder aus den alten Minderheiten waren zunächst nur für Schülerinnen und Schüler der jeweiligen Minderheit konzipiert. Inzwischen ist hier aber, wie dargestellt wurde, eine Tendenz zur Öffnung für andere Gruppen zu beobachten. Verbunden ist diese Öffnung mit der Entwicklung bilingualer Konzepte. Die vorgestellten Bildungsangebote für Schülerinnen und Schüler aus den neuen (allochthonen) Minderheiten waren dagegen von Anfang an für Schülerinnen und Schüler aus zwei oder mehr Sprachgruppen konzipiert. Die Bildungsangebote können sich dabei bevorzugt an Schülerinnen und Schüler aus den neuen Sprachminderheiten wenden, wie am Beispiel der Europäischen Schulen gezeigt wurde. Sie können aber auch für einen gemeinsamen Unterricht von Schülerinnen und Schülern aus zugewanderten Familien und aus alteingesessenen Familien konzipiert sein. Dies wurde am Beispiel der Deutsch-Italienischen Schule Wolfsburg gezeigt.

5.3 Herkunftssprachlicher Unterricht im mehrsprachigen Kontext

Erziehungsziel: Erhalt herkunftssprachlicher Kompetenz

Im folgenden Kapitel sollen Bildungsangebote für Kinder aus den neuen Sprachminderheiten vorgestellt werden, die sich den Erhalt und die Förderung der herkunftssprachlichen Kompetenz dieser Kinder zum Ziel gesetzt haben. In der Fachliteratur werden

– wie dargelegt – die Immigrantengruppen, die nach dem Zweiten Weltkrieg insbesondere in die städtischen Regionen Deutschlands und seiner europäischen Nachbarländer zuwanderten, unterschieden nach Sozialschichtzugehörigkeit, beruflicher Qualifikation, geplanter Aufenthaltsdauer und Aufenthaltsstatus. Im folgenden Kapitel geht es um Unterrichtsangebote in anderen Muttersprachen, die seit den 1960er Jahren zunächst speziell für Kinder eingerichtet wurden, deren Eltern als sogenannte ‚Wanderarbeitnehmer‘ angeworben worden waren. Der Aufenthalt dieser Familien war zunächst nicht auf Dauer angelegt, der Unterricht diente in erster Linie dem Erhalt der Rückkehrfähigkeit. Die Unterrichtsangebote waren zumeist durch zwischenstaatliche Vereinbarungen mit den sogenannten ‚Entsendeländern‘ geregelt. Seit den 1980er Jahren wurde deutlich, dass der Aufenthalt vieler dieser Familien doch auf eine längere Dauer angelegt war. Heute haben viele Kinder aus Familien mit dem geschilderten Migrationshintergrund selbst keine Migrationserfahrungen mehr, sie kennen die Heimat ihrer Eltern oder Großeltern oft nur noch von Besuchen oder Ferienaufenthalten. Häufig haben auch nicht mehr beide Elternteile selbst Migrationserfahrungen. Neben den aus den Herkunftsländern mitgebrachten Sprachen finden zunehmend die Landessprachen einen Platz als Familiensprachen. Allerdings gilt – wie dargelegt – nach wie vor, dass Angehörige dieser neuen Minderheiten oft die Sprache des Herkunftslandes noch deutlich besser beherrschen als die jeweilige Landessprache. Auch werden oft selbst im Einwanderungsland geborene Kinder noch ohne altersentsprechende Kompetenzen in der Landessprache eingeschult. Wäre es da nicht besser – so wird auch in einschlägigen Fachdiskursen gegenwärtig häufig gefragt – in öffentlichen Schulen den Schwerpunkt auf die Förderung der jeweiligen Landessprache zu legen und auf ein Unterrichtsangebot in den Herkunftssprachen zu verzichten?

Unterrichtangebote in anderen Muttersprachen

Neue Sprachminderheiten

Terminologische Fragen

Wenn von ‚Herkunftssprachen‘, ‚Sprachen des kulturellen Erbes‘ oder – in Frankreich – von ‚langues d'origines‘ gesprochen wird, so wird damit auf eine durch Herkunft und / oder Tradition begründete Verbindung mit einer Sprache Bezug genommen. Ist von ‚Familiensprachen‘ oder – in England – von ‚community lan-

Herkunftssprachen, Sprachen des kulturellen Erbes

guages' die Rede, so wird auf den aktuellen Sprachgebrauch einer sozialen Gruppe Bezug genommen. Wie bereits am Beispiel autochthoner Sprachminderheiten dargelegt, muss eine als ‚Sprache des kulturellen Erbes' einer Gruppe bezeichnete Sprache keineswegs die Erstsprache der Angehörigen dieser Gruppe sein, dennoch kann der Wunsch bestehen, diese Sprache zu pflegen und an die nächste Generation weiterzugeben. Von ‚Familiensprachen' oder ‚community languages' sollte dagegen nur dann die Rede sein, wenn diese Sprachen tatsächlich als Verständigungsmittel innerhalb der jeweiligen Gruppe dienen. Dies muss nicht bedeuten, dass sie dort als alleiniges Verständigungsmittel dienen und dies muss auch nicht bedeuten, dass sie dort in einer im Herkunftsland aktuell noch gebräuchlichen Varietät verwendet werden. Es ist vielmehr häufig beobachtet worden, dass diese Sprachen sich in Aussprache, Grammatik und Wortschatz deutlich von den im Herkunftsland gebräuchlichen Varietäten unterscheiden. Ein entscheidender Faktor für diese besondere Entwicklung ist der Kontakt mit der Umgebungssprache: Sprachliche Elemente und sprachliche Strukturen werden aus der dominanten Sprache übernommen. Es spielen aber auch andere Gründe eine Rolle: So werden offenbar – aus Gründen der ‚Ökonomie' – bei der Sprachverarbeitung Muster bevorzugt, die auf beide Sprachen anwendbar sind (Riehl 2004).

Familiensprachen, ‚community languages'

Herkunftssprachlicher Unterricht: Organisationsformen

Muttersprachlicher Ergänzungs- oder Zusatzunterricht

Konsularunterricht

Herkunftssprachlicher Unterricht, auch als ‚Muttersprachlicher Ergänzungs- oder Zusatzunterricht' bezeichnet, wird in Deutschland in den Bundesländern in zwei Organisationsformen erteilt. In einigen Bundesändern findet er als sogenannter Konsularunterricht unter der Verantwortung des betreffenden fremden Staates statt. In anderen Bundesländern ist er ein Angebot des Landes. In diesem Falle steht er unter der Schulaufsicht des jeweiligen Bundeslandes, folgt bestimmten inhaltlichen Vorgaben (Richtlinien, Lehrpläne usw.), und die im Unterricht verwendeten Schulbücher bedürfen der Genehmigung durch das für die Schulen zuständige Ministerium. Die Lehrkräfte sind hier Angestellte des Landes. Gegenwärtig haben die meisten von ihnen noch ein Lehramtsstudium im Herkunftsland absolviert.

Herkunftssprachlicher Unterricht: Sprachenangebot

Die Kulturhoheit der Länder hat zur Folge, dass es auch in den Bundesländern, in denen der herkunftssprachliche Unterricht in der Verantwortung des Landes erteilt wird, kein einheitliches Angebot an Herkunftssprachen gibt. So bietet das Land Nordrhein-Westfalen zur Zeit Unterricht in den folgenden achtzehn Herkunftssprachen an: Albanisch, Arabisch, Bosnisch, Farsi, Griechisch, Italienisch, Koreanisch, Kroatisch, Kurmanci, Mazedonisch, Polnisch, Portugiesisch, Russisch, Serbisch, Slowenisch, Spanisch, Tamil und Türkisch. Grundsätzlich ist mit Zustimmung des Ministeriums die Einrichtung von Unterrichtsangeboten in weiteren Herkunftssprachen möglich, sofern eine ausreichende Nachfrage besteht und entsprechend qualifizierte Lehrkräfte zur Verfügung stehen. Bei einer ausreichend großen Teilnehmerzahl kann der herkunftssprachliche Unterricht für die Schülerinnen und Schüler einer Schule in den Vormittagsunterricht integriert werden. Häufiger jedoch werden Schülerinnen und Schüler verschiedener Schulen gemeinsam im Nachmittagsunterricht unterrichtet. Die Lerngruppen müssen dann gegebenenfalls nicht nur altersgemischt, sondern auch schulformübergreifend gebildet werden. Die Teilnahme am herkunftssprachlichen Unterricht steht in Nordrhein-Westfalen allen Schülerinnen und Schülern der Klassen 1 bis 10 unabhängig von ihrer Staatsangehörigkeit offen, sofern sie die geforderten sprachlichen Voraussetzungen für die Teilnahme erfüllen (http://www.bildungsportal.nrw.de/BP/Unterricht/Faecher/Fremdsprachen/FAQMU/ – zuletzt aufgerufen am 08.03.2007).

Übung 07

Bearbeiten Sie die folgende Aufgabe:
Informieren Sie sich unter www.bildungsserver.de mit Hilfe der Landesbildungsserver über die Angebote zum herkunftssprachlichen Unterricht in einem Bundesland Ihrer Wahl. Verwenden Sie dabei den Suchbegriff ‚muttersprachlicher Unterricht‘.

Herkunftssprachlicher Unterricht: Zielsetzungen

Bei den Recherchen auf den Bildungsservern der Länder zur Begründung von Angeboten für die sprachliche Förderung von

Schülerinnen und Schülern aus Familien mit Migrationshintergrund wird deutlich, dass das Ziel der Förderung von sprachlicher Kompetenz in der Landessprache Priorität vor dem Ziel der Förderung von sprachlicher Kompetenz in den Herkunftssprachen hat. Es wird allerdings auch ausdrücklich betont, dass Förderangebote in der Zweitsprache Deutsch und Unterricht in den Herkunftssprachen keine Alternative darstellen, dass diese Angebote also nicht in Konkurrenz zueinander stehen, sondern einander vielmehr ergänzen. So wird hervorgehoben, dass die Beherrschung mehrerer Sprachen bei der zunehmenden Internationalisierung der Lebensverhältnisse für jeden Einzelnen auch im Hinblick auf eine Berufsqualifizierung bedeutsam sei und dass unter dieser Perspektive auch die bei den Schülerinnen und Schülern verfügbaren Kenntnisse in ihren Herkunftssprachen förderungswürdig seien. Und es wird außerdem unter Bezug auf Erkenntnisse einschlägiger Forschung ein Zusammenhang hergestellt zwischen der gezielten Förderung der Herkunftssprache und dem erfolgreichen Erwerb weiterer Sprachen: Die Forschung belege – so wird argumentiert – , dass sichere Kenntnisse in der Herkunftssprache von Bedeutung seien für das Erlernen jeder weiteren Sprache und damit auch für den Erwerb des Deutschen als Zweitsprache. Begründet wird dieser Zusammenhang unter anderem mit der Annahme, dass jede gezielte sprachliche Förderung sich positiv auf die Entwicklung ‚allgemeiner sprachlicher Fähigkeiten des Kindes‘ auswirke und sich damit auch förderlich auf das Erlernen weiterer Sprachen auswirke. Zu diesen allgemeinen sprachlichen Fähigkeiten kann sicher die Entwicklung von Sprachbewusstheit gerechnet werden.

Bedeutung der Herkunftssprache für den Zweitspracherwerb

Sprachbewusstheit

Ziel des Sprachunterrichts ist nicht nur die Vermittlung von deklarativem Wissen, d.h. Wissen über bestimmte Sachverhalte, sondern auch die Entwicklung von Problemlösungswissen. Zum deklarativen Wissen gehört zum Beispiel das Wissen über die Regeln der Groß- und Kleinschreibung im Deutschen. Zum Problemlösungswissen gehört methodisches Wissen, das im Zweifelsfall zur korrekten Schreibung eines Wortes in einem bestimmten Kontext führt. Der Einsatz solcher Methoden sollte mit zunehmender Übung immer mehr zur Routine werden. Ziel des Sprachunterrichts ist außerdem die Vermittlung von

metasprachlichem Wissen. Dazu gehört im Hinblick auf die ortho-
grafische Kompetenz die Einschätzung der eigenen Rechtschreib-
kenntnisse, ein Wissen darüber, welche Methoden sich zur Lösung
bestimmter Rechtschreibprobleme besonders eignen, sowie ein Wis-
sen darüber, wie man sein deklaratives Wissen im Zweifelsfall, etwa
mit Hilfe von Nachschlagewerken, erweitern kann. Eine notwendige
Basis für das Erreichen solcher Zielsetzungen ist die Entwicklung von
Aufmerksamkeit für sprachliche Strukturen. Zum bewussten Um-
gang mit Sprache gehört neben der Sprachaufmerksamkeit auch das
metasprachliche Wissen. Einen wichtigen Beitrag zur Entwicklung
von Sprachbewusstheit kann eine Mehrsprachigkeitsdidaktik leisten,
die auf eine Kooperation von Deutschunterricht, Fremdsprachenun-
terricht und Herkunftssprachenunterricht abzielt (Oomen-Welke
2003, Ossner 2006, Siebert-Ott 2003a).

Ist herkunftssprachlicher Unterricht noch zeitgemäß?

Als Begründung für die Notwendigkeit herkunftssprachlichen
Unterrichts wird häufig die dem kanadischen Wissenschaftler Jim
Cummins zugeschriebene These angeführt, dass eine unzureichende Förderung der Herkunftssprache die kognitive Entwicklung des Kindes dauerhaft beeinträchtige und dass daher eine
hinreichende Förderung der Herkunftssprache eine unabding-
bare Grundlage für den erfolgreichen Erwerb weiterer Sprachen
sowie für den Schulerfolg insgesamt darstelle. Tatsächlich ist
diese These wissenschaftlich nicht haltbar und wird von Cummins selbst auch gar nicht in dieser Form vertreten (Baker &
Hornberger 2001, Siebert-Ott 2001, Siebert-Ott 2006). Die The-   Zweisprachigkeit
se, dass eine gezielte schulische Förderung der Herkunftsspra-   und Bildungserfolg
che eine gute Basis für den Erwerb weiterer Sprachen und für den
Bildungserfolg insgesamt bilden kann, findet dagegen auch in
der einschlägigen Forschung zahlreiche Befürworter. So kommen
Reich & Roth 2002, 41f. in ihrem Überblick über den Stand der
internationalen Forschung zum Spracherwerb zweisprachig aufwachsender Kinder und Jugendlicher zu dem Ergebnis, dass von
Programmen, die systematisch die Herkunftssprachen der Schülerinnen und Schüler einbeziehen, in aller Regel bessere Ergebnisse zu erwarten sind als von einsprachigen Programmen, in
denen der Unterricht ausschließlich in der jeweiligen Landessprache erteilt wird. Neben der systematischen Einbeziehung der

Herkunftssprache gibt es aber offenbar weitere Faktoren, die den Bildungserfolg von Schülerinnen und Schülern aus Familien mit Migrationsgeschichte nachhaltig beeinflussen können. Entscheidend ist nicht nur die Bereitschaft der Schule, die Herkunftssprachen als wichtige Ressourcen für das Lernen in ihrem Programm zu berücsätzigen, wichtig ist vielmehr die grundsätzliche Bereitschaft der Schule, sich selbst in der Verantwortung zu sehen, für alle Schülerinnen und Schüler, unabhängig von ihren sprachlichen und kulturellen Voraussetzungen, Lernbedingungen zu schaffen, die ihnen das Erreichen wesentlicher Unterrichtsziele ermöglichen. Zu diesen Lernbedingungen gehört eine nachhaltige Förderung der konzeptionellen Schriftlichkeit speziell bei den Kindern, die nach internationalen Vergleichsstudien in Deutschland gegenwärtig überproportional häufig im Schulsystem zu den ‚Bildungsverlierern' gehören: Dazu zählen Kinder aus bildungsfernen Familien und Kinder aus Familien mit Migrationsgeschichte, besonders dann, wenn beide Elternteile zugewandert sind. Außerdem zählen aktuell Jungen häufiger zur dieser Gruppe als Mädchen.

Gegner des herkunftssprachlichen Unterrichts in der aktuellen Fachdiskussion berufen sich häufig auf das ‚time on task'-Argument: Sie stellen einen Zusammenhang her zwischen aufgewendeter Lernzeit und Lernerfolg: Sie argumentieren, dass mehr Lernzeit in der Zweitsprache auch zu besseren Lernergebnissen in der Zweitsprache führen würde und dass daher die für den Herkunftssprachenunterricht aufgewendete Lernzeit bei Schülerinnen und Schülern mit geringen Kompetenzen in der Zweitsprache Deutsch sinnvoller für den Förderunterricht in der Zweitsprache genutzt werden könnte. Es ist zweifellos richtig, dass fundierte Kenntnisse in einer Zweit- oder Fremdsprache insbesondere im Bereich der konzeptionellen Schriftlichkeit in aller Regel erst nach einem mehrjährigen, zielgerichteten Unterricht erwartet werden können (vgl. hierzu Kap. 3). Die Förderung konzeptioneller Schriftlichkeit ist daher eine zentrale Aufgabe des Deutschunterrichts und anderer ‚sprach-intensiver' Unterrichtsfächer. Zur Entwicklung der konzeptionellen Schriftlichkeit kann allerdings auch die Förderung der Herkunftssprachen einen wichtigen Beitrag leisten. Wie bilinguale Unterrichtsprogramme zeigen, kann entsprechend konzipierter Fachunterricht im Medium beider Sprachen einen wichtigen Beitrag zur Entwicklung der

Konzeptionelle Schriftlichkeit und Bildungserfolg

‚time-on-task' -Argument

Sprachkompetenz leisten (Siebert-Ott 2001, Wode 1995). Aus diesen Beobachtungen wird gelegentlich geschlossen, dass eine solche ‚immersive' Situation – allerdings unter Verzicht auf die Herkunftssprache als Unterrichtsgegenstand und Unterrichtssprache – auch für den Erwerb des Deutschen als Zweitsprache von Vorteil sein kann. Da die Forschung gezeigt habe, dass eine frühe, vollständige Immersion besonders erfolgreich sei, erfolgreicher insbesondere auch als eine frühe, partielle Immersion, könne auch aus diesem Grund auf herkunftssprachlichen Unterricht verzichtet werden.

Übung 08

Bearbeiten Sie die folgende Aufgabe:
Informieren Sie sich noch einmal in Kap. 2.1 über ‚Immersion' und bilingualen Unterricht.

Zu bedenken ist dabei aber, dass eine ‚immersive' Situation beim Fehlen bestimmter Voraussetzungen leicht in eine ‚submersive' Situation umschlagen kann. Während Submersion nach dem Prinzip verfährt ‚lerne (wie auch immer) schwimmen oder gehe unter', verfährt Immersion – um im Bilde zu bleiben – nach dem Prinzip ‚lerne mit Hilfe geeigneter Unterstützung schwimmen'. Zu bedenken ist auch, dass die erfolgreichen kanadischen ‚early total immersion'-Programme nicht auf Dauer angelegt sind, sondern nach einem begrenzten Zeitraum in ein zweisprachiges Programm überführt werden. Zu bedenken ist ferner, dass frühe, partielle Immersion ebenfalls – speziell auch für Kinder aus Familien mit Migrationshintergrund – als sehr erfolgreich gilt, wenn sie in der Form der bereits erwähnten ‚two way immersion'-Programme angeboten wird (Reich & Roth 2002, Siebert-Ott 2001).

Immersion und Submersion

Übung 09

Bearbeiten Sie die folgende Aufgabe:
Informieren Sie sich noch einmal in Kap. 5.2 über ‚two way immersion'-Programme.

,Early two way immersion': Deutsch in Kombination mit Herkunftssprachen

Recherchen – etwa mit Hilfe des Deutschen Bildungsservers – zeigen, dass inzwischen in Deutschland ,two way immersion'-Programme im Vorschul- und im Grundschulbereich mit zahlreichen Sprachenkombinationen angeboten werden. Über ein erfolgreich arbeitendes deutsch-italienisches Programm, die Deutsch-Italienische Gesamtschule in Wolfsburg, wurde bereits in Kap. 5.2 berichtet. An der Staatlichen Europa-Schule Berlin (SESB) werden inzwischen neun Sprachenkombinationen angeboten: Außer den Sprachenkombinationen Deutsch-Englisch, Deutsch-Französisch und Deutsch-Russisch, deren Einrichtung auch im Zusammenhang mit der besonderen politischen Geschichte Berlins gesehen werden muss, wird Deutsch in Kombination mit den folgenden Sprachen angeboten: Spanisch, Italienisch, Griechisch, Türkisch, Portugiesisch und Polnisch. Überwiegend sind die bilingualen Klassen der SESB mit jeweils einer Sprachkombination an Regelschulen eingerichtet, die außerdem auch einsprachige Klassen mit Deutsch als einziger Unterrichtssprache anbieten. Die bilingualen Klassen sollen zu etwa gleichen Teilen aus Schülerinnen und Schülern bestehen, die eine der beiden Unterrichtssprachen als Erstsprache sprechen. Der Unterricht in der Erstsprache und der jeweiligen ,Partnersprache' findet bis zum Abschluss von Klasse 8 getrennt statt. In den übrigen Fächern bzw. Lernbereichen werden die Schülerinnen und Schüler von Anfang an gemeinsam unterrichtet. Mathematik, ein Fach aus dem musisch-künstlerischen Bereich sowie die später einsetzenden Fächer Physik und Chemie werden auf Deutsch unterrichtet. Der Lernbereich Sachkunde und die aus diesem Lernbereich erwachsenen Fächer Geschichte/Sozialkunde, Erdkunde und Biologie sowie ein weiteres Fach aus dem musisch-künstlerischen Bereich werden in der Erstsprache der anderen Schülergruppe unterrichtet. Nach Beendigung der Grundschule können die Schülerinnen und Schüler das gewählte bilinguale Programm an Oberschulen fortsetzen, die die jeweilige Sprachkombination betreuen und bilingual zum angestrebten Schulabschluss führen (http://www.bebis.de/themen/lernfelder/europa/bilingualeBegegnungsschule/index_html – zuletzt aufgerufen am 08.03.2007).

Recherchen zum Sprachangebot zeigen aber auch, dass bei der Einrichtung von ,two way immersion'-Programmen das Sprachenangebot nicht ausgewogen ist. Bevorzugt werden offenbar zum einen ‚große Sprachen', die bereits im Curriculum der weiterführenden Schulen einen festen Platz haben, wie Englisch und Französisch. Zum anderen ist bei den Sprachen, die in Deutschland auch als Herkunftssprachen gesprochen werden, ebenfalls eine Tendenz zur Kombination von Deutsch mit solchen Sprachen beobachtbar, die bereits in das Fremdsprachen-Curriculum Eingang gefunden haben, wie die romanischen Sprachen Italienisch und Spanisch. Gemessen an der Sprecherzahl scheint dagegen die Sprachenkombination Deutsch-Türkisch deutlich unterrepräsentiert zu sein.

Übung 10

> Bearbeiten Sie die folgende Aufgabe:
> Informieren Sie sich unter www.bildungsserver.de mit Hilfe der Landesbildungsserver über die ‚two way immersion'-Programme mit der Sprachenkombination Deutsch-Türkisch im Grundschulbereich in einem Bundesland Ihrer Wahl.

Zusammenfassung und Ausblick

Obwohl gute Kompetenzen in der Erstsprache, zu denen die Entwicklung von Sprachaufmerksamkeit und Sprachbewusstheit sowie die Entwicklung konzeptioneller Schriftlichkeit zu rechnen sind, eine gute Basis für das weitere schulische Sprachenlernen und den allgemeinen Bildungserfolg bilden, wird in bildungspolitischen Diskursen die Notwendigkeit von herkuftssprachlichem Unterricht häufig in Zweifel gezogen. Neben dem bereits erwähnten ‚time on task'-Argument wird gelegentlich auch die für diesen Unterricht notwendige Trennung der Schüler nach Sprachgruppen kritisiert, die in multilingualen Lerngruppen, die Segregation und nicht die Integration fördere. Recherchen zeigen allerdings, dass bilinguale Angebote im Vorschul- und Schulbereich, die wie das Angebot der Staatlichen Europa-Schule Berlin, ausdrücklich auch den Partnerschaftsgedanken fördern, für bestimmte Sprachenkombinationen – wie zum Beispiel Deutsch-Türkisch – kaum zur Verfügung stehen. Eine zweisprachige Erziehung, die sowohl gute Grundlagen in der Erstsprache schafft als auch den Partnerschaftsgedanken im Hinblick auf die Landessprache Deutsch pflegt und zu kultureller Offenheit erzieht, bleibt damit weitgehend den Familien überlassen. Es ist zu befürchten, dass insbesondere Familien aus einem bildungsfernen Milieu mit dieser Aufgabe häufig überfordert sein werden.

5.4 Kontrastive Sprachbetrachtung

Erziehungsziel: Sprachbewusstheit

Wenn ein besonderes Anliegen des Sprachunterrichts in der Muttersprache die Förderung eines bewussten Umgangs mit der eigenen Sprache ist, dann gehört neben der Vermittlung von deklarativem Wissen, die Vermittlung von Problemlösungswissen und die Entwicklung von metasprachlichem Wissen zu den zentralen Aufgaben dieses Unterrichts. Im vorangehenden Kapitel war bereits davon die Rede, dass zur Entwicklung von Sprachbewusstheit eine Mehrsprachigkeitsdidaktik einen wesentlichen Beitrag leisten kann, die auf eine Kooperation von Deutschunterricht, Fremdsprachenunterricht und Herkunftssprachenunterricht abzielt. Ein wesentliches Element eines auf Kooperation angelegten Sprachunterrichts stellt bei der Sprachbetrachtung die Einbeziehung der jeweils ‚anderen' Sprachen dar. Diese These soll im Folgenden aus der Perspektive des Deutschunterrichts mit sprachlich heterogenen Schülergruppen weiter ausgeführt werden. Dabei soll ein Sonderfall eines solchen auf Kooperation angelegten Sprachunterrichts genauer betrachtet werden: Die Koordination des Anfangsunterrichts im Lesen und Schreiben im Deutschunterricht und im Herkunftssprachenunterricht. Diese Projekte zur koordinierte Alphabetisierung im Anfangsunterricht werden häufig abgekürzt als ‚KOALA-Projekte' bezeichnet.

Kontrastive Sprachbetrachtung als Aufgabe des Deutschunterrichts

Im vorangehenden Kapitel sind die Begriffe ‚deklaratives Wissen', ‚Problemlösungswissen' und ‚metasprachliches Wissen' mit Beispielen aus dem Bereich der deutschen Rechtschreibung erläutert worden. An diese Erläuterungen sollen die folgenden Überlegungen anschließen. Schülerinnen und Schüler, die außer dem

Deutschunterricht Fremdsprachenunterricht und Herkunftssprachenunterricht erhalten, werden auch in diesem Unterricht orthografisches Wissen erwerben. Dazu gehört auch Wissen über die Regeln der Groß- und Kleinschreibung in den betreffenden Sprachen. Anders als beispielsweise in den Schulfremdsprachen Englisch und Französisch oder in der Herkunftssprache Türkisch müssen im Deutschen Substantive groß geschrieben werden. Lehrenden, die die Regeln der deutschen Rechtschreibung vermitteln, sollte zum einen bewusst sein, dass sich die Regeln der satzinternen Großschreibung im Deutschen nicht allein auf der Basis von semantischen Kriterien, d.h. bedeutungsorientiert, vermitteln lassen: Die Regel ‚Namenwörter schreibt man groß, Tätigkeitswörter und Eigenschaftswörter schreibt man klein', kann allenfalls zu einer ersten Orientierung für Grundschulkinder dienen. Erst die Verwendung syntaktischer und morphologischer Kriterien zur Klassifikation von Wortarten erlaubt in vielen Fällen eine sichere Entscheidung über die korrekte Schreibweise.

Satzinterne Großschreibung im Deutschen – eine Besonderheit

Übung 11

Bearbeiten Sie die folgende Aufgabe:
„Peter will gerne SCHWIMMEN. Zum SCHWIMMEN fährt er immer mit dem Fahrrad". In beiden Fällen bezeichnet das Wort ‚Schwimmen' eine Tätigkeit. Eine in der Grundschule im Sprachunterricht vermittelte, bedeutungsorientierte Regel lautet: Tätigkeitswörter schreibt man klein. Warum muss das Wort im zweiten Satz dennoch groß geschrieben werden?

Auch wenn von Kindern am Ende der Grundschulzeit in diesem Bereich der deutschen Rechtschreibung noch kein sicheres Problemlösungswissen verlangt werden kann, sollten sie bereits auf dieses Phänomen in der deutschen Rechtschreibung aufmerksam gemacht worden sein. Sie sollten also bereits wissen, dass in bestimmten Fällen erst im Satzzusammenhang entschieden werden kann, ob ein Wort groß oder klein geschrieben werden muss, und dass sie in den folgenden Schuljahren in diesem Bereich ihr Wissen und Können noch erweitern müssen. Den Lehrenden, die die Regeln der satzinternen Großschreibung im Deutschen vermitteln, sollte außerdem bewusst sein, dass hier im

Satzinterne Großschreibung – kontrastiv

Vergleich beispielsweise mit den Schulfremdsprachen Englisch und Französisch, aber auch im Vergleich mit den Herkunftssprachen eine Besonderheit vorliegt. Kontrastive Sprachbetrachtung in diesem Bereich setzt aber voraus, dass die Schülerinnen und Schüler bereits über ein gewisses Problemlösungswissen im Hinblick auf die satzinterne Großschreibung im Deutschen verfügen und sich hier nicht mehr allein auf eine bedeutungsorientierten Strategie verlassen.

Kontrastive Sprachbetrachtung als Aufgabe des Herkunftssprachenunterrichts

Eine solche kontrastive Sprachbetrachtung sollte aber unbedingt auch vom Herkunftssprachen- ebenso wie vom Fremdsprachenunterricht unterstützt werden. Hier ist eine fundierte kontrastive Sprachbetrachtung für eine Lehrkraft sogar grundsätzlich leichter möglich als in einer sprachlich heterogenen Lerngruppe, weil hier zunächst jeweils nur zwei Sprachen miteinander verglichen werden müssen, nämlich Deutsch und die betreffende Herkunftssprache oder Fremdsprache. Dies setzt allerdings voraus, dass die Lehrkraft über fundierte Kenntnisse des kontrastiv zu behandelnden Phänomens in beiden Sprachen verfügt. Sie muss die in Betracht kommenden Regeln nicht nur beherrschen, also über ein entsprechendes prozedurales Wissen verfügen; sie muss zusätzlich über ein entsprechendes deklaratives Wissen verfügen sowie über die Fähigkeit, dieses Wissen den Schülerinnen und Schülern auch unter einer ‚problemlösenden Perspektive' zu vermitteln (Ossner 2006). Der Herkunftssprachen- und der Fremdsprachenunterricht können damit auch einen wichtigen Beitrag zur Vermeidung von Transferfehlern leisten. Wenn Lehrkräfte auf diese Weise die Entwicklung der Fähigkeit zur Sprachentrennung fördern, leisten sie gleichzeitig einen wichtigen Beitrag zur Entwicklung des metasprachlichen Wissens ihrer Schülerinnen und Schüler.

Vermeidung von Transferfehlern und Fähigkeit zur Sprachentrennung

Koordinierte Alphabetisierung – wozu?

kompensatorische Sprachförderung

Projekte zur koordinierten Alphabetisierung und zum weiteren koordinierten Lernen im Unterricht – oft kurz als ‚KOALA-Projekte' bezeichnet – wurden zunächst als ‚kompensatorische Maßnahmen' für bestimmte Gruppen von Schülerinnen und Schülern entwickelt (Siebert-Ott 2001). Dieser kompensatorische Gedanke spielt auch in den aktuellen Programmen noch eine entscheidende Rolle:

„Viele Kinder türkischer Herkunft kommen mit nicht ausreichender Sprachkompetenz in die Schule. Sie bekommen weder in ihren Elternhäusern noch im Kindergarten noch in der Grundschule angemessene Hilfe bei ihrer Sprachentwicklung. Sie werden häufig mit ihrer Zweisprachigkeit und Bikulturalität allein gelassen und von ihrer Umwelt hin und her gezerrt. Durch das Koala-Projekt sollen die Schülerinnen und Schüler in die Lage versetzt werden, ihre beiden Sprachen und Kulturen zueinander in eine positive Beziehung zu setzen, mit ihrer Zweisprachigkeit bewusst umzugehen und sie selbstständig weiterzuentwickeln." (www.koala-projekt.de – zuletzt aufgerufen am 08.02.2007)). Besonders zahlreich sind, wie entsprechende Recherchen zeigen, Angebote bei denen der Deutschunterricht und der herkunftssprachliche Türkischunterricht kooperieren (www.koala-projekt. de, www.raa.de). Die Tatsache, dass in einer sprachlich heterogenen Klasse unter Umständen nur für einen Teil der zweisprachig aufwachsenden Schülerinnen und Schüler ein solcher koordinierter Sprachunterricht angeboten werden kann und für die einsprachig aufwachsenden Schülerinnen und Schüler der Klasse ebenfalls kein entsprechendes Angebot zur Verfügung steht, hat in der Vergangenheit oft zur Kritik an Projekten zum koordinierten Lernen im Sprachunterricht beigetragen. Ein solcher Unterricht diene nicht der Integration, sondern trage vielmehr zu einer Segregation der Schülerinnen und Schüler nach Sprachgruppen bei. Es ist allerdings bei dieser Kritik zu bedenken, dass bilinguale Angebote, die alle Schülerinnen und Schüler einer Klasse koordiniert zweisprachig unterrichten, gerade für die Sprachenkombination Deutsch-Türkisch kaum zur Verfügung stehen. Angebote für einen koordinierten Sprachunterricht mit den Sprachen Türkisch und Deutsch, in denen Herkunftssprachenunterricht und Deutschunterricht kooperieren, können hier für einen gewissen Ausgleich sorgen. So bleibt eine zweisprachige Erziehung, die tragfähige Grundlagen in der Erstsprache als Schriftsprache schafft und die außerdem eine Verbindung zwischen sprachlichem Lernen in der Herkunftssprache und in der Zweitsprache Deutsch herstellt, nicht alleine der Initiative der Familien über-

Kritik an KOALA-Projekten

Mangel an deutsch-türkischen Programmen

Qualitätskriterien für die Sprachförderung

lassen. Damit kann insbesondere Familien aus einem eher bildungsfernen Milieu eine nachhaltige Unterstützung bei der sprachlichen Sozialisation ihrer Kinder angeboten werden. Allerdings müssen, wie entsprechende Studien zeigen, bestimmte Qualitätskriterien erfüllt sein, damit eine Einbeziehung der Herkunftssprache als Unterrichtsgegenstand und Unterrichtsmedium positive Auswirkungen auf das fachliche Lernen und auf den Erwerb der Zweitsprache Deutsch haben kann. Zu diesen Qualitätskriterien zählt neben dem Umstand, dass die Herkunftssprachen als wichtige Ressource für das Lernen betrachtet werden, die intensive Förderung der konzeptionellen Schriftlichkeit im Unterricht. Zu diesen Qualitätskriterien zählt außerdem ein professioneller Umgang mit sprachlich und kulturell heterogenen Lerngruppen sowie die Bereitschaft, allen Schülerinnen und Schülern unabhängig von ihren sprachlichen und sonstigen Voraussetzungen möglichst optimale Lernbedingungen zu bieten (Siebert-Ott 2003c). Eine Verankerung dieser Qualitätskriterien in Schulprofil und Schulprogramm leistet einen wichtigen Beitrag zur Unterstützung der Arbeit der Lehrkräfte.

Anforderungen an Projekte zum koordinierten Lernen in zwei Sprachen

Wenn die Einrichtung von Projekten zum koordinierten Lernen in zwei Sprachen tatsächlich auch häufig als kompensatorische Maßnahme mit dem Ziel der Herstellung von Chancengleichheit für Kinder aus eher bildungsfernen Milieus begründet wird, sollte ein solches Angebot zugleich auch immer als ein Angebot für eine zusätzlichen sprachliche Qualifikation für alle Schülerinnen und Schüler verstanden und konzipiert werden. Diese zusätzliche sprachliche Qualifikation durch Einbeziehung der Herkunftssprachen kann – wie im vorangehenden Kapitel schon dargelegt wurde – zum einen im weiteren Ausbau von bereits alltagsweltlich erworbenen Sprachkenntnissen zweisprachig aufwachsender Schülerinnen und Schüler bestehen, sie kann und sollte zum anderen aber auch in der weiteren Entwicklung der ‚allgemeinen sprachlichen Fähigkeiten‘ aller Schülerinnen und Schüler bestehen. Sprachunterricht, der solche Ziele anstrebt, stellt besondere Ansprüche nicht nur an die fachliche ebenso wie die didaktisch-methodische Qualifikation der beteiligten Lehrkräfte, sondern auch an ihre Kooperationsbereitschaft und ihre Koordinationsfähigkeit. Projekte zum koordinierten Lernen in zwei Sprachen müssen daher unbedingt mit besonderen Ressourcen ausgestattet werden. Hierzu zählt eine entsprechende personelle und materielle Ausstattung ebenso wie eine fachliche Begleitung des Projektes durch erfahrene Praktiker und möglichst auch eine kontinuierliche wissenschaftliche Begleitung des Projektes. Punktuelle wissenschaftliche Evaluationen dagegen können – wie entsprechende Erfahrungen in der Vergangenheit zeigen – derartigen Anforderungen offenbar nicht immer ganz gerecht werden (Siebert-Ott 2001).

Koordinierte Alphabetisierung: Grundlegende fachliche Kompetenzen

Zu den fachlichen Kompetenzen, die eine notwendige Voraussetzung für eine koordinierte Alphabetisierung und einen daran anknüpfenden koordinierten Sprachunterricht bilden, gehört ein Wissen der Lehrkräfte darüber, dass es unterschiedliche Möglichkeiten der schriftlichen Abbildung von Sprache gibt: Zu unterscheiden ist zwischen Schrifttypen, die auf die Wiedergabe von Bedeutung ausgerichtet sind (logographische Schrifttypen), und Schrifttypen, die auf die Wiedergabe von Lautung ausgerichtet sind (phonographische Schrifttypen). Von der ersten Möglichkeit macht zum Beispiel das Chinesische Gebrauch. Bei den hier durch Schriftzeichen wiedergegebenen Einheiten handelt es sich um ganze Wörter. Zu den Schriftsystemen, die von der zweiten Möglichkeit Gebrauch machen, zählt z.B. das Japanische (Kana), das Russische, das Griechische, das Arabische, das Hebräische, das Englische, das Französische, das Spanische und das Türkische. Allerdings verfügen nur die vier letztgenannten Sprachen über ein gemeinsames Zeicheninventar, die lateinische Schrift. Eine Besonderheit gilt für das Japanische (Kana); hier korrespondieren die Schriftzeichen mit größeren lautlichen Einheiten, nämlich mit Silben. Bei den anderen oben erwähnten Schriftsystemen handelt es sich um alphabetische Schriften: Schriftzeichen (Grapheme) korrespondieren hier regelhaft mit einzelnen Sprachlauten (Phonemen). Eine Besonderheit, die das Arabische und das Hebräische von den anderen genannten Schriftsystemen unterscheidet, ist die Tatsache, dass hier in der Regel nur Konso-

logographische und phonographische Schrifttypen

nanten verschriftet werden, aber keine Vokale (Berkemeier 2003). Allerdings dürfen Alphabet-Schriften nicht mit Lautschriften gleichgesetzt werden, wie sie z.B. in Aussprachewörterbüchern verwendet werden. Das Prinzip der Lauttreue, ‚Schreib wie du sprichst', spielt in den genannten Alphabetschriften eine ganz unterschiedliche Rolle. So ist zum Beispiel das türkische Schriftsystem erheblich stärker am Prinzip der Lauttreue orientiert als das deutsche Schriftsystem. Das deutsche Schriftsystem ist tatsächlich nicht nur an der Lautung, sondern auch an der Bedeutung orientiert. In diesem Zusammenhang wird auch von einer stärkeren Leserorientierung im Gegensatz zu einer stärkeren Schreiberorientierung gesprochen (Ossner 2006).

Prinzip der Lauttreue

Übung 12

Bearbeiten Sie die folgende Aufgabe:
Welches grundlegende Prinzip des deutschen Schriftsystems ist nicht laut-, sondern bedeutungsorientiert und ist damit eher leser- als schreiberorientiert?

Besonderheiten des türkischen Laut- und Schriftsystems

Zu den für eine koordinierte Alphabetisierung erforderlichen fachlichen Kompetenzen gehören gute Kenntnisse der Besonderheiten beider Laut- und Schriftsysteme. So sollte man wissen, dass das Türkische – anders als das Deutsche – lange Vokale außer in Wörtern arabischen Ursprungs nur als Resultat bestimmter phonologischer Prozesse kennt. In türkischen Wortstämmen treten ansonsten die Vokale a, e, i, u, o, ü und ö nur als Kurzvokale auf (wie in *Wald, Welt , wild, oft, Hund, Hütte, öffnen*). Außerdem existiert im Türkischen ein Vokalphonem, zu dem es im deutschen Lautsystem keine Entsprechung gibt; repräsentiert wird dieses Phonem durch das Graphem <I> für den Großbuchstaben und <ı> für den Kleinbuchstaben. Der Laut hat eine gewisse Ähnlichkeit mit dem deutschen Schwalaut, dem unbetonten e wie in *Hase*. Das Deutsche dagegen kennt in Wörtern heimischen Ursprungs neben kurzen (in der Regel ungespannten) auch lange (in der Regel gespannte) Vokale. Die Verteilung von Lang- und Kurzvokalen hängt in Wörtern heimischen Ursprungs vom Bau der Silbe ab. Das Schriftsystem trägt dieser Unterschei-

Lang- und Kurzvokale

dung systematisch Rechnung: Kurzvokale werden im Deutschen markiert, Langvokale können daher prinzipiell unmarkiert bleiben und bleiben es in der Mehrzahl der Fälle auch. Zu berücksichtigen ist weiter, dass das Inventar an Schriftzeichen im Deutschen und im Türkischen zwar weitgehend identisch ist, die Regeln, die Sprachlaute und Schriftzeichen einander zuordnen (Graphem-Phonem-Korrespondenzregeln), in beiden Sprachen aber nicht völlig übereinstimmen: So korrespondiert, wie dargelegt, das Graphem <I>im Deutschen und im Türkischen nicht mit demselben Phonem. Außerdem verfügen beide Sprachen über Schriftzeichen, die in der anderen Sprache nicht vorkommen, wie zum Beispiel <ä, qu, ß, sch,> im Deutschen und < ı, ç, ş> im Türkischen. Ebenso wie das Deutsche kennt das Türkische einen Wechsel zwischen stimmlosen und stimmhaften Plosiven und Frikativen: Im Silbenauslaut erscheint jeweils der stimmlose Sprachlaut, wie im Deutschen *Hund*, wo das <d> als [t] ausgesprochen wird. Allerdings spiegelt sich dieser Wechsel, anders als im Deutschen, auch in der Schreibung der Wörter wieder: *kitap – kitabı* (Buch), *maksat – maksadı* (Absicht), *renk – rengi* (Farbe). Das türkische Schriftsystem kennt also kein Morphemkonstanzprinzip. Dieser kleine Sprachvergleich genügt, um deutlich zu machen, dass eine fachliche Kompetenz, die sich auf die Kenntnis des Schriftzeicheninventars in der anderen Sprache und deren regelhafte Zuordnung zu bestimmten Sprachlauten beschränkt, für eine auf Nachhaltigkeit angelegte koordinierte Einführung in zwei Schriftsysteme keinesfalls ausreicht.

Graphem-Phonem-Korrespondenzregeln

Übung 13

Bearbeiten Sie die folgende Aufgabe:
Im Deutschen wird die Unterscheidung von langen und kurzen Vokalen in der gesprochenen Sprache systematisch zur Bedeutungsunterscheidung genutzt. Dennoch verfügt das Deutsche nicht über verschiedene Schriftzeichen (,Grapheme') für lange und kurze Vokale. Bitte legen Sie – ggf. mit Hilfe einer einschlägigen Grammatik des Deutschen – dar, über welche Möglichkeiten zur Kennzeichnung von Vokallänge das Deutsche verfügt.

Die Verbindung von fachlichen und didaktisch-methodischen Kompetenzen

Wenn ein Teilziel bei der Vermittlung von Schreibkompetenz in zwei Sprachen die Vermittlung von Rechtschreibsicherheit in beiden Sprachen ist, dann setzt die Realisierung dieses Ziels bei den Lehrkräften grundsätzlich Regelbeherrschung und Regelkenntnis voraus. An Lehrkräfte, die an Projekten zur koordinierten Alphabetisierung beteiligt sind, kann eine solche Anforderung allerdings nur mit Einschränkungen gestellt werden. Eine Beherrschung der Partnersprache in Wort und Schrift auf einem muttersprachenähnlichen Niveau kann sicher nicht erwartet werden. Erwartet werden müssen allerdings gute Strukturkenntnisse, wünschenswert ist sicher auch eine gewisse Bereitschaft, sich mündliche Kommunikationsfähigkeiten in der Partnersprache anzueignen. Ein besonderes Interesse sollte dabei einer korrekten Aussprache gelten: So sollten Lehrkräfte nicht nur über das deklarative Wissen verfügen, dass sich Wortakzent (und Satzakzent) im Deutschen und Türkischen unterscheiden, sie sollten auch die Fähigkeit zur Wahrnehmung dieser Unterschiede entwickeln und im Idealfall auch in der Lage sein, ihren Schülerinnen und Schülern diese Unterschiede korrekt zu demonstrieren. Sonst könnte eine deutschsprachige Lehrkraft, die diese Unterschiede nicht kennt, ihr Wissen über den deutschen Wortakzent auf das Türkische übertragen. Sie würde die Besonderheiten der korrekten Aussprache im Türkischen unter Umständen gar nicht wahrnehmen, die erste Silbe in Wörtern wie ‚nine' (‚Großmutter') daher wahrscheinlich betonen und die zweite Silbe als Reduktionssilbe behandeln und sich damit an einem für das Deutsche typischen Aussprachemuster orientieren (wie in *Biene, Sahne, Hase, Rose, Blume* usw.). Außerdem würde eine Lehrkraft, die nicht über ein solches Wissen (und Können) verfügt, entsprechende Transferfehler aus dem Türkischen nicht erkennen und könnte ihre Schülerinnen und Schüler demzufolge auch nicht bei der Entwicklung der korrekten Aussprache gezielt unterstützen. Vergleichbares gilt, wie dieses Beispiel ebenfalls demonstriert, für das Wissen über Unterschiede in der Markierung von Vokalqualität und Vokalquantität im deutschen und im türkischen Schriftsystem. Aufgrund der Schreibweise (Vokal in offener Silbe) würde ein deutscher Muttersprachler, der das Wort <nine> liest, vermuten, dass es sich bei dem Vokal in der ersten Silbe um einen

Unterschiede im Wort- und Satzakzent

Vermeidung von Transferfehlern

langen, gespannten Vokal handelt (wie in *Biene*). Tatsächlich handelt es sich aber um einen Kurzvokal (wie in *bitten* oder *binden*). Umgekehrt würden Deutsch als Zweitsprache-Lerner Beispielwörtern wie *Biene, Igel, ihre, binden* oder *bitten* nicht ohne weiteres ansehen können, ob es sich bei den Vokalen in der ersten Silbe um Lang- oder Kurzvokale handelt. Sind einer Lehrkraft diese Zusammenhänge bekannt, so kann sie ihre Schülerinnen und Schüler dabei unterstützen, hier ein Problemlösungswissen zu entwickeln, das nicht nur einer Verbesserung ihrer Aussprache dient, sondern auch zu einer größeren Rechtschreibsicherheit beiträgt. Sprachvergleichendes Arbeiten mit den Schülerinnen und Schülern kann hierzu einen wichtigen Beitrag leisten.

Zusammenhänge zwischen Schreibung und Aussprache

Anlauttabellen als Unterstützungssysteme

Anlauttabellen werden sowohl im Deutschunterricht als auch im herkunftssprachlichen Unterricht eingesetzt als Unterstützungssystem beim Erlernen der Zuordnung von Sprachlaut und Schriftzeichen. Das gilt heute in der Regel auch für einen lehrwerkorientierten Anfangsunterricht, auch wenn gelegentlich grundsätzliche Bedenken gegenüber dem Einsatz von Anlauttabellen geäußert werden, insbesondere bei Kindern, die nicht in ihrer Erstsprache alphabetisiert werden, sowie bei aussprachegestörten Kindern und auch bei Kindern mit einem erhöhten Unterstützungsbedarf beim Schriftspracherwerb. Im lehrwerkorientierten Anfangsunterricht ergänzt die durch den Einsatz von Anlauttabellen unterstützte Ausrichtung an der gesprochenen Sprache aber eine prinzipiell auf das Geschriebene ausgerichtete Orientierung. Die erstgenannten, phonographisch ausgerichteten Ansätze orientieren sich bei der Auswahl der Methoden zur Erforschung der geschriebenen Sprache und ihrer Struktur vorwiegend an den sprachlichen Erfahrungen der Lernenden, die individuell sehr unterschiedlichen sein können, aber insgesamt noch stark auf gesprochene Sprache bezogen sind. Dagegen ermöglichen die graphematisch orientierten Ansätze den Schülerinnen und Schülern von Anfang an eine vielfältige Auseinandersetzung mit Geschriebenem und versuchen ihnen auf diese Weise auch den Zugang zur Analyse von sprachlichen Strukturen zu erleichtern (Hanke 2003). Während die oben erwähnten Eigenschaften des deutschen Schriftsystems eine Kombination von graphema-

phonographische und graphematische Ansätze

Anlauttabellen

tischer und phonographischer Orientierung des Anfangsunterrichts als sinnvoll erscheinen lassen, würde die hohe Lauttreue des türkischen Schriftsystems grundsätzlich auch eine stärkere phonographische Ausrichtung zulassen. Da der Einsatz von Anlauttabellen, wie entsprechende Recherchen zeigen, in Projekten zur deutsch-türkischen Alphabetisierung eine zentrale Rolle spielt (www.Koala-projekt.de, www.raa.de), sollten diese Unterschiede bei der Konzeption von Anlauttabellen für den koordinierten Anfangsunterricht und bei deren Einsatz unbedingt berücksichtigt werden. So sollte in einer Anlauttabelle für das Deutsche keinesfalls der Unterschied zwischen Langvokalen und Kurzvokalen unberücksichtigt bleiben. Bei den Schülerinnen und Schülern darf nicht der Eindruck entstehen, dass hier in beiden Sprachen identische Graphem-Phonem-Korrespondenzregeln vorliegen. Im Hinblick auf das deutsche Schriftsystem ist es auch sinnvoll, die Aufmerksamkeit der Schülerinnen und Schüler von Anfang an auf größere Einheiten zu lenken: zunächst auf die Silbe sowie auf häufig vorkommende Laut- bzw. Buchstabenkombinationen, später auch auf das Morphem. Andernfalls könnte die Entwicklung von Transferfehler durch die eingesetzten Materialien und Methoden noch begünstigt werden (Röber-Siekmeyer 2003).

Kontrastive Sprachbetrachtung in sprachlich heterogenen Lerngruppen

Eine grundlegende Voraussetzung für eine kontrastive Sprachbetrachtung in sprachlich heterogenen Lerngruppen im Rahmen des Deutschunterrichts ist die Bereitschaft der Lehrkräfte, ‚sich auf Fremdes einzulassen und Anderem Sinn zuzutrauen‘ (Oomen-Welke 1999). Dazu ist eine grundsätzliche Bereitschaft der Lehrkräfte erforderlich, im Arbeitsbereich ‚Reflexion über Sprache‘ – in den Lehrplänen auch als ‚Sprachbetrachtung‘, ‚Sprachlehre‘ oder Grammatikunterricht bezeichnet – neben der deutschen Sprache als Gegenstand der Betrachtung weitere Sprachen überhaupt zuzulassen. Dazu ist außerdem eine grundsätzliche Bereitschaft erforderlich, auf das sprachliche Wissen der Schülerinnen und Schüler und ihrer Familien zurückzugreifen, indem spontan geäußerte Beobachtungen der Kinder im Unterricht aufgegriffen werden und den Kindern gezielt zusätzliche ‚Untersuchungsaufgaben' übertragen werden. Allerdings kommt man auch hier nicht ohne Expertenwissen aus, dazu gehört neben eigenen Recherchen mit Hilfe von Wörterbüchern und Grammatiken, auch die Zusammenarbeit mit Personen, die neben guten sprachliche Kompetenzen (‚knowing how') auch über gute Strukturkenntnisse in der betreffenden Sprache (‚knowing that') verfügen. Inzwischen gibt es zahlreiche, gut erprobte Unterrichtsvorschläge, auf die Lehrkräfte, die eine solche kontrastive Sprachbetrachtung zu einem regelmäßigen Bestandteil ihres Unterrichts machen wollen, zurückgreifen können (Oomen-Welke 1999 und 2003, Schader 2000, Hug & Siebert-Ott (Hg.) 2007).

Zusammenfassung und Ausblick

Zur Entwicklung von Sprachbewusstheit kann eine Mehrsprachigkeitsdidaktik, die auf eine Kooperation von Deutschunterricht, Herkunftssprachenunterricht und Fremdsprachenunterricht abzielt, einen wichtigen Beitrag leisten. Ein wesentliches Element stellt dabei die systematische Einbeziehung der jeweils ‚anderen' Sprachen in den eigenen Unterricht dar. Über welche fachlichen und didaktisch-methodischen Kompetenzen Lehrkräfte verfügen sollten, die eine solche Kooperation anstreben, wurde am Beispiel von Projekten zur Koordination des Anfangsunterrichts im Lesen und Schreiben im Deutschunterricht und im Herkunftssprachenunterricht und Überlegungen zur Einbeziehung ‚fremder' Sprachen in den Deutschunterricht dargelegt.

Testfragen

01 Welche Akzeptanz finden sprachliche und kulturelle Unterschiede im Konzept der ‚Interkulturellen Pädagogik'?

02 Welche Ziele der Pädagogik der soziokulturellen Vielfalt werden gegenwärtig zunehmend kritisch diskutiert?

03 Bitte erläutern Sie knapp wesentliche Merkmale ‚großer' Sprachen.

04 Welche vier Formen gesellschaftlicher Mehrsprachigkeit unterscheidet Riehl 2004?

05 Nennen Sie die drei von ‚alten' (autochthonen) Sprachminderheiten in Deutschland gesprochenen Sprachen.

06 Was ist die Besonderheit von ‚two way immersion'-Programmen?

07 Bitte erläutern Sie knapp die Begriffe ‚deklaratives Wissen' und ‚Problemlösungswissen' am Beispiel der Entwicklung von Rechtschreibkenntnissen.

08 Welcher Zusammenhang wird in der einschlägigen Fachliteratur zwischen einer Mehrsprachigkeitsdidaktik und der Entwicklung von Sprachbewusstheit gesehen?

09 Bitte erläutern Sie knapp den Inhalt des ‚time on task'-Arguments.

10 Gehört das deutsche Schriftsystem zu den logographischen (bedeutungsorientierten) oder zu den phonographischen (lautorientierten) Schrifttypen?

11 Bitte analysieren Sie die folgenden Beispiele im Hinblick auf mögliche Transferfehler, beschränken Sie sich dabei auf die fettgedruckten Grapheme: (a) H**e**nde, Fü**s**e, (b) Na**z**e, (c) **ş**ewas (=schwarz). Die Beispiele stammen von einem achtjährigen Jungen mit der Erstsprache Türkisch, der sich erst seit kurzer Zeit in Deutschland aufhält und der in der Türkei bereits alphabetisiert wurde.

LÖSUNGSVORSCHLÄGE ZU DEN ÜBUNGEN UND TESTFRAGEN | 6

Kapitel 1 | **Übung 01**

Bei Text 1 handelt es sich um eine Werbeanzeige aus einer Frauenzeitschrift. Er ist also medial schriftlich. Merkmale konzeptioneller Mündlichkeit sind hier beispielsweise die Verwendung merkmalsarmer Verben wie in der Phrase *gibt es*, NP-Aufspaltung, eher einfache Satzstrukturen, direkte Ansprache der Adressatinnen.
(Quelle: Freundin, Heft 26/87, S. 88)
Bei Text 2 handelt es sich um einen Transkript-Ausschnitt eines Fernsehfilms, also einen medial mündlich übertragenen Text. Er trägt Merkmale konzeptioneller Schriftlichkeit: z.B. merkmalsreiche(re) Lexik, komplexe Satzstrukturen.
(Quelle: WDR 3 Fernsehen, Rückblende: Tiergeschichten – Das Schwein. 02.12.1994, 23:15 Uhr)

Kapitel 2 | **Übung 01**

Empirische Untersuchungen zeigen, dass Korrekturen durch Erwachsene im kindlichen Erstspracherwerb keineswegs systematisch erfolgen. Von einigen Forschern wird daher die Ansicht vertreten, dass Korrekturen durch Erwachsene für einen erfolgreichen Spracherwerb, speziell für den Grammatikerwerb, nicht erforderlich seien. Andere Forscher vertreten die Ansicht, dass Korrekturen hier zwar nicht notwendig seien, dass aber speziell indirekte Korrekturen – etwa in der Form einer korrekten Wiederholung der kindlichen Äußerung – durchaus hilfreich für die Sprachentwicklung seien.

Übung 02

Obwohl der behavioristische Erklärungsansatz in der Spracherwerbsforschung inzwischen als überholt gilt, wird im Alltagsverständnis die kindliche Nachahmungsfähigkeit häufig noch als Hauptantriebskraft für die Sprachentwicklung angesehen.

Übung 03

Der Versuch eines englischsprachigen Deutschlerners, sein Wissen über die Verbstellung im durch *that* eingeleiteten Nebensatz auf den mit *dass* eingeleiteten Nebensatz zu übertragen, würde zu einem Stellungsfehler führen: *Er hat gesagt, dass er kommt gleich*. Auch sein Versuch, die Bedeutung von *bekommen* auf *become* zurückzuführen, würde zu einem Fehler führen. Der Versuch, die Bedeutung von *Haus* und *Maus* mit Hilfe von *house* und *mouse* zu erschließen, wäre hingegen erfolgreich.

Übung 04

Die wichtigsten Strukturmerkmale des deutschen Satzes werden zum Beispiel in der aktuellen DUDEN-Grammatik mit Hilfe des „Stellungsfeldermodells" beschrieben. Danach kann das Verb eine „Satzklammer" bilden, die das „Mittelfeld" einschließt: In aller Regel steht im Aussagesatz das finite Verb in der zweiten Position (linke Satzklammer). Die Position vor dem finiten Verb wird als „Vorfeld" bezeichnet. In der rechten Satzklammer stehen im Hauptsatz infinite Verbformen sowie Verbpartikel. Bei Entscheidungsfragen steht das finite Verb dagegen an erster Stelle, das Vorfeld bleibt unbesetzt. Das finite Verb kann allerdings auch in der rechten Satzklammer stehen. Diese Endstellung des finiten Verbs ist zum Beispiel nach bestimmten nebensatzeinleitenden Konjunktionen erforderlich.

Vorfeld	Linke Satz- klammer	Mittelfeld	Rechte Satz- klammer	Nachfeld
Das Kind	will	im Garten	spielen	–
Das Kind	isst	den Kuchen	auf	–
	Hat	das Kind im Garten	gespielt?	
	Ob	Paul wohl heute	kommt?	

Übung 05

Viele Urlauber greifen beim Versuch, mit Einheimischen in der Landessprache zu kommunizieren, etwa bei der Bestellung im Restaurant oder beim Einkauf auf dem Markt, auf formelhafte Wendungen (Chunks) zurück, die sie etwa einem Reisewörterbuch entnommen haben.

Übung 06

Das Perfekt ist im Deutschen eine analytische Zeitform, d.h. es wird aus mehreren Wörtern gebildet: *sein/haben* (Präsensform) + Partizip II eines Verbs. Die Bildungsregel für das Partizip II lautet allgemein: (ge-) + Partizipialstamm + (e)n/(e)t. Welche Form im Einzelfall zu wählen ist, hängt u.a. davon ab, ob es sich um ein starkes oder ein schwaches Verb handelt, ob es präfigiert ist oder nicht, ob das Präfix trennbar ist oder nicht. Einige Beispiele:
schwaches Verb: *arbeiten – ge-arbeit-et*; starkes Verb: *finden – ge-fund- en* (mit Ablaut)
Präfixverb/trennbar: *ausarbeiten – aus-ge-arbeit-et; herausfinden – heraus-ge-fund-en*
Präfixverb/nicht trennbar: *bearbeiten – be-arbeit-et; befinden – be-fund-en*
Die Wahl des Hilfsverbs *sein/haben* hängt von der Art des Vollverbs ab. Zwar bilden die meisten Verben das Perfekt mit *haben*, aber beispielsweise die Verben der Bewegung (*gehen, laufen, klettern* ...) bilden es mit *sein*.

Übung 07

Das Futur könnte – theoretisch – in Phase III (Verbalbereich) mit dem Erwerb der Modalverben + Infinitiv einhergehen, da es die gleiche Struktur hat, vgl. *Wir werden/wollen morgen in den Zoo gehen.*

Übung 08

„Valenz ist ein aus der Chemie bekannter Terminus, der in der Sprachwissenschaft die Wertigkeit eines sprachlichen Elements, besonders eines Verbs, bezeichnet (...). Verbvalenz wird bestimmt durch die Anzahl der Komplemente: *Schlafen* ist einwertig (es hat nur ein Subjekt), *lieben* ist zweiwertig (es hat Subj. und ein direktes Objekt); *geben* ist dreiwertig (es hat Subj., dir. und indir. Objekt)" (Vater 2002, 114).

Übung 09

Es ist oft zu beobachten, dass Kenntnisse in einer Fremdsprache „verblassen", wenn die Sprache nicht mehr (häufig) benutzt wird

(Regression). Dies kann sich auf alle Fertigkeitsbereiche beziehen. Wird die Sprache wieder intensiver genutzt, dann kann die Sprachkompetenz auch wieder gesteigert werden.

Übung 10

Auf diese Frage können wir hier keine Antwort geben, da Sie Ihr Vorwissen aktivieren bzw. Ihre Vorstellungen zum „guten Zweit-/ Fremdsprachenlerner" artikulieren sollen. Differenzierte Aussagen dazu finden Sie in den dieser Übung folgenden Ausführungen.

Übung 11

Die Probanden sind zunächst gefordert, im Beispielsatz die Satzgliedfunktion von JOHN zu erkennen: Es ist Subjekt des Satzes. Als Nächstes muss aus den unterstrichenen Wörtern des nachfolgenden Satzes (Nomen und Verben) dasjenige Wort identifiziert werden, welches „die gleiche Rolle" spielt wie JOHN. Dazu ist erforderlich, dass die Probanden Nomen von Verben unterscheiden können (*children, jeans, park* vs. *singing, dancing*) und dass sie aus den Nomen dasjenige mit der Funktion Subjekt auswählen (children). (NB: Subjekt des Satzes ist allerdings die komplette Nominalphrase *children in blue jeans*.) Hier sind also insgesamt sprachanalytische Fähigkeiten gefordert.

Übung 12

Die Lehrerin meint damit etwa „Die Kinder sind heute sehr interessiert" oder „Die Kinder machen gut mit". Damit ist ein kurzfristiger, zeitlich begrenzter Sachverhalt bezeichnet, nicht notwendigerweise eine längerfristige stabile Einstellung der Schülerinnen und Schüler.

Testfragen

1. In Längsschnittstudien wird die sprachliche Entwicklung über einen längeren Zeitraum beobachtet, in Querschnittstudien wird die sprachliche Entwicklung zu einem bestimmten Zeitpunkt oder in einem kurzen Zeitraum untersucht.

2. Von „Zweitsprache" und nicht von „Fremdsprache" wird dann gesprochen, wenn eine Sprache überwiegend ohne gezielten Sprachunterricht in alltäglichen Kontaktsituationen erworben wird.

3. Im „Deutsch als Zweitsprache"-Unterricht ist in weitaus stärkerem Maße mit ungesteuerten Erwerbsprozessen außerhalb des Unterrichts zu rechnen als im „Deutsch als Fremdsprache"-Unterricht. Diesem unterschiedlichen Vorwissen muss bei der Gestaltung des Unterrichts Rechnung getragen werden.

4. Das Alter von drei Jahren wird in der Forschung häufig als Grenze zur Unterscheidung von (bilingualem) Erstspracherwerb und Zweitspracherwerb genannt.

5. Mentalistische Ansätze gehen davon aus, dass die kindliche Sprachentwicklung nicht allein mit allgemeinen kognitiven Reifungsprozessen erklärt werden kann. Vielmehr verfügen Menschen nach dieser Theorie über angeborene, spezifische kognitive Fähigkeiten zur Verarbeitung von sprachlichen Mustern.

6. Das Drei-Phasen-Modell ging davon aus, dass bilingual aufwachsende Kinder in einer ersten Entwicklungsphase zu einer Sprachentrennung im Bereich des Wortschatzes nicht in der Lage seien. Die dieser Annahme zugrunde liegende Beobachtung, dass in dieser Phase im Wortschatz bilingual aufwachsender Kinder lexikalische Äquivalente fehlen, bestätigte sich in neueren Untersuchungen nicht. Der Gebrauch lexikalischer Äquivalente deutet auf eine bereits vorhandene Fähigkeit zur Sprachentrennung hin.

7. Positiver Transfer ist möglich, wenn bestimmte sprachliche Muster oder sprachliche Mittel in Ausgangs- und Zielsprache identisch sind und der Sprachlerner sein bereits verfügbares Sprachwissen aus der einen Sprache erfolgreich für den Erwerb der anderen Sprache nutzen kann.

8. In einer frühen Phase der Entwicklung werden im Erstspracherwerb zunächst Zweiwort- und im Folgenden dann auch

Drei- und Mehrwortäußerungen produziert, bei denen Verb-partikel und überwiegend noch unflektierte Verben in End-stellung auftreten. In Verbindung mit dem produktiven Gebrauch der Verbflexion folgt der Übergang zur Verbzweit-stellung, Subjekte werden jetzt kaum noch ausgelassen. Ei-nen weiteren Entwicklungsschritt bildet der Gebrauch von Nebensätzen mit Verbendstellung in Verbindung mit dem Gebrauch nebensatzeinleitender Konjunktionen.

9. Lernersprachen enthalten u.a. Elemente der L1 der Lernenden, die sich z.B. in Interferenzerscheinungen äußern können. Sie enthalten aber auch Merkmale der L2 sowie typische „Lerner-sprachencharakteristika": Übergeneralisierungen, Simplifi-zierungen, Chunk-Gebrauch etc.

10. Unter Erwerbssequenz versteht man einen chronologisch festen Ablauf beim Erwerb eines grammatischen Teilsystems, beispielsweise beim Erwerb der Verbstellung im Deutschen.

11. Zu den Phänomenen, die unter „Satzmodelle/Distanzstel-lung" von den Lernenden bearbeitet werden müssen, gehö-ren die folgenden:
    1. trennbare Verben: Ich bringe morgen frisches Gemüse mit.
    2. Modalverb + Infinitiv: Er muss heute länger arbeiten.
    3. Auxiliar + Partizip II: Unsere Mannschaft hat gegen Frei-burg verloren.

12. Der Genitiv kommt als Objektkasus selbst in konzeptionell schriftsprachlichen Texten sehr selten vor; es gibt nur wenige Verben, die ein Genitiv-Objekt haben: vgl. *sich erfreuen* (*Sie erfreut sich bester Gesundheit*); *gedenken* (*Sie gedachten der To-ten des 2. Weltkriegs*); *bedürfen* (*Das Betreten des Firmengeländes bedarf der Zustimmung durch die Firmenleitung*). Von daher verwundert es nicht, dass Schülerinnen und Schüler, die Deutsch als Fremdsprache lernen, die Verwendung von Geni-tivobjekten im Laufe ihrer Schulzeit nicht erwerben.

13. Der Beginn einer neuen Erwerbsphase ist durch das Aufkom-men von bestimmten, beispielsweise durch Übergeneralisie-

rung verursachten Normverstößen gekennzeichnet (*kommte, gehte ...*). Solche Formen geben Hinweise darauf, dass der oder die Lernende sich produktiv mit einem neuen grammatischen Teilbereich auseinandersetzt.

14. Fossilisierung bezeichnet das Verharren eines Lernenden auf einer Erwerbsstufe, d.h. es findet kein Kompetenzzuwachs, aber auch kein Kompetenzverlust statt.

15. Zu den kognitiven Faktoren, die den L2-Erwerb beeinflussen, gehören Sprachlerneignung (Sprachbegabung), Intelligenz, Lernstil, Sprachlernerfahrung.

16. Bei instrumenteller Motivation steht der zu erwartende Vorteil durch den Erwerb einer L2 im Vordergrund, z.B. um seine beruflichen Chancen zu erhöhen, einen gut dotierten Auslandsposten zu erhalten u.ä. Integrative Motivation liegt hingegen vor, wenn Lernende eine L2 deshalb lernen, weil sie sich sehr stark für die Zielsprache und die Zielkultur interessieren oder wenn sie ein (vollwertiges, anerkanntes) Mitglied der zielkulturellen Gesellschaft werden wollen.

17. Unter der „Kritischen Phase/Periode" wird im Zweitspracherwerb die Zeit zwischen früher Kindheit und Pubertät verstanden, in der es – so die Vertreter dieser Annahme – möglich ist, muttersprachliche Kompetenzen in einer L2 zu erwerben.

18. Die Vorteile, die jüngere Lerner beim L2-Erwerb gegenüber älteren Lernern haben, sind in der Vergangenheit überschätzt worden: Als gesichert kann heute eigentlich nur die Erkenntnis gelten, dass jüngere Lernende (im ungesteuerten) Erwerbskontext eine (fast) muttersprachliche Aussprache in der L2 erwerben können.

Kapitel 3 | Übung 01

In einem Grammatik-Übersetzungs-Unterricht wird eher Regelwissen über die Grammatik der L2 vermittelt, d.h. Lernende aus einem solchen Unterricht können u.U. deklaratives Wissen über die L2 reproduzieren. Auch kann Lesekompetenz entwickelt werden sowie Fähigkeiten im Bereich der schriftlichen Sprachmittlung (Übersetzungen). Sprechfertigkeiten sowie Hörverstehen werden nicht oder kaum ausgebildet.

Übung 02

Lateinisch *audire* bedeutet ‚hören‘, lat. *lingua* ‚Zunge‘, ‚Sprache‘, ‚Rede(gabe)‘. Eine Methode, die diese beiden Begriffe in sich vereint, sollte also das Hören und das Sprechen in den Mittelpunkt stellen.

Übung 03

Wortinitiales <s> würde von englischsprachigen Lernerinnen und Lernern mutmaßlich [s] ausgesprochen, da das Graphem <s> im Englischen auf stimmloses [s] hinweist. Stimmhaftes s wie in *See* [ze:] wird im Englischen in der Schrift durch <z> markiert.

Übung 04

Pattern Drills sind im Kontext der Übungsabfolge im audiolingualen Unterricht zu sehen. Sie stellen hier so etwas wie eine Anwendungs- und Übungsphase dar; Übungsphasen kommen im Unterricht häufig zu kurz, daher könnte man Pattern Drills hier eine positive Seite abgewinnen. Auch sind bei Pattern Drills zumeist alle Lernenden involviert, was ebenso positiv zu vermerken ist.
Auf der anderen Seite stellen Pattern Drills – in allen Variationen – recht starre Übungsformen dar. Sie regen Lernende nicht zu eigenaktivem sprachlichen Handeln an. Dazu kommt, dass die einzuübenden Strukturmuster in der Regel ohne einen Gebrauchskontext dargeboten werden, so dass die Übungen nur schwer auf reale Kommunikationssituationen übertragbar sind.

Übung 05

Ein Vertreter der Audiolingualen Methode würde in Bezug auf weitere Fremdsprachen ähnlich argumentieren wie bei der Mut-

tersprache der Lernenden: Auch eine bereits erworbene Fremdsprache stellt eine „Sprachgewohnheit" dar, welche einen negativen Einfluss auf den Erwerbsprozess (die Verhaltensprägung)
einer weiteren Sprache ausüben kann.

Übung 06

Vgl. Bußmann 2002, 357: „**Kompetenz vs. Performanz** [Auch:
Sprachfähigkeit vs. Sprachverwendung]. Im Rahmen der genera-
tiven Transformationsgrammatik von CHOMSKY [1965] postu-
lierte Dichotomie zwischen einer allgemeinen Sprachfähigkeit
und der individuellen Sprachverwendung (...). Die K. ist das im
Spracherwerbsprozess erworbene (unbewusste) mentale Wissen
über die jeweilige Muttersprache, über das ein ‚idealer Sprecher/
Hörer' einer (real nicht existierenden) homogenen, d.h. von dia-
lektalen oder soziolektalen Sprachvarianten freien Sprachgemeinschaft verfügt. Auf Grund eines endlichen Inventars von
Elementen (Laute, Wörter) und Verknüpfungsregeln ist der Sprecher im Rahmen der P. in der Lage, eine prinzipiell unendliche
Zahl von Äußerungen hervorzubringen und zu verstehen, Urteile
über die Grammatikalität von Sätzen, über Mehrdeutigkeiten und
Paraphrase-Beziehungen abzugeben. (...)"

Übung 07

Redemittel zum Ausdruck von Dank:	Verwendungssituationen (Beispiele)
1. Danke.	Höflichkeitsausdruck, z.B. wenn jemand eine (kleinere) Gefälligkeit geleistet hat: Jemand hält einem die Tür auf/reicht einem die Butter etc. Routineformel im Geschäft, etwa wenn die Ware gereicht wird
2. Danke vielmals.	Höflichkeitsausdruck wie 1., jedoch ist die dankende Person zu etwas mehr verpflichtet, z.B. wenn ein Professor sich in der Sprechstunde ein wenig mehr Zeit für eine/n Studierende/n genommen hat.
3. Vielen Dank.	Wie 2.

4. Vielen herzlichen Dank.	Ähnlich wie 2. und 3., jedoch intensiver. Kann i.d.R. nicht als Routineformel im Geschäft verwendet werden.
5. Haben Sie (ganz) herzlichen Dank!	Drückt stärkere Verpflichtung aus. Dieser Ausdruck kann z.B. benutzt werden, wenn jemand (für den Dankenden) eine Ausnahme gemacht hat.
6. Ich bin dir/Ihnen (sehr) zu Dank verpflichtet	Evtl. noch stärkere Verpflichtung als in 5. Formeller. Diese Formel kann z.B. jemand sagen, dem – entgegen der Erwartung – ein Kredit gewährt wurde.

Übung 08

Man könnte, wenn im DaZ-Anfangsunterricht das Thema „Uhr(zeiten)" Gegenstand ist, beispielsweise ein Arbeitsblatt zum Thema „Öffnungszeiten" konzipieren. Hier könnten verschiedene Einrichtungen aufgeführt sein: Geschäfte, Museen, Arzt, Friseur etc. Aufgabe der Lernenden wäre es, die Öffnungszeiten in ihrem Stadtteil zu erkunden und die Ergebnisse im Plenum vorzutragen. Nicht nur lernen Schülerinnen und Schüler hier, Uhr- und Öffnungszeiten auf Deutsch auszudrücken. Sie lernen auch etwas über ihre reale Umgebung, beispielsweise dass Museen und Friseure in Deutschland (vielerorts) montags geschlossen haben.

Übung 09

Die Antwort zu dieser Übung hängt von dem realen, Ihnen vorliegenden Material ab.

Testfragen

1. Hier liegt eher der Begriff von Hochkultur zugrunde, keinesfalls der einer Alltagskultur, wie heute vielfach üblich.

2. Die Grammatik-Übersetzungsmethode (GÜM) und die Audiolinguale Methode (ALM) haben – bei aller Unterschiedlichkeit – doch einige Gemeinsamkeiten; u.a. sind beide stark grammatikbezogen: Während jedoch bei der GÜM die Grammatik explizit und im Detail präsentiert wird, ist sie bei der ALM in den Dialogen und Pattern Drills „versteckt". Nach beiden

methodischen Ansätzen gibt es eine Progression nach formalsprachlichen Aspekten sowie eine starke Lenkung der Lernenden.

Unterschiede sind die sprachlichen Varianten, die im Mittelpunkt stehen: Nach dem Ansatz der ALM wird der gesprochenen Sprache der Vorrang eingeräumt, die GÜM widmet sich explizit der Schriftsprache. Der Unterricht nach der GÜM läuft im Wesentlichen in der L1 der Lernenden ab, im Unterricht nach der ALM herrscht dagegen Einsprachigkeit (L2) vor (siehe auch Neuner/Hunfeld 1993).

3. Das Prinzip der Einsprachigkeit lässt sich – knapp – folgendermaßen begründen: Die Muttersprache der Lernenden und die L2 haben unterschiedliche sprachliche Systeme, und es herrscht die Auffassung, dass das muttersprachliche System den Erwerb der L2 (verstanden als ein Prozess der Gewohnheitsbildung) negativ beeinflusst. Daher wird die Muttersprache der Lernenden aus dem Klassenzimmer verbannt. Ergebnisse von sprachkontrastiven Analysen liefern der Lehrperson Hinweise darauf, an welchen Stellen mit besonderen Schwierigkeiten zu rechnen ist und was sie entsprechend intensiv üben sollte.

4. In seinem Modell der Ethnografie der Kommunikation führt Hymes den Begriff der „Kommunikativen Kompetenz" ein und erweitert den von Chomsky 1965 geprägten Begriff der Kompetenz. Nach Hymes' Auffassung schließt der (Zweit-) Spracherwerb den Erwerb weiterer Kompetenzen – als außer linguistischer K. – ein, u.a. soziolinguistische Kompetenz, pragmatische Kompetenz: „We have then to account for the fact that a normal child acquires knowledge of sentences, not only as grammatical, but also as appropriate. He or she acquires competence as to when to speak, when not, and as to what to talk about with whom, when, where, in what manner. In short, a child becomes able to accomplish a repertoire of speech acts, to take part in speech events, and to evaluate their accomplishment by others" (Hymes 1971, 277).

5. Das Spektrum an Textsorten, welches im kommunikativen Unterricht eingesetzt wird, ist wesentlich breiter. Außerdem

ist man im kommunikativen Unterricht bemüht, Lernende mit (weitgehend) authentischen Texten zu konfrontieren. Im audiolingualen Unterricht (der Sechzigerjahre) herrschten Dialoge vor, die häufig um ein grammatischen Phänomen herum konstruiert waren und somit weniger authentisch erschienen.

6. Beim „deduktiven Vorgehen" geht man explizit von Grammatikregeln aus und wendet diese an, z.B. ist dies ein gängiges Vorgehen im Rahmen der Grammatik-Übersetzungsmethode. Bei einem „induktiven Vorgehen" werden Grammatikregeln aus Beispielen erschlossen, wie das im audiolingualen Unterricht vorwiegend geschieht.

7. Zu einem „guten" Unterricht gehören Merkmale wie Schülerorientierung, Förderung des selbstgesteuerten Lernens, Anpassung an heterogene Lernvoraussetzungen etc. (vgl. S. 104f).

8. Die Lehrerausbildung (nicht nur die der Deutschlehrenden) könnte beispielsweise ergänzt werden um Elemente aus den Wissensbereichen Erst- und Zweitspracherwerb, sprachliche Varianten (konzeptionelle Mündlichkeit/Schriftlichkeit), aus den Könnensbereichen Sprachdidaktik, Diagnostik/Sprachstandserfassung (vgl. Kap. 4).

9. Im Rahmen des Scaffolding wird mit individuellen Beobachtungsrastern gearbeitet, d.h. der Lernfortschritt eines jeden einzelnen Schülers sollte – im Idealfall – im Auge behalten werden und die nächsten Schritte sollten jeweils auf den erreichten Erwerbsstand ausgerichtet sein.

10. Beide sind idealerweise auf die Bedürfnisse der Lernenden ausgerichtet. Während „Scaffolding" sich jedoch auf den Regelunterricht (Sachfächer) bezieht, ist der „Kommunikative Ansatz" auf den Fremd-/Zweitsprachenunterricht ausgerichtet. Mit „Sacaffolding" wird also der Versuch unternommen, Sprach- und Fachkompetenz miteinander zu verbinden. Beim „Kommunikativen Ansatz" steht die Vermittlung einer L2 im Mittelpunkt.

Kapitel 4 | **Übung 01**

Mit Hilfe der angegebenen Internetadresse konnten Sie zum Beispiel in Erfahrung bringen, dass das Land Hessen im Kindergarten-/Schuljahr 2005/06 einen „Bildungs- und Erziehungsplan für Kinder im Alter von 0-10 Jahren" an 30 Standorten in 60 Modelleinrichtungen in Hessen erprobt hat. Informationen über das Konzept der Erprobungsphase, die ausgewählten Einrichtungen der Erprobungsphase sowie Ergebnisse der Anhörungsphase sind ebenfalls im Internet abrufbar.

Übung 02

Zur Lösung dieser Übung empfehlen wir Ihnen z.B. einen Besuch auf der Internetseite www.bildungsserver.de oder in Nordrhein-Westfalen: www.mgffi.nrw.de/kinder-und-jugend/kinder-nrw/sprachfoerderung/indes.php

Übung 03

Zu dieser Übung bieten wir Ihnen keine Lösung an.

Übung 04

Mit Hilfe des Deutschen Bildungsservers können Sie zum Beispiel auf die Seite des Deutschen Bundesverbandes für Logopädie (http://www.dbl-ev.de/) gelangen, wo Sie auch Informationen zur kindlichen Sprachentwicklung für Eltern finden.

Übung 05

Wenn man unter „grammatischer Progression" die Darbietung des Lernstoffs in einer bestimmten Abfolge versteht, so sollte sich eine solche Progression bei der Förderung des frühen Zweitspracherwerbs an der kindlichen Sprachentwicklung orientieren, sofern bekannt ist, dass der Erwerb bestimmter sprachlicher Phänomens in einer bestimmten Abfolge (>Erwerbssequenz) erfolgt.

Übung 06

In das Sächsische Integrationsmodell sind offensichtlich eine Reihe neuerer Erkenntnisse aus der Zweitspracherwerbsforschung und der Unterrichtsforschung eingegangen. Ihm könnte somit Vorbildcharakter zugesprochen werden.

Übung 07

Sie finden auf dieser Homepage u.a. Informationen über die Ziele des Projektes Förderunterricht und über einzelne Projektstandorte (mit Links).

Übung 08

Sie finden auf beiden Homepages zahlreiche interessante und aktuelle Anregungen zur Gestaltung von DaZ-Unterricht.

Testfragen

1. Bei formelle Sprachtests handelt es sich in der Regel um standardisierte Verfahren. Sie müssen in viel höherem Maße den Anforderungen der Testgütekriterien genügen als informelle Verfahren.

2. Die Hauptgütekriterien sind Objektivität, Reliabilität und Validität.

3. Neben der Beachtung „handwerklicher" Regeln sollte man auf Inhalts- und Konstruktvalidität achten.

4. Wichtig hierfür sind gemeinsame Bilderbuchbetrachtungen sowie das Vorlesen und Erzählen in kleinen Gruppen. Die Kinder sollten mehrmals in der Woche an einer solchen Literacy-Förderung teilnehmen können, diese Förderung sollte an den Interessen der Kinder anknüpfen und dialogisch aufgebaut sein. Möglichst sollten auch die Familien in diese Fördermaßnahmen einbezogen werden.

5. SISMIK umfasst die Altersspanne von dreieinhalb Jahren bis sechs Jahren und ist für Kinder aus Familien mit Migrations-

hintergrund bestimmt, die Deutsch als Zweitsprache lernen. SELDAK umfasst die Altersspanne von vier bis sechs Jahren und ist für Kinder entwickelt worden, die Deutsch als Erstsprache sprechen.

6. Von einer spezifischen Sprachentwicklungsstörung wird dann gesprochen, wenn „keine anderweitige Primärbeeinträchtigung zu diagnostizieren ist, die ausreichend wäre, das Vorhandensein, die Art und das Ausmaß der sprachlichen Probleme zu erklären" (Dannenbauer 2002, S.118f.).

7. In bestimmten Situationen erscheint eine gezielte Sprachförderung durchaus angebracht: Wenn Lernende aufgrund ihrer Lebenssituation nicht über genügend Input verfügen, was zum Beispiel dann der Fall sein kann, wenn nur eine begrenzte Spanne Zeit vor Schulbeginn als Lernzeit zur Verfügung steht, dann sollte die eigenaktive Hypothesenbildung der Lerner durch eine gezielte, entwicklungsorientierte Sprachförderung unterstützt werden.

8. Das „Sächsische Integrationsmodell" zeichnet sich gegenüber anderen Modellen (a) durch einen schrittweisen, allmählichen Übergang von der Vorbereitungsklasse in die Regelklasse aus, (b) durch die explizite Verpflichtung auch der Fachlehrer/innen, die sprachliche Entwicklung der Schülerinnen und Schüler zu fördern. Außerdem steht das Integrationsmodell auch Schülerinnen und Schülern mit Migrationshintergrund offen, die in Deutschland geboren sind, aber nicht über ausreichende Sprachkenntnisse zur Teilnehme am Unterricht verfügen.

9. Lehrkräfte sollten in der Lage sein, Vorgaben aus dem Curriculum in Projektarbeit zu „übersetzen". Dies setzt grundlegende Kenntnisse über die Charakteristika und den Ablauf von Projektarbeit voraus. Lehrende müssen mit Bezug auf das Projektthema natürlich fachkompetent sein und auch Kompetenzen als Mediator bzw. Moderator von Lernprozessen besitzen. Überdies sind diagnostische Kompetenzen gefordert. Auf Schwierigkeiten sollte flexibel reagiert werden können.

10. Im Rahmen von Projektarbeit werden vielfältige Möglichkeiten zur authentischen Kommunikation geboten – ein Aspekt, der insbesondere für die Unterstützung des L2-Erwerbs wichtig ist. Außerdem ermöglicht Projektarbeit Handlungsorientierung, selbstgesteuertes Lernen sowie Gruppenarbeit. Binnendifferenzierung ist sehr gut möglich. Dies alles sind Aspekte, die nach moderner Auffassung dem L2-Erwerb förderlich sind.

Kapitel 5 | ## Übung 01

Unter Umständen konnten Sie feststellen, dass ein solcher Vorschlag zunächst auf Überraschung stößt, da bislang vorwiegend über die Notwendigkeit einer besondere Förderung von Mädchen, speziell im Bereich von Naturwissenschaft und Technik, diskutiert wurde.

Übung 02

Unter Umständen konnten Sie eine auch in bildungspolitischen Diskussionen verstärkt zu beobachtende Bereitschaft feststellen, den herkunftssprachlichen Unterricht abzuschaffen oder das Angebot zumindest einzuschränken. Unterschiede im Hinblick auf die von Ihnen genannten Sprachen können unter Umständen mit den Faktoren „zahlenmäßige Stärke" der Sprechergruppe und „Ansehen der Sprache" in Verbindung gebracht werden.

Übung 03

Der dänische Schulverein für Südschleswig betreibt Kindergärten und Schulen für Mitglieder der dänischen Minderheit. Gegenwärtig umfasst das Angebot 55 Kindergärten und 48 Schulen (davon 1 Gymnasium). Der deutsche Schul- und Sprachverein für Nordschleswig betreibt 22 Kindergärten und 16 Schulen (davon 1 Gymnasium) für Mitglieder der deutschen Minderheit. Es wird hier aber ausdrücklich betont, dass diese Einrichtungen auch anderen Interessierten offen stehen.

Übung 04

Das Sorbische Institut erforscht die Sprache, Geschichte und Kultur der Sorben in der Ober- und der Niederlausitz. Es beschäftigt sich außerdem mit der Situation kleiner Sprachen und Kulturen in Europa.

Übung 05

Ziel dieses Integrationskurses ist (a) „der Erwerb ausreichender Kenntnisse der deutschen Sprache" und (b) „die Vermittlung von Alltagswissen sowie von Kenntnissen der Rechtsordnung, der Kultur und der Geschichte in Deutschland, insbesondere auch der Werte des demokratischen Staatswesens der Bundesrepublik Deutschland und der Prinzipien der Rechtsstaatlichkeit, Gleichberechtigung, Toleranz und Religionsfreiheit". Ausreichende Kenntnisse in den beiden genannten Bereichen werden als „Schlüssel zu einer erfolgreichen Integration" bezeichnet.

Übung 06

Der Lese- und Schreiblehrgang erfolgt koordiniert in beiden Sprachen ab der ersten Klasse. Mit Hilfe des Deutschen Bildungsservers (www.bildungsserver.de) können Sie sich weiter über bilinguale Bildungsangebote an öffentlichen Schulen in Deutschland informieren.

Übung 07

Mit dem Suchbegriff „muttersprachlicher Unterricht" konnten Sie zum Beispiel über entsprechende Bildungsangebote im Bundesland Bayern folgende Auskunft erhalten: „An den Grund- und Hauptschulen in Bayern wird der muttersprachliche Unterricht in den Staatssprachen der ehemaligen Entsendestaaten (Griechenland, Italien, Marokko, Spanien, Portugal, Türkei, ehem. Jugoslawien) angeboten. Die Förderung erfolgt unter anderem in den zweisprachigen Klassen und in den Kursen des Muttersprachlichen Ergänzungsunterrichts (MEU). Der MEU wird durch muttersprachliche Lehrkräfte, zum Beispiel Italienisch durch italienische Lehrkräfte, erteilt." Für das Bundesland Baden-Württemberg – ein Land mit Konsularunterricht in den Herkunftssprachen – erhalten Sie die folgenden Information: „Das Land Baden-Württemberg fördert auf Grundlage der Richtlinie des Rates 77/486/EWG über die schulische Betreuung der Kinder von Wanderarbeitnehmern den muttersprachlichen Zusatzunterricht, der derzeit von 12 Herkunftsstaaten in eigener Verantwortung an vielen allgemein bildenden Schulen des Landes angeboten wird. Im Schuljahr 2003/2004 wurde zudem die Möglichkeit der Zertifizierung der Herkunftssprache im Rahmen der Hauptschulabschlussprüfung auf inzwischen 11 Sprachen ausgedehnt.".

Übung 08

Programme, in denen eine Fremdsprache als Unterrichtssprache im Fachunterricht eingesetzt wird, werden als Immersionsprogramme (oder bilinguale Programme) bezeichnet. Zunächst wurden diese Programme in Deutschland nur an weiterführenden Schulen angeboten Seit einiger Zeit werden solche Programme hier auch im Vorschul- und Grundschulbereich erprobt. In diesen ‚early immersion'-Programmen kann die Fremdsprache für einen begrenzten Zeitraum als Unterrichtssprache dominieren.

Übung 09

‚Two way immersion'-Programme sind für Kinder aus zwei Sprachgruppen konzipiert, deren Erstsprachen beide auch als Unterrichtssprachen eingesetzt werden. Beide Sprachen sollen außerdem als Fach unterrichtet werden. Dabei muss berücksichtigt werden, dass die Unterrichtssprache jeweils für einen Teil der Kinder Erstsprache und für einen Teil der Kinder Zweit- oder Fremdsprache ist. Das gilt auch für den Unterricht in den beiden Sprachen, der jeweils als Muttersprachen- bzw. als Zweit- oder Fremdsprachenunterricht zu konzipieren ist.

Übung 10

Außer dem bereits erwähnten Angebot der Staatlichen Europa-Schule Berlin können Sie mit Hilfe des Bildungsservers ein wissenschaftlich begleitetes Angebot zweisprachiger Grundschulen im Stadtstaat Hamburg finden, wo Deutsch in Kombination mit Italienisch, Portugiesisch, Spanisch und Türkisch unterrichtet wird. Sie finden überdies unter dem Stichwort ‚Erziehung zur frühen Mehrsprachigkeit' eine umfangreiche Liste mit Schulen und Kindertagesstätten, die bilingualen Unterricht bzw. bilinguale Erziehung anbieten. Diese Übersicht bestätigt den Eindruck, dass Türkisch im Rahmen eines bilingualen Programms an öffentlichen Schulen in Deutschland nur selten angeboten wird.

Übung 11

Die an der Wortbedeutung orientierten Regeln „Namenwörter schreibt man groß, Eigenschaftswörter und Tätigkeitswörter schreibt man klein", versagen bei Substantivierungen und Desubstantivierungen. Hier ist zusätzlich das Vorkommen des Wortes im Satz, d.h. die Kombinierbarkeit mit anderen Wörtern bestimmter Kategorien oder die Funktion des betreffenden Wortes im Satz, zu berücksichtigen. Die Kombination mit einem Artikel – hier verschmolzen mit der Präposition *zu* – zeigt an, dass in unserem Beispiel das Wort SCHWIMMEN im zweiten Beispielsatz nicht als Verb, sondern als Substantiv(ierung) zu analysieren ist und daher groß geschrieben werden muss.

Übung 12

Das Stammprinzip, auch Morphemkonstanz- oder Schemakonstanzprinzip genannt, ist an der Bedeutung orientiert und nicht an der Lautung. Auch wenn wir aufgrund der Auslautverhärtung stimmhafte Plosive (wie /b/ und /d/) und stimmhafte Frikative (wie /v/ und /z/) stimmlos aussprechen, schreiben wir *Felder* und *Feld* und nicht *Felt*, und *Wälder* und *Wald*, und nicht *Walt*. Aus demselben Grund schreiben wir auch *Wälder* und nicht *Welder*, obwohl es keinen Ausspracheunterschied zwischen *Felder* und *Wälder* gibt. Wir orientieren uns hier an der Regel, bedeutungsgleiche Morpheme genau gleich oder möglichst ähnlich zu schreiben. Kindern wird geraten, das Wort im Zweifelsfall zu „verlängern" (*Felder* – also *Feld* und nicht *Felt*) bzw. zu „verkürzen" (*Wald* – also *Wälder* und nicht *Welder*).

Übung 13

Zur Markierung von Vokallänge kann vor den Konsonanten *m*, *n*, *l* und *r* ein sogenanntes „Dehnungs-h" stehen, wie in den folgenden Beispielwörtern: *Rahmen, Söhne, Strahlen* und *kehren*. Allerdings muss auch in diesen Fällen kein „Dehnungs-h" stehen, wie die folgenden Beispiele zeigen: *Blumen, malen, Töne, Ware*. Zur Markierung von Vokallänge können außerdem die Vokale *a*, *e* und *o* verdoppelt werden: *Saal, Meer, Boot*. Nicht verdoppelt werden dagegen die Umlaute *ä* und *ö*: *Sälchen* und *Bötchen*. Zur Markierung von Vokallänge dient außerdem das *e*. In Kombination mit *i* tritt es sehr häufig auf, in Kombination mit anderen Vokalen dagegen ebenso wie das *i* als Dehnungszeichen nur selten, zum Beispiel in Namen: *Soest, Troisdorf*. In der Mehrzahl der Fälle bleibt Vokallänge im Deutschen unmarkiert. Eine Ausnahme bildet hier nur das *ie*. Offene Silben, d.h. Silben, die auf einen Vokal enden, werden nämlich unabhängig davon, ob eines der genannten Dehnungszeichen steht, im Standarddeutschen stets lang gesprochen. Das gilt auch für einsilbige Wörter, die auf ein zweisilbiges Wort mit offener Silbe zurückgeführt werden können: *Tag – Ta-ge*. Die besondere Markierung von Vokallänge in den genannten Fällen ist daher als „Merkwissen" und allenfalls sehr eingeschränkt auch als „Regelwissen" einzustufen. Die Markierung von Kurzvokalen erfolgt dagegen im Deutschen äußerst regelhaft: In geschlossenen Silben, d.h. in Silben, die auf einen oder mehrere Konsonanten enden, wird der Vokal im Standarddeutschen in der Regel kurz gesprochen (<am>, <Hund>, <Hun-de>, <kos-ten>). Eine Konsonatenverdoppelung erfolgt – vereinfacht dargestellt – genau dann, wenn im gesprochenen zweisilbigen Wort nach einem kurzen, ungespannten Vokal nur ein Konsonant folgt, (vgl. [kanə] – <Kanne> usw.).

Testfragen

1. Die „interkulturelle Pädagogik" zeichnet sich durch eine hohe Bereitschaft aus, sprachliche und kulturelle Unterschiede zu akzeptieren.

2. Zunehmend kritisch diskutiert wird die geforderte Akzeptanz von sprachlichen und kulturellen Unterschieden. Im Zweifelsfall sollte nach Meinung von Kritikern der Pädagogik der so-

zio-kulturellen Vielfalt bei Kindern aus Zuwandererfamilien das Ziel der Integration Vorrang haben. In diesem Zusammenhang wird häufig der Förderung der Zweitsprache ein Vorrang vor der Förderung der Herkunftssprache eingeräumt.

3. Zu den wesentlichen Merkmalen „großer" Sprachen gehört, dass sie von gesellschaftlich, wirtschaftlich und kulturell starken Gruppen gesprochen werden, die hohe Anzahl von Sprechern und das besondere Ansehen dieser Sprachen. Wichtig ist außerdem ihre Präsenz im Schulsystem.

4. Riehl (2004) unterscheidet zwischen mehrsprachigen Staaten mit Territorialprinzip, mehrsprachigen Staaten mit individueller Mehrsprachigkeit, einsprachigen Staaten mit Minderheitenregionen sowie ein- oder mehrsprachigen Staaten mit Zuwanderung insbesondere in städtische Regionen.

5. Es handelt sich um Dänisch, Friesisch und Sorbisch.

6. Diese Programme sind für Kinder aus zwei Sprachgruppen konzipiert, deren Erstsprachen beide auch als Unterrichtssprachen eingesetzt werden. Beide Sprachen sollen außerdem als Fach unterrichtet werden.

7. Zum deklarativen Wissen gehört zum Beispiel das Wissen über die Regeln der Groß- und Kleinschreibung im Deutschen. Zum Problemlösungswissen gehört methodisches Wissen, das im Zweifelsfall zur korrekten Schreibung eines Wortes in einem bestimmten Kontext führt. Um die Frage, ob *schwimmen* im Satz *Vor dem Schwimmen soll man sich abkühlen* groß oder klein geschrieben wird, benötigt man das deklarative Wissen, dass Substantive im Deutschen groß geschrieben werden. Man benötigt außerdem methodisches Wissen, um in Zweifelsfällen zu entscheiden, ob ein Wort in einem bestimmten Kontext als Substantiv verwendet wird. Im Beispielsatz kann man mit Hilfe des syntaktischen Kriteriums „Kombination mit einem Artikel" entscheiden, dass das Wort hier als Substantiv verwendet wird und daher groß zu schreiben ist.

8. Es wird angenommen, dass eine Mehrsprachigkeitsdidaktik einen wichtigen Beitrag zur Entwicklung von Sprachbewusstheit leisten und damit eine gute Basis für das Sprachenlernen insgesamt aufbauen kann.

9. Das „time on task"-Argument stellt einen Zusammenhang her zwischen aufgewendeter Lernzeit und Lernerfolg. Es wird argumentiert, dass mehr Lernzeit in der Zweitsprache auch zu besseren Lernergebnissen in der Zweitsprache führen würde und dass daher etwa die für den Herkunftssprachenunterricht aufgewendete Lernzeit bei Schülerinnen und Schülern mit geringen Kompetenzen in der Zweitsprache Deutsch sinnvoller für den Förderunterricht in der Zweitsprache genutzt werden könnte.

10. Das deutsche Schriftsystem ist sowohl lautorientiert (alphabetisches Prinzip, silbisches Prinzip) als auch bedeutungsorientiert (Morphemkonstanzprinzip).

11. Auch wenn es sich bei den Beispielen unter (a) um für einsprachig deutsch alphabetisierte Kinder typische Fehler handelt, sollte überprüft werden, ob der Schüler bereits die Grapheme <ä> und <ß> kennt, die im Grapheminventar des Türkischen nicht vorkommen. Bei den Fehlern unter (b) und (c) kann von Transferfehlern ausgegangen werden: Das Schriftzeichen <z> korrespondiert im Türkischen mit dem stimmhaften s-Laut [z] und das Schriftzeichen <Ş>, dem im Deutschen das Graphem <sch> entspricht, korrespondiert mit dem in beiden Sprachen identischen Laut [š].

LITERATURVERZEICHNIS | 7

A

ALLEMANN-GHIONDA, C.   *Mehrsprachige Bildung in Europa*
1997 | BMW AG München (Hg.): LIFE. Ideen und Materialien für inter-
kulturelles Lernen, Lichtenau: AOL-Verlag 1-10

ALLEMANN-GHIONDA, C.   *Kompetenzen der Lehrperson in einem mehrsprachigen und soziokulturell
heterogenen Umfeld*
2005 | Kostrzewa, F. (Hg.), 11-24

ASHER, J.   *Learning Another Language through Actions: The Complete Teacher's Gui-
debook.*
1977 | Los Gatos, Calif.: Sky Oakes Productions

AUSTIN, J.   *How to do things with words*
1962 | Oxford: OUP

B

BACHMAN, L.F.,   *Language Teaching in Practice*
PALMER, A.S.   1996 | Oxford: OUP

BAINSKI, CH. & KRÜGER-   *Verfahren zur Sprachstandsfeststellung – ein kritischer Überblick*
POTRATZ, M. (Hg.)   2007 | in: Handbuch Sprachförderung. Essen: NDS-Verlagsgesellschaft

BAKER, C.   *Foundations of Bilingual Education and Bilingualism*
2001 | Clevendon: Multilingual Matters

BAKER, C.,   *An Introductory Reader to the Writings of Jim Cummins*
HORNBERGER, N.   2001 | (Hg.), Clevedon: Multilingual Matters

BALDEGGER, M.,   *Kontaktschwelle Deutsch als Fremdsprache*
MÜLLER, M.,   1980 | Berlin/München: Langenscheidt
SCHNEIDER, G. IN
ZUSAMMENARBEIT mit
NÄF, A.

BALLIS, A.   *Sommerschule an der Universität Augsburg 22.08.-02.09.2005. Ein Werk-
stattbericht*
2006 | Vortrag gehalten auf der 4. Fachtagung im Projekt Förderunterricht
der Stiftung Mercator „Förderlehrerausbildung und Evaluation im Projekt
Förderunterricht", 20./21.03.2006 in Mannheim

BARBOUR, S.,   *Variation im Deutschen. Soziolinguistische Perspektiven*
STEVENSON, P.   1998 | Berlin: De Gruyter

BAUR, R., GROTJAHN, R., SPETTMANN, M.
Der C-Test als Instrument der Sprachstandserhebung und Sprachförderung
2006 | Timm, J.-P. (Hg.), Fremdsprachenlernen und Fremdsprachenforschung: Kompetenzen, Standards, Lernformen, Evaluation. Festschrift für Helmut Vollmer. Tübingen: Narr

BAUSCH, K.-R., CHRIST, H., KRUMM, H.-J. (HG.)
Handbuch Fremdsprachenunterricht
2003 | Tübingen: Francke

BAYERISCHES STAATSMINISTERIUM FÜR ARBEIT UND SOZIALORDNUNG, FAMILIE UND FRAUEN, STAATSINSTITUT FÜR FRÜHPÄDAGOGIK, MÜNCHEN
Der Bayerische Bildungs- und Erziehungsplan für Kinder
2005 | Weinheim und Basel: Beltz Verlag

BECKER-MROTZEK, M., BOETTCHER I.
Schreibkompetenz entwickeln und beurteilen
2006 | Berlin: Cornelsen

BERKEMEIER, A.
Schrifterwerb im mehrsprachigen Kontext
2003 | Bredel, U. Günther, H., Klotz, V., Ossner, J., Siebert-Ott, G. (Hg.), Bd.1, 30-41

BLOOMFIELD, L.
Language
1935 | New York: Holt

BÖTTCHER, I.
Kreatives Schreiben
1999 | (Hg.), Berlin: Cornelsen

BRAUN, K., NIEDER, L., SCHMÖE, F.
Deutsch als Fremdsprache 1A. Grundkurs. Neubearbeitung
1978 | Stuttgart: Klett

BREDEL, U., GÜNTHER, H., KLOTZ, V., OSSNER, J., SIEBERT-OTT, G. (HG.)
Didaktik der deutschen Sprache, 2 Bände
2003 | Paderborn u.a.: Schöningh

BUSSMANN, H.
Lexikon der Sprachwissenschaft
2002 | Stuttgart: Kröner

C

CHOMSKY, N.   *A Review of B.F. Skinner's Verbal Behavior*
1959 | Language 35 (1), 26-58

CLAHSEN, H.   *Normale und gestörte Kindersprache. Linguistische Untersuchungen zum Erwerb von Syntax und Morphologie*
1988 | Amsterdam/Philadelphia: Benjamins

CLAHSEN, H., MEISEL, J.,   *Deutsch als Zweitsprache. Der Zweitspracherwerb ausländischer Arbeiter*
PIENEMANN, M.   1983 | Tübingen: Narr

CORDER, S.P.   *Idiosyncratic dialects and error analysis*
1971 | IRAL, vol. 9, no.2, 147-159

CUMMINS, J.   *Cognitive/academic language proficiency, linguistic interdependence, the optimum age question and some other matters*
1979 | Working Papers on Bilingualism 19, 121-129

CUMMINS, J.   „BICS and CALP"
2006 | ((http://www.iteachilearn.com/cummins/bicscalp.html zuletzt aufgerufen am 03.03.2006)

D

DANNENBAUER, F.   *Grammatik*
2002 | Baumgartner, S., Füssenich, I. (Hg.), Sprachtherapie mit Kindern. Grundlagen und Verfahren, München u.a. (5. Auflage): Reinhardt, S.105–161

DESI-KONSORTIUM   *Unterricht und Kompetenzerwerb in Deutsch und Englisch. Zentrale Befunde der Studie Deutsch Englisch Schülerleistungen International (DESI)*
2006 | Frankfurt/M.: Deutsches Institut für Internationale Pädagogische Forschung

DIEHL, E., CHRISTEN, H.,   *Grammatikunterricht: Alles für der Katz?*
LEUENBERGER, S.,   2000 | Tübingen: Niemeyer
PELVAT, I., STUDER, TH.

DIELING, H.,   *Phonetik lehren und lernen*
HIRSCHFELD, U.   2000 | Berlin/München: Langenscheidt

E

EDWARDS, D.,   *Common Knowledge: The Development of Understanding in the Classroom*
MERCER, M.   1995 | London: Routledge

EHLICH, K. ET AL.   *Anforderungen an Verfahren der regelmäßigen Sprachstandsfeststellung als Grundlage für die frühe individuelle Förderung von Kindern mit und ohne Migrationshintergrund*
2005 | Bonn/Berlin: BMBF

ELLIS, R.   *The study of second language acquisition*
1994 | Oxford: OUP

EUROPEAN COMMISSION   *Europeans and their Languages*
2006 | Special Eurobarometer 243/ Wave 64.3.

F
FERGUSON, CH.   *General Introduction to the Series*
1962 | Moulton, W., The Sounds of English and German, Chicago: The University of Chicago Press, v-vi

FREMDSPRACHE DEUTSCH   *Deutsch in allen Fächern*
2004 | Heft 30/2004. Stuttgart: Klett

FRIED, L.   *Expertise zu Sprachstandserhebungen für Kindergarten und Schulanfänger – Eine kritische Betrachtung*
2004 | München: DJI-Verlag

FTHENAKIS, W. E.   *Elementarpädagogik nach PISA. Wie aus Kindertagesstätten Bildungseinrichtungen werden*
2003 | Freiburg: Herder

FTHENAKIS, W.E.,   *Frühpädagogik international. Bildungsqualität im Blickpunkt*
OBERHUEMER, P.   2004 | Opladen: Leske & Budrich
(HG.)

FUNK, H.   *Didaktische Forschung und Lehrwerkspraxis – am Beispiel von geni@l,*
2003 | Vortrag gehalten auf der Deutschlehrertagung des Goethe-Instituts Athen, 12.03.2003

G
GARDNER, R.C.,   *Attitudes and Motivation in Second Language Learning*
LAMBERT, W.E.   1972 | Rowley, M.A. : Newbury House

GARDNER, R.C.,   *A student's contributions to second language learning. Part II: Affective Variables*
McINTYRE, P.   *ables*
1993 | Language Teaching 26, 1-11

GERMAIN, C.   *Évolution de l'enseignement des langues: 5000 ans d'histoire*
1993 | Paris : CLE International

GIBBONS, P.   *Scaffolding Language, Scaffolding Learning. Teaching Second Language Learners in the Mainstream Classroom*
2002 | Portsmouth, NH: Heinemann

GIBBONS, P.   *Unterrichtsgespräche und das Erlernen neuer Register in der Zweitsprache*
2006 | Mecheril, P., Quehl, Th. (Hg.), Die Macht der Sprachen. Englische Perspektiven auf die mehrsprachige Schule, Münster: Waxmann, 269-290

GIESE, H.W.,   *Sprachunterricht in der Primarstufe*
OSBURG, C.,   2003 | Bredel, U., Günther, H., Klotz, V., Ossner, J., Siebert-Ott, G. (Hg.),
WEINHOLD, S.   Didaktik der deutschen Sprache, Bd.1, Paderborn u.a.: Schöningh, 684–697

GLÜCK, H.   *Die Anfänge des DaF-Unterrichts: Deutsch als Fremdsprache im Mittelalter und in der frühen Neuzeit*
2000 | A. Wolff; H. Tanzer (Hg.): Sprache – Kultur – Politik. (=Materialien Deutsch als Fremdsprache, Bd. 53), Regensburg, 125-140

GRIESBACH, H.   *Deutsch für Fortgeschrittene. Sprachheft 1*
1970 | München: Hueber

GROTJAHN, R.   *Lernstile/Lernertypen*
2003 | Bausch, K.-R., Christ, H., Krumm, H.J. (Hg.), Handbuch Fremdsprachenunterricht, Tübingen: Francke, 326-331

GROTJAHN, R.   *Leistungsmessung und Leistungsbewertung*
2003 | Hagen: FernUniversität

GÜNTHER, H.   *Erziehung zur Schriftlichkeit*
1993 | Eisenberg, P. & Klotz, P. (Hg.), Sprache gebrauchen – Sprachwissen erwerben. Stuttgart: Klett, 85-95

GÜNTHER, H.   *Mündlichkeit und Schriftlichkeit*
1997 | Balhorn, H., Niemann, H. (Hg.), Sprachen werden Schrift, Lengwil: Libelle, 64-73

GÜNTHER, H.   *Die Sprache des Kindes und die Schrift der Erwachsenen*
1998 | Huber, L., Kegel, G., Speck-Hamdan, A. (Hg.), Einblicke in den Schriftspracherwerb. Frankfurt: Westermann, 25-40

H

HABERZETTL, S.
Progression im ungesteuerten und im gesteuerten Erwerb
2006 | Ahrenholz, Bernt (Hg.), Kinder mit Migrationshintergrund. Freiburg im Breisgau: Fillibach, 203–220

HANKE, P.
Methoden des Rechtschreibunterrichts
2003 | Bredel, U., Günther, H., Klotz, V. , Ossner, J., Siebert-Ott, G. (Hg.), Didaktik der deutschen Sprache, Bd.2, Paderborn u.a.: Schöningh, 785–801

HEIDELBERGER FORSCHUNGSPROJEKT ‚PIDGIN-DEUTSCH'
Sprache und Kommunikation ausländischer Arbeiter
1975 | Kronberg/Taunus: Scriptor

HELMKE, A.
Unterrichtsqualität erfassen, bewerten, verbessern
2005[4] | Seelze: Kallmeyer

HELMKE, A.
Mit gutem Unterricht Lernpotenziale fördern
2006 | Vortrag gehalten am 18.03.2006 auf der Lehrerfortbildung „Migration als Chance: Individuelle Begabungen bei Kindern mit Migrationshintergrund erkennen und fördern" in der Akademie für Lehrerfortbildung und Personalführung, Dillingen/Donau

HENRICI, G., RIEMER, C.
Zweitsprachenerwerbsforschung
2003 | Bausch, K.-R., Christ, H., Krumm, H.J. (Hg.), Handbuch Fremdsprachenunterricht, Tübingen: Francke, 38–43

HENRICI, G., VOLLMER, H.J. ET AL.
Lernen und Lehren von Fremdsprachen : Kognition, Affektion, Interaktion. Ein Forschungsüberblick
2001 | ZFF 12 (2), 1-145

HÖLSCHER, P., PIEPHO, H.-E., ROCHE, J.
Handlungsorientierter Unterricht mit Lernszenarien. Kernfragen zum Spracherwerb
2006 | Oberursel: Finken

HUG, M., SIEBERT-OTT, G., (HG.)
Sprachbewusstheit und Mehrsprachigkeit
Im Druck | Hohengehren: Schneider Verlag.

HYMES, D.
On Communicative Competence
1971 | Pride, J.B., Holmes, J. (Hg.), 1972, Sociolinguistics. Harmondsworth: Penguin, 269-293

J

JAMPERT, K., BEST, P.,
GUADATIELLO, A.,
HOLLER, D.,
ZEHNBAUER, A.

Schlüsselkompetenz Sprache. Sprachliche Bildung und Förderung im Kindergarten. Konzepte, Projekte und Maßnahmen
2005 | Weimar/Berlin: verlag das netz

JOHNSON, K,
JOHNSON, H.

Communicative Methodology
1998 | Johnson, K., Johnson, H. (Hg.), Encyclopedic Dictionary of Applied Linguistics. Oxford: Blackwell, 68-73

JUNG, L.

99 Stichwörter zum Unterricht Deutsch als Fremdsprache
2001 | München, Hueber

K

KALTENBACHER, E.,
KLAGES, H.

Sprachprofil und Sprachförderung bei Vorschulkindern mit Migrationshintergrund
2006 | In: Ahrenholz, Bernt (Hg.), Kinder mit Migrationshintergrund. Freiburg: Fillibach, 80–97

KELLER, J.,
LEUNINGER, H.

Grammatische Strukturen – Kognitive Prozesse. Ein Arbeitsbuch
2004 | Tübingen: Narr

KLEIN, W.

Zweitspracherwerb
1984 | Königsstein/Taunus: Athenäum

KLEPPIN, K.

Motivation. Nur ein Mythos? (I)
2001 | Deutsch als Fremdsprache 38 (4) 219-225

KLEPPIN, K.

Motivation. Nur ein Mythos? (II)
2002 | Deutsch als Fremdsprache 39 (1) 26-30

KLIEME, E.

Zusammenfassung zentraler Ergebnisse der DESI-Studie
2006 | Frankfurt/M.: Deutsches Institut für Internationale Pädagogische Forschung

KNIFFKA, G.

Sprachstandstests Deutsch als Zweitsprache vor der Einschulung: Einige Vorfragen
2005 | Kühn, I., Lehker, M., Timmermann, W. (Hg.), Sprachtests in der Diskussion. Frankfurt: Lang, 41-49

KNIFFKA, G.

Sprachstandsermittlung mittels „Fehleranalyse"
2006 | Heints, D., Müller, J.E., Reiberg, L. (Hg.), Mehrsprachigkeit macht Schule. KöBeS (4), Duisburg: Gilles & Francke, 73-84

Kniffka, G. *Sprachförderung zwischen Theorie und Praxis: Neue Wege in der Lehrerausbildung*
2007 | Hug, M., Siebert-Ott, G. (Hg.), Sprachbewusstheit und Mehrsprachigkeit, Im Druck, Hohengehren: Schneider Verlag

Kniffka, G., *,Sprachtests' für zweisprachig aufwachsende Grundschulkinder in der Bun-*
Siebert-Ott, G. *desrepublik Deutschland*
2003 | Primar 34, 46–50

Koch, K. *Sprachstandstests vor der Einschulung – Beispiel Niedersachsen*
2005 | Kühn, I., Lehker, M., Timmermann, W. (Hg.), Sprachtests in der Diskussion. Frankfurt: Lang, 30-40

Koch, P., *Sprache der Nähe – Sprache der Distanz. Mündlichkeit und Schriftlichkeit*
Oesterreicher, W. *im Spannungsfeld von Sprachtheorie und Sprachgeschichte*
1986 | Romanistisches Jahrbuch 1986, 15-43

Kostrzewa, F. *Kompetenzen von Lehrerinnen und Lehrern. Tagungsband*
(Hg.) 2005 | Universität zu Köln: Lehrerbildungszentrum

Krüger, M. *Übungsabläufe im kommunikativen Fremdsprachenunterricht*
1981 | Neuner, G., Krüger, M., Grewer, U., Übungstypologie zum kommunikativen Deutschunterricht. München, Langenscheidt, 17-28

L
Lechner, M. *Deutsch als Fremdsprache 1A. Dialogische Übungen*
1978 | Stuttgart: Klett

Legutke, M. *Projektunterricht*
2003 | in: Bausch K.R. et al. (Hg.) Handbuch Fremdsprachenunterricht, Tübingen: Francke, 259-262

Legutke, M./ *Process and Experience in the Language Classroom*
Thomas, H. 1999[4] | Harlow: Longman

Leisen, J. *Methodenhandbuch DFU*
1998/2003 | (Hg.), Bonn: Varus

Leisen, J. *Der deutschsprachige Fachunterricht. Inhalte, Herausforderungen, Perspektiven*
2004 | Deutsch als Fremdsprache 30/2004, 7-14

Leisen, J. *Handbuch des deutschsprachigen Fachunterrichts (DFU). Didaktik, Methodik und Unterrichtshilfen für alle Sachfächer im DFU und fachsprachliche*

Kommunikation in Fächern wie Physik, Mathematik, Chemie, Biologie, Geographie, Wirtschafts-/Sozialkunde
1994 | Bonn: Varus

LEOPOLD, W.   Speech development of a bilingual child
1949 | New: AMS Press

LIGHTBOWN, P.M.   Exploring relationships between developmental and instructional sequences in L2 acquisition
1983 | Seliger, H.W., Long, M.H. (Hg), Classroom oriented Research in Second Language Acquisition, Rowley, M.A: Newbury House, 217-241

LIGHTBOWN, P. M., How Languages are Learned
SPADA, N.   2006 | Oxford: OUP

LOZANOV, G.   Suggestology and Outlines of Suggestopedy
1978 | New York: Gordon and Breach

M
MacINTYRE, P.   How does anxiety affect second language learning? A reply to Sparks and Ganschow
1995 | Modern Language Journal 79/1, 90-99

MECHERIL, P.,   Die Macht der Sprachen. Englische Perspektiven auf die mehrsprachige Schule
QUEHL, TH.   2006 | Münster: Waxmann
(HG.)

MOULTON, W.   The Sounds of English and German
1962 | Washington: Center of Applied Linguistics

MÜLLER, N., KUPISCH, T., Einführung in die Mehrsprachigkeitsforschung
SCHMITZ, K.,   2006 | Tübingen: Narr
CANTONE, K.

N
NEUNER, G.   Lehrwerkforschung – Lehrwerkkritik
1994 | Kast, B., Neuner, G. (Hg.), Zur Analyse, Begutachtung und Entwicklung von Lehrwerken. München: Langenscheidt, 8-22

NEUNER, G.   Vermittlungsmethoden: Historischer Überblick
2003 | Bausch, K.R. et al. (Hg.), Handbuch Fremdsprachenunterricht, Tübingen: Francke, 225-234

NEUNER, G.,   *Methoden des fremdsprachlichen Deutschunterrichts. Eine Einführung*
HUNFELD, H.   1993 | Berlin/München: Langenscheidt

O

OOMEN-WELKE, I.   *Sprachen in der Klasse*
1999 | Praxis Deutsch 26, H. 157, 14-23

OOMEN-WELKE, I.   *Entwicklung sprachlichen Wissens und Bewusstseins im mehrsprachigen Kontext*
2003 | Bredel, U., Günther, H., Klotz, V., Ossner, J., Siebert-Ott, G. (Hg.), Bd. 1, 452-463

OOMEN-WELKE, I.   *Der Sprachenfächer – Höflichkeit*
2006 | Freiburg: Fillibach Verlag & Freiburger Verlag

OSSNER, J.   *Sprachdidaktik Deutsch. Eine Einführung*
2006 | Paderborn: Schöningh

P

PINKER, S.   *Der Sprachinstinkt. Wie der Geist die Sprache bildet*
1996 | München: Kindler

Q

QUETZ, J.   *Neuere unterrichtsmethodische Ansätze für das Lehren und Lernen fremder Sprachen – und warum die Sprachlehrforschung sie nicht erfunden hat ...*
2002 | Bausch, K.R., Christ, H., Königs, F.G., Krumm, H.J. (Hg.): Neue curriculare und unterrichtsmethodische Ansätze und Prinzipien für das Lehren und Lernen fremder Sprachen, Tübingen: Narr. 130-137

R

RANTA, L.   *The role of learners' language analytic ability in the communicative classroom*
2002 | Robinson, P. (Hg.), Individual Differences and Instructed Language Learning, Amsterdam: John Benjamins, 159-180

REICH, H.   *Tests und Sprachstandsmessungen bei Schülern und Schülerinnen, die Deutsch nicht als Muttersprache haben*
2003 | Bredel, U. et al. (Hg.), Didaktik der deutschen Sprache, Bd. 2, Paderborn: Schöningh, 914-923

REICH, H. H.,   *Spracherwerb zweisprachig aufwachsender Kinder und Jugendlicher. Ein*
ROTH, H.-J.   *Überblick über den Stand der nationalen und internationalen Forschung*
2002 | [online] fhh.hamburg.de/.../veroeffentlichungen/handreichung/gutachten-zur-zweisprachigkeit-pdf,property=source.pdf (Stand: 05.05.07)

Richards, J. C., *Approaches and Methods in Language Teaching*
Rodgers, Th. S. 2001² | Cambridge: CUP

Riehl, C. *Sprachkontaktforschung. Eine Einführung*
2004 | Tübingen: Narr

Röber-Siekmeyer, Ch. *Die Entwicklung orthographischer Fähigkeiten im mehrsprachigen Kontext*
2003 | Bredel, U., Günther, H., Klotz, V., Ossner, J., Siebert-Ott, G. (Hg.),
Bd. 1, 392-403

Rösch, H. *Das Jacobs-Sommercamp – neue Ansätze zur Förderung von Deutsch als Zweitsprache*
2006 | Ahrenholz, B. (Hg.): Kinder mit Migrationshintergrund – Spracherwerb und Fördermöglichkeiten, Freiburg: Fillibach, 287-302

Rösler, D. *Deutsch als Fremdsprache*
1994 | Stuttgart/Weimar: Metzler

Ronjat, J. *Le développement du langage oberservé chez un enfant bilingue*
1913 | Paris: Champion

Roth, H.J. *Verfahren zur Sprachstandsfeststellung – ein kritischer Überblick*
2007 | in: Bainski, Ch. & Krüger-Potratz, M. (Hg.). Handbuch Sprachförderung. Essen: NDS-Verlagsgesellschaft

Rothweiler, M. *Spracherwerb*
2002 | Meibauer, J. u.a., Einführung in die germanistische Linguistik, Stuttgart/Weimar: Metzler, 251-293

S
Sächsisches Staats- *Lehrplan für Vorbereitungsgruppen, Vorbereitungsklassen, Vorbereitungsklassen mit berufspraktischen Aspekten Deutsch als Zweitsprache*
ministerium für Kultus 2000 | Dresden: SDV AG

Sasse, A., Valtin, R. (Hg.) *Schriftspracherwerb und soziale Ungleichheit. Zwischen kompensatorischer Erziehung und Family Literacy*
2006 | Berlin: Deutsche Gesellschaft für Lesen und Schreiben

Schader, B. *Sprachenvielfalt als Chance. Handbuch für den Unterricht in mehrsprachigen Klassen*
2000 | Zürich: Orell Füssli

SCHEERER-NEUMANN, G.   *Entwicklung der basalen Lesefähigkeit*
2003 | Bredel, U., Günther, H., Klotz, V., Ossner, J., Siebert-Ott, G. (Hg.),
Bd. 1, 513-524

SCHNEIDER, W.   *Frühe Entwicklung der Lesekompetenz: Zur Relevanz vorschulischer Sprach-*
kompetenzen
2004 | Schiefele, U., Artelt, C., Schneider, W., Stanat, P. (Hg.), Struktur,
Entwicklung und Förderung von Lesekompetenz. Vertiefende Analysen
im Rahmen von PISA 2000, Wiesbaden: VS, Verlag für Sozialwissen-
schaften, 13–36

SEARLE, J.R.   *Speech acts. An essay in the philosophy of language*
1969 | Cambridge: CUP

SELINKER, L.   *Interlanguage*
1972 | International Review of Applied Linguistics 24, 209-239

SIEBERT-OTT, G.   *Frühe Mehrsprachigkeit*
2001 | Tübingen: Niemeyer

SIEBERT-OTT, G.   *Muttersprachendidaktik – Zweitsprachendidaktik – Fremdsprachendidaktik*
– Multilingualität
2003a | Bredel, U., Günther, H., Klotz, V., Ossner, J., Siebert-Ott, G. (Hg.),
Bd. 1, Paderborn u.a.: Schöningh, 30–41

SIEBERT-OTT, G.   *Entwicklung der Lesefähigkeiten im mehrsprachigen Kontext*
2003b | Bredel, U., Günther, H., Klotz, V., Ossner, J., Siebert-Ott, G. (Hg.),
Bd. 1, Paderborn u.a.: Schöningh, 536–547

SIEBERT-OTT, G.   *Muttersprachlicher Unterricht – Segregation oder Chance? Kindliche Zwei-*
sprachigkeit als Herausforderung traditionell einsprachiger Bildungssysteme
2003c | SchulVerwaltung spezial 3, 24–26

SIEBERT-OTT, G.   *Schulerfolg und Mehrsprachigkeit – eine unendliche Geschichte?*
2004 | IZA – Zeitschrift für Migration und Soziale Arbeit 3/4, 27–31

SIEBERT-OTT, G.   *Deutsch (lernen) auf dem Schulhof? Konzeptionelle Mündlichkeit als Basis*
der Entwicklung schriftsprachlicher Kompetenz in der Zweitsprache
2006 | S. Ehlers (Hg.), Sprachförderung und Literalität. (Flensburger
Papiere zur Mehrsprachigkeit und Kulturenvielfalt im Unterricht, Sonder-
heft 3.) Flensburg: Universität Flensburg, 15-35

SIEBERT-OTT, G.   *The ,detour' via the ,foreign': Überlegungen zum Umgang mit sprachlicher*
und kultureller Diversität im Berufsfeld Schule

2007 | Hug, M., Siebert-Ott, G. (Hg.), Sprachbewusstheit und Mehrsprachigkeit, Im Druck, Hohengehren: Schneider Verlag

STANAT, P., MÜLLER, A.   *Förderung von Schülerinnen und Schülern mit Migrationshintergrund: Forschungsstand und Forschungslücken*
2006 | Sasse, A., Valtin, R. (Hg.), Schriftspracherwerb und soziale Ungleichheit. Zwischen kompensatorischer Erziehung und Family Literacy, Berlin: Deutsche Gesellschaft für Lesen und Schreiben, 152–167

SWEET, H.   *A Practical Study of Languages*
1899 | Neudruck London: OUP

SUNDERLAND, J.   *Language and gender in second and foreign language education*
2000 | Language Teaching 33, 203-223

T

TANGER, G.   *Muss der Sprachunterricht umkehren? Ein Beitrag zur neusprachlichen Reformbewegung im Zusammenhange mit der Überbürdungsfrage*
1888 | Berlin: Langenscheidtsche Verlags-Buchhandlung

THOMA, D., TRACY, R.   *Deutsch als frühe Zweitsprache: zweite Erstsprache?*
2006 | Ahrenholz, B. (Hg.): Kinder mit Migrationshintergrund. Spracherwerb und Fördermöglichkeiten, Freiburg: Fillibach, 58-79

U

ULICH, M.   *Literacy – Sprachliche Bildung im Elementarbereich*
2003 | Kindergarten heute 33, 2003, 6-18

ULICH, M., MAYR, T.   *SISMIK – Sprachverhalten und Interesse an Sprache bei Migrantenkindern in Kindertageseinrichtungen*
2003 | Freiburg: Herder

ULICH, M., MAYR, T.   *SELDAK, Sprachentwicklung und Literacy bei deutschsprachig aufwachsenden Kindern*
2006 | Freiburg: Herder

V

VATER, H.   *Einführung in die Sprachwissenschaft*
2002 | München: Fink

VIËTOR, W.   *Der Sprachunterricht muss umkehren. Ein Beitrag zur Überbürdungsfrage von Quousqua tandem*
1882 | Heilbronn: Henninger

W

WHITEHEAD, M.R., *Sprache und Literacy von 0 bis 8 Jahren*
FTHENAKIS, W.E. & 2007 | Troisdorf: Bildungsverlag Eins
OBERHUEMER, P.

WIERLACHER, A., *Handbuch interkulturelle Germanistik*
BOGNER, A. 2003 | Stuttgart: Metzler
(HG.)

WINTERSTEINER, W. *Die Kultur des Unterschieds. Versuch einer interkulturellen Neuorientierung des Deutschunterrichts in Österreich*
1996 | Didaktik Deutsch 1, 74-82

WODE, H. *Einführung in die Psycholinguistik*
1993 | Ismaning: Hueber

WODE, H. *Lernen in der Fremdsprache: Immersion und bilingualer Unterricht*
1995 | Ismaning: Hueber

Z

ZIMMER, D. E. *Die Mythen des Bilingualismus. Über Mehrsprachigkeit*
1997 | Zimmer, D., Deutsch und anders. Die Sprache im Modernisierungsfieber. Reinbek bei Hamburg, 215-225

REGISTER | 8

A

Alphabetisierung in zwei Sprachen 175, 188, 191, 194, 196
Alter 27, 30f, 40, 45, 56, 59, 66f
Ambiguitätsintoleranz 62
Ambiguitätstoleranz, 62
Anfangsunterricht (im Lesen und Schreiben) 158, 186, 195f, 197ff
Anforderungen, schulische 17f, 22f, 72, 99ff, 116, 145
Angst 63
Anlauttabelle 195f
Äquivalente, lexikalische 39f
Army Method 80
Audiolinguale Methode 79ff
– Prinzipien 83
– Übungsformen 84ff
Audiovisuelle Methode 87
Ausländerpädagogik 160, 162
Auslandsschulen 114, 149
Authentizität 95, 152

B

Behaviorismus, behavioristisch 32, 80
Beobachtungsraster 113
Berlitz-Methode 79
Bewusstheit, phonologische 127
BICS, 21f s. auch konzeptionelle Mündlichkeit
Bildungspläne 128f, 138
Bildungsstandards 23, 105, 124, 126, 136
Bilingualität, bilingual → s. Erstspracherwerb, bilingualer, Unterricht, bilingualer Abstand

C

CALP 21f s. auch konzeptionelle Schriftlichkeit
Chunks 48
Community language 177f

D

Dekomposition 45f

DESI-Studie 106ff
Deutsch als Fremdsprache, historisch 75
Deutsch als Zweitsprache im Museum 155
Didaktik der Mehrsprachigkeit 158
Direkte Methode 79
Drei-Phasen-Modell 39f

E

Elementarbereich 122ff, 128ff
Entwicklungsbeschleunigung 40 → s. auch Spracheneinfluss
Entwicklungssequenzen 37f → Entwicklungsverlauf, Erwerbssequenzen
Entwicklungsverlauf früher ZSE 41
Entwicklungsverzögerung 41 → s. auch Spracheneinfluss
Erstsprache 30 → s. auch L1
Erstspracherwerb 34f, 38
– bilingualer 30, 36f, 39ff, 126
– monolingualer 30, 34, 36
Erwerb, gesteuerter vs. ungesteuerter 29
Erwerben → s. Lernen vs. Erwerben
Erwerbskontext 15, 17, 100
Erwerbsphasen 52f
Erwerbssequenzen (Entwicklungssequenzen) 37f, 46ff
– Kasus 53f
– Satzmodelle, 52ff
– Verbalflexion 48ff
Erziehung
– bikulturelle 175
– bilinguale 175
– zweisprachige 175, 185, 189

F

Fachunterricht 111f
Faktoren
Faktoren
affektive 59ff, 63f
– attitudinale 64
– biologische 66f
– kognitive 59ff
– soziale 59ff

Familiensprache 127f, 170, 177f,
Formatmethode 136
Fossilisierung 56f
Fremdsprache vs. Zweitsprache 15f, 29
Frühförderung 128, 138
Funktionalismus, funktionalistisch 32f

G

Germanistik, interkulturelle 159
Gewohnheitsbildung 80f
Goethe-Institut 149
Grammatik, Grammatikvermittlung 76, 84, 85, 96
Grammatikalitätsurteile 28
Grammatik-Übersetzungsmethode 76f

H

Herkunftssprachen, herkunftssprachlich 158, 164, 178, 180, 188, 190
Heterogenität, heterogen 14, 102, 142
Hypothesenbildung 94

I

Identitätshypothese 34
Identitätsproblematik 15
Immersion, immersiv 30, 139, 173, 183
– early total immersion 183
– two-way immersion 140, 174, 183ff, 198
Impulsivität 62
Inhalte, bedeutungsvolle 97
Integration von Fertigkeiten 97
Integrationsmodell Sachsen 143ff
Intelligenz 60, 61
Interaktionismus, interaktionistisch 33, 34
Interferenz 35, 83
Interimssprachen 35 → s. auch Lernersprache, Interlanguage
Interkulturalität, interkulturell 101, 138, 146, 150, 158f, 160f, 167, 197
Interlanguage 35, 43f, 132 → s. auch Lernersprache
Interlanguagehypothese 35

K

Kognitivismus, kognitivistisch 32
Kommunikativer Ansatz 91ff
– Hauptmerkmale 97
– Prinzipien 94
Kompetenz
– kommunikative 91, 93
– linguistische 91
– Projektkompetenz 153
– schriftsprachliche 72f
– sprachliche 72f, 87, 93
Konsularunterricht 178
Kontrastive Analyse 82f
Kontrastivhypothese 34
konzeptionelle Mündlichkeit, konzeptionell mündlich 18-21, 57f, 72, 109f
konzeptionelle Schriftlichkeit, konzeptionell schriftlich 18-21, 57f, 73, 101, 155, 108f, 182
kreatives Schreiben 102, 155

L

L1 44
L2 29
Längsschnittstudien 27
Language awareness 158 → s. auch Sprachbewusstheit
Language Maintenace 140
Lehrerausbildung 102f
Lehrmaterial 148
– DaZ 149
– modularisiertes 149
Lehrpläne Bundesländer 22
Lehrwerk, Rolle des 148
Leistungsbewertung, Regelunterricht 126
Lernen → s. auch Erwerben
– Lernen in zwei Sprachen 168, 190f
– Lernen vs. Erwerben 28
– entdeckendes 95
Lernerorientierung 93f, 99, 102
Lernersprache 35, 43ff → s. auch Interlanguage, Interimssprachen, Zwischensprachen
Lernervariablen 59ff

Lernfortschritt, Bewertung, Beobachtung 125
Lerngruppen, multikulturelle 100
Lerngruppen, multilinguale 100
Lernprozessorientierung 94
Lernstil 61f
– analytisch 61f
– global 61f
Lernszenarien 136f,
Lernziele 22f, 101f
Literacy 127, 129ff, 156
Longitudinalstudien 27

M

Material → s. Lehrmaterial
Mehrsprachige Gesellschaften 14, 168 → s.
    auch Territorialprinzip
Mehrsprachigkeit, mehrsprachig 14, 75, 98ff,
    102f, 128, 135f, 138ff, 158, 164, 167ff, 172,
    175f
– als Folge von Zuwanderung 15, 169
– äußere 14
– gesellschaftliche 14, 168f,
– individuelle 14, 168f
– innere 14
– institutionelle 169
– sprachübergreifende 14
– territoriale 14, 168
Mehrsprachigkeitsdidaktik 186, 198
Mentalismus, mentalistisch 33
Methode 74f
Methoden, alternative 88ff
Methodenvielfalt 98, 102
Minderheit → s. Sprachminderheit
Minderheit, deutschsprachige 173
Minderheitensprachen 164, 169f, 172
Motivation, 64
– instrumentelle 65f
– integrative 65f
Mutterisch (Motherese) 33f
Muttersprache, muttersprachlich 21, 31, 44, 57,
    77, 79, 83, 96, 99, 158, 173ff, 177, 186 → s.
    auch Unterricht, muttersprachlicher

N

Nachsprechübungen 85
Nativismus, nativistisch 33

O

Objektivität 119
Objektivität, Auswertungsobjektivität 119
Objektivität, Durchführungsobjektivität 119

P

Pädagogik → s. auch Ausländerpädagogik
– der soziokulturellen Vielfalt 161, 163, 197
– integrative 162f
– interkulturelle 60, 162f
Partnersprache 158, 184, 194
Pattern Drill 85
Persönlichkeitsmerkmale 63f
Phonologische Bewusstheit 127
Problemlösungswissen 180, 186ff, 198
Progression, grammatische 137
Projektarbeit 151f
– Ablaufschema 152
– Merkmale 152
– Vorteile 153f

Q

Querschnittsstudien 27

R

Reformbewegung 77f
Regeln, testhandwerkliche 121
Reliabilität 119

S

Scaffolding 108ff
Schriftsprache 101
Schrifttyp, logographisch 191, 198
Schrifttyp, phonographisch 191, 198
Schulen, europäische 173
schulorganisatorische Modelle 139
– bilinguale → s. Unterricht, bilingualer
– einsprachige 139
– immersive → s. Immersion

- submersive → s. Submersion
- transitorische 140
- zweisprachige 140
Seiteneinsteiger 62, 127, 141f
SELDAK 130f, 156
SIOP 154
SISMIK 130f, 156
Sprachbad 131f → s. auch Immersion
Sprachbetrachtung, kontrastiv 186, 188, 196f→ s. auch Sprachvergleich
Sprachbewusstheit 100, 116, 180, 186f, 197f
Sprachcamps 153
Sprache → s. community language, Familiensprache, Herkunftssprache,
- des kulturellen Erbes 177
- große 165f
- kleine 165f
Spracheneinfluss 35, 39 → s. auch Entwicklungsbeschleunigung, Interferenzen, Transfer, Entwicklungserzögerung
Sprachenportfolio 125
Sprachentrennung 36, 39, 69, 188
Sprachentwicklung, unterschiedliche 132f
Sprachentwicklungsstörung, spezifische 132
Sprachenvielfalt 26, 165
Spracherwerb → Erstspracherwerb, Zweitspracherwerb
- gesteuert 29
- ungesteuert (natürlich) 29
Spracherwerbstheorien → Behaviorismus, Funktionalismus, Interaktionismus, Kognitivismus, Mentalismus, Nativismus,
Sprachförderprogramme 138, 154
Sprachförderprojekte 147f
Sprachförderung 126, 139, 141, 145 - 148, 151, 153 - 156, 188, 190 → s. auch Frühförderung
- ältere Kinder und Jugendliche 139f
- außerschulische 146
- entwicklungsorientiert 131, 132, 133, 137
- freie Träger 146
- kompensatorisch 188f
- projektorientierte 151f

- Schuleingangsphase 137
- Stiftungen 146
- vorschulische 135ff
Sprachgemeinschaften 64f, 91, 170
Sprachgemeinschaften, alteingesessene (autochthone) 15, 169
Sprachlerneignung 60
Sprachminderheiten 14, 170 - 173, 177
- alteingesessene (autochthone, alte) 14f, 162, 164, 168, 171, 173, 176, 178, 197
- ein- / zugewanderte (allochthone, neue) 162, 164, 168, 172f, 176f
Sprachplanung 164
Sprachpolitik 164
Sprachprofil, individuelles 133f
Sprachprojekte 137
Sprachstandsfeststellung 117, 122f, 135
Sprachtests 118ff
Sprachtests, Elementarbereich 122
Sprachtherapie, entwicklungsproximale 134f
Sprachunterricht → s. Unterricht
Sprachvergleich, deutsch-türkisch 191 - 196
Sprechakttheorie 92
Sprechintention 92
Stiftung Mercator 147
Strukturalismus 80f
Studien, empirische → Längsschnitt-, Longitudinal-, Querschnitt-, Tagebuch-
Submersion, gestützte 141, 143
Submersion, submersiv 139, 183
Suggestopädie 89ff

T

Tagebuchstudien 27
Territorialprinzip 14, 168
Tertiärsprachen 30
Testgüte; Verfahren 123
Testgütekriterien 118, 121→ s. auch Objektivität, Reliabilität, Validität,
Tests
- informelle 118
- Qualitätsmerkmale 124f
- Sekundarstufe I 123

– standardisierte 118
Testverfahren
– informelle 120, 125
– Kategorien von 122
– standardisierte 118
Theaterpädagogik 154
Time on task-Argument 182
Total Physical Response 88f
Transfer 35, 40
– negativ 40
– positiv 40
Transferfehler 36, 188, 194, 196, 198

U

Überbürdungsfrage 78
Universalgrammatik 33
Unterricht
– bilingualer 158, 173
– herkunftssprachlicher 158, 176, 179 - 182, 186
– Merkmale erfolgreichen U. 104f
– muttersprachlicher 178f
– sprachbewusster 103f, 107, 108, 137
Unterschiede, kulturspezifisch 63

V

Validität 119
– Inhaltsvalidität 119, 121
– Konstruktvalidität 120
– Kriteriumsvalidität 120
Vorbereitungsklassen 141ff

W

Wahrnehmungskanal 62f
Wertediskussion 163f
Wissen → s. Problemlösungswissen
– deklaratives 180, 186, 188, 194, 198
– metasprachliches 181, 186, 188
– prozedurales 188
– sprachliches 28

Z

Zweisprachigkeit und Bildungserfolg 181
Zweitsprache 29, 30
Zweitspracherwerb 30, 34
Zweitspracherwerb, früher 30, 36f, 39, 41f, 69, 126, 134, 137, 156
Zwischensprachen 35 → s. auch Lernersprache, Interlanguage